U0613518

图书馆业务指南丛书

老龄化背景下
美国公共图书馆代际实践研究

苗美娟　著

国家图书馆出版社

图书在版编目（CIP）数据

老龄化背景下美国公共图书馆代际实践研究 / 苗美娟著. — 北京 : 国家图书馆出版社, 2023.6
ISBN 978-7-5013-7395-6

Ⅰ.①老… Ⅱ.①苗… Ⅲ.①公共图书馆—图书馆工作—研究—美国 Ⅳ.①G259.712.5

中国版本图书馆CIP数据核字(2021)第258483号

书　　名 **老龄化背景下美国公共图书馆代际实践研究**
LAOLINGHUA BEIJING XIA MEIGUO GONGGONG TUSHUGUAN DAIJI SHIJIAN YANJIU
著　　者 苗美娟　著
责任编辑 刘健煊
封面设计 程言工作室

出版发行 国家图书馆出版社（北京市西城区文津街7号　100034）
（原书目文献出版社　北京图书馆出版社）
010-66114536　63802249　nlcpress@nlc.cn（邮购）
网　　址 http://www.nlcpress.com
排　　版 北京旅教文化传播有限公司
印　　装 河北鲁汇荣彩印刷有限公司
版次印次 2023年6月第1版　2023年6月第1次印刷

开　　本 710mm×1000mm　1/16
印　　张 16
字　　数 253千字
书　　号 ISBN 978-7-5013-7395-6
定　　价 82.00元

序

代际（intergenerational）互助与支持一直以来是我国优秀的历史文化传统，贯穿于家庭、邻里、社会的代际关系之中，如“父慈子孝”“长幼有序”“老吾老以及人之老、幼吾幼以及人之幼”。随着社会的发展和家庭结构的改变，家庭和社会代际关系发生了巨大变革。一方面，家庭的核心化与小型化使得家庭成员内部的代际联系和情感交流日益减弱，空巢老人日益增多，与此同时，无子嗣老人、留守儿童等群体数量也显著增加。另一方面，社会因基于特定年龄而形成的区别性的政策制度、资金分配和机构设置使得不同代（generation）的人逐渐疏远分化，年轻人和老年人之间的刻板印象、年龄歧视问题加剧：年轻人往往将老年人与“年老体弱”“脾气暴躁”“墨守成规”“为老不尊”等语词联系在一起，并且形成“街头碰瓷老人”“广场舞大妈”“公交霸座大爷”等刻板印象；老年人则将年轻人与“玩世不恭”“沉迷网络”“不思进取”等语词联系在一起。在此背景下，应重新认识并加强年轻人和老年人之间的代际理解，探寻代际互助与支持方式，这对于改善代际关系、缓解代际冲突、促进老年人积极参与社会生活、助力积极老龄化等具有重要的现实意义。国际社会上，一种重新连接年轻人和老年人，促进双方合作、互动和交流，进而发展互惠关系并相互支持的代际实践逐渐得到广泛关注与认可。在代际实践参与过程中，老年人通过讲故事、分享经验、传递技能等给予年轻一代情感和文化上的关爱，帮助年轻人汲取人生经验；年轻人通过介绍新信息、新技能和反哺新型文化价值观等丰富老一代人的精神生活，促进双方的沟通与理解，增强彼此的社会归属感。

党的十八大以来，以习近平同志为核心的党中央高度重视老龄工作，精心谋划、统筹推进老龄事业发展，提出积极老龄化发展战略并建设理想老龄社会。代际互助与支持作为实现积极老龄化的一条创新路径，多次出现在有关老龄工作的政策文件中，表明了国家促进老年人社会参与、加强代际融合的决心和规划。2013 年，《关于进一步加强老年人优待工作的意见》指出，要统筹不同年龄群体的利益诉求，促进代际共融与社会和谐。2016 年，《关于推进老年宜居环境建设的指导意见》倡导建立代际和谐的社会文化，增强不同代际间的文化融合和社会认同，实现家庭和睦、代际和顺、社会和谐。2017 年，《国务院关于印发“十三五”国家老龄事业发展和养老体系建设规划的通知》进一步将代际和谐理念应用于养老体系建设，强调要引导、支持开发老年宜居住宅和代际亲情住宅，实现不分年龄、人人共建共享。2021 年，《中共中央　国务院关于加强新时代老龄工作的意见》更是明确提出将“为老志愿服务”纳入中小学综合实践活动和高校学生实践内容，探索老年人服务设施与儿童服务设施集中布局、共建共享的路径。这些政策文件一再表明，代际互助与支持在中国不仅具有悠久的历史，更是顺应了时代发展的新要求，成为社会转型时期国家应对老龄化社会风险、实现积极老龄化的重要战略手段之一。

公共图书馆具备促进代际交流与互助的用户群体优势和空间优势，处于支持代际融合的“极佳位置”。在老龄化不断加剧背景下，不断增长的老龄用户成为公共图书馆的一类重要资源，公共图书馆正由单纯“为老年群体服务”的理念逐渐向发挥老年人优势、强调老年人参与服务的理念转变，以“代际参与和交流互助”为特点的代际实践逐渐得到国际图书馆界的关注和倡导。2011 年，国际图联（International Federation of Library Associations and Institutions，IFLA）联合突尼斯图书馆和图书之友协会联合会（Tunisian Federation of the Associations of the Friends of Books and Libraries）共同发表了《图书馆、阅读和代际对话的突尼斯宣言》，明确提出图书馆应利用丰富的基础设施开展面向老年人和年轻人的代际项目，为代际对话和代际学习提供机会和空间，促进阅读和相互理解，照顾双方的利益，减少年龄隔离，建立具有凝聚力的社区。目前，我国公共图书馆界也零星出现了有关代际学习、代际阅读的系列研究，但相关研究仍处于起步阶段，代际服务实践未见广泛报道，代际理念尚未引起足够的重视。在此背景下，将研究聚焦于美国公共图书馆代际实践，对推动我国公共图书馆积极引入代际理念、促进代际融合、开辟积极老龄化创新路径是及时而有意义的。

纵观这本书的框架内容和逻辑结构，其亮点可归纳为以下几个方面：

一是置身于宏观背景中，探索时代意义。这本书将美国公共图书馆的代际实践置于美国老龄化加剧及代际关系演化的时代背景中进行整体考察，在宏观视域下探讨公共图书馆代际实践与社会环境之间的关系，深刻剖析美国公共图书馆开展代际实践的时代必要性和驱动因素，拓展了图书馆学的研究视野，凸显了老龄化背景下公共图书馆开展代际实践的社会意义和重要价值。同时，基于美国代际实践时代背景的整体考察，有助于引发我国图书馆界对我国国情与美国国情的对比与思考，进而增强对引入代际理念、开展代际项目实践、促进代际学习和代际融合的关注与重视。

二是所涉内容丰富，资料翔实可靠。苗美娟利用国家留学基金资助赴美访学之机，广泛查阅了美国代际实践相关资料，并调研了伊利诺伊州百余家公共图书馆，掌握了关于美国公共图书馆代际实践的丰富的一手资料。在此基础上，这本书重点围绕美国公共图书馆开展的多元化的代际项目实践，就代际项目的认知、类型、核心理念、运作特点、关键因素、运行障碍、成效经验等进行了全方位的分析和总结，较为完整地还原了美国公共图书馆代际实践的发展图景；通过分析美国公共图书馆代际阅读项目、代际故事会项目、科技导师项目、故事分享 / 口述史项目、代际游戏项目、祖父母和孙子女代际项目等方面的若干典型案例，系统梳理和归纳了公共图书馆开展代际项目的基本流程和注意事项，为我国公共图书馆探索代际项目提供了全面、翔实的实践范本和操作指南。

三是创新思路观点，升华理论高度。这本书在提炼、升华公共图书馆促进代际融合的多元路径时，创新拓展新思路、新观点，不断增强理论高度，如：创新性地提出加强促进代际团结的顶层设计，将“代际学习和交流”作为图书馆的服务策略和服务内容，将世代多样性作为图书馆的重要资产；提高对儿童文学作品中年龄歧视问题的认识水平，构建包含准确、积极和多元老年人形象的代际馆藏资源，从儿童最早接触的文学作品入手培养儿童对老年人和衰老的积极认知；拓展或专门开辟有利于正式或非正式交流的代际共享空间，充分发挥图书馆作为第三空间、社区空间的重要角色，促进图书馆从单代空间和多代空间向代际空间转变；等等。这些方向性建议，对当下我国公共图书馆丰富代际实践形式、增强代际实践的理论支撑具有较大的参考价值。

当然，作为在博士论文基础上修订完成的著作，这本书不可避免地存在一些不足之处，比如对美国公共图书馆代际项目实施的效果、发展趋势的研究不够，在对规律的总结方面稍显薄弱，特别是对公共图书馆代际项目如何在中国开展的研究比较欠缺。这本书提出的美国公共图书馆经验对我国公共图书馆的启示比较抽象，怎样结合我国注重家庭代际关系而忽视社会代际关系、浓厚的隔代照护文化传统、城镇化导致的农村“一老一少”留守家庭等特殊背景及图书馆自身特色，开展具有针对性的本土化研究，还值得深入探索。

总之，作为我国第一部研究代际实践的图书馆学著作，这本书为我国图书馆事业发展和服务创新提供了新的研究视角，也为公共图书馆贯彻落实国家积极应对人口老龄化的方针政策提供了一条创新路径，值得图书馆工作者和其他关心老年工作的人士阅读。

苗美娟自从考入北京大学信息管理系后，在图书馆学专业经过了 13 年严格的学术历练，对图书馆学不仅有浓烈的感情，也对图书馆学知识有了深厚的积淀，已经成为我国图书馆学研究领域的后起之秀。作为苗美娟的博士生导师，我很高兴看到她的成长。在苗美娟第一部学术著作问世之际，我由衷地祝愿她在结束了北京大学漫长的学习生涯后开启独立的图书馆学研究之路，为发展中国的图书馆学和图书馆事业不断做出新的、更大的贡献。

北京大学信息管理系　刘兹恒

2022 年 3 月 6 日

目　录

第一章　绪论

第一节　研究缘起与意义

一、研究缘起

代际联结与人类社会一样古老，它伴随着家庭的存在而产生，且一直是美国历史上公共政策和社会实践的基础，但被特别称为“代际的”（intergenerational）项目及其实践的发展与传播始于20世纪60年代，并随着老龄化问题的加剧而不断发展。国际代际项目联盟（International Consortium for Intergenerational Programs，ICIP）将“代际项目”（intergenerational program）定义为：专门在老年人和年轻人之间创建的供其学习、交流的社会工具，从而产生个人和社会利益[①]。英国贝丝·约翰逊基金会下属的代际实践中心（Centre for Intergenerational Practice）将“代际实践”（intergenerational practice）定义为：旨在将人们聚集在有目的的、互利的活动中，促进世代间的理解和尊重，推动建立更有凝聚力的社区的实践[②]。

在传统大家庭（extended families）中，祖父母、父母和子女生活在一起，形成在经济、教育和文化间相互依赖的常态格局。祖父母作为家庭成员分担抚养孩子的责任，关爱孙子女，作为家庭教育、文化传统和宗教信仰的知识库，跟孩子分享价值观和人生经验；父母为其父母和子女提供经济支持；孙子女与

---

① NEWMAN S M. Creating an international consortium for intergenerational programs[M]//KAPLAN M S,HENKIN N Z,KUSANO A T. Linking lifetimes:a global view of intergenerational exchange. Lanham:University Press of America,Inc.,2002:263-272.

② Beth Johnson Foundation. A guide to intergenerational practice[EB/OL]. [2018-10-04]. http://www.ageingwellinwales.com/Libraries/Documents/Guide-to-Intergenerational-Practice.pdf.

祖父母分享自己的经历和热情，通过参与家庭生活成为一名对社会有贡献的成员。小男孩从父亲和祖父那里学习扮演男性社会角色，小女孩从母亲和祖母那里学习如何定义女性角色，大家庭中的代际联结在这些角色的传播中形成。在这样的家庭结构中，整个生命周期被呈现出来，老化作为一个自然且积极的生命历程而存在。

然而，二战以来，工业化、城市化、全球化的发展加速了人口地理移动，导致大家庭的实际消失和代际互动的急剧减少。一方面，年轻人迁离祖父母和父母前往城市寻求工作；另一方面，许多老年人离开之前居住的社区，前往气候温暖且经济实惠的地区生活。家庭成员的流动性不断增强，家庭结构逐渐由大家庭转向核心家庭，家庭关系不断减弱，老年一代和年轻一代在地理和情感上不断分离，交流日益减少。对于老年人来说，这种分离使得他们作为家庭教师、文化延续者和凝聚者的角色不复存在。许多老年人发现自己处于一种孤独、无意义和自我价值有所降低的境地，并逐渐对疏远的年轻人产生误解。对于孩子来说，祖父母曾经给予的特殊养育、支持、教导和关怀逐步缺失，他们对老年人与老化的理解与认知日渐匮乏，进而加剧了对老化过程的恐惧以及对老年人和老化过程的消极态度。同时，长期以来以特定年龄群体为基础（age-based）的政策和机构设置进一步减少了代际联系和交流，造成住区规划、娱乐设施和教育机构的进一步分化。例如，儿童进入有年龄限定的学校上学，成年人在没有儿童和老年人的环境中工作，老年人常住在老年社区，儿童和老年人都在单一年龄的护理机构中接受照护，每个年龄群体都更加倾向于与同时代的人交往而排斥其他年龄群体，社会团结变得更加困难。在资源有限和老龄化不断加剧的年代，这种分离的政策和机构设置进一步加剧了年轻人和老年人的竞争和冲突，造成服务的重复和浪费。在此背景下，代际项目于20世纪60年代末应运而生。此时的代际项目主要被用于解决年轻人和老年人因地理和情感分离而产生的消极态度，促进跨年龄理解，弱化社会孤立，并为低收入老年人提供经济支持。这一时期代际项目的主要困难是为无血缘关系的老年人和年轻人建立联系，将原本在家庭环境中产生的代际协同效应应用到社会环境中。

20世纪八九十年代开始，对老年人口和家庭破碎化程度增长的预计以及日益严重的社会问题和对资源缩减的担忧促使人们重新制订代际计划，以解决更广泛的社会问题，如老年人和儿童/青少年的孤独，低自尊，吸毒，暴力，支持系统缺乏，家庭和社会关系减弱；已婚妇女不断进入劳动力市场，扩大了儿童照护的缺口；寿命延长和经济不稳定造成多代家庭和隔代家庭不断回归并亟需隔代支持；移民加剧凸显出老年人在文化适应与传承方面的困难；老年人口快速增长加剧了代际冲突；信息技术的迅速发展加剧了代际数字鸿沟和情感疏离；等等。在此背景下，代际项目的重点开始从减少代际分离转向利用老年人和儿童 / 青少年各自所拥有的知识、技能、经验、活力来服务彼此，逐步解决影响两个群体间的经济、社会和文化问题。同时，代际项目突破最初只关注无血缘关系的老年人和年轻人之间关系的局限，更加积极地关注祖父母和孙子女间的代际关系及其代际问题的解决。对社会问题的关注增加了对代际项目社会价值的全国性认识。20 世纪 90 年代起，代际项目开始扩大范围，超越满足年轻人和老年人的个体需求，转向满足更大层面上的社区需求，试图通过代际行动计划振兴社区以重新连接老年人和年轻人。

随着老年人口不断增多及将老年人视为一种资源而非负担理念的发展，特别是 21 世纪以来"'婴儿潮'老人"的大量出现，以及"积极老龄化""生产性老龄化"和"成功老龄化"概念的不断推广普及，代际领域开始聚焦于受过良好教育、更加富有和健康的老年人。许多代际项目纷纷将老年人的年龄限制扩展到 55 或 50 岁，更广泛地调动"婴儿潮"一代参与代际项目实践。同时，随着社会对"儿童友好型城市"（child-friendly cities）、"老年人友好型城市"（age-friendly cities）、"所有年龄社区"（communities for all ages）、"不分年龄人人共享社会"（societies of all ages）、"宜居城市"（liable cities）、"代际社区"（intergenerational communities）、"代际共享场所"（intergenerational shared sites）等共融社区的需要，以联合国和美国代际联盟（Generations United，GU）为代表的机构积极推广代际社区建议和代际政策发展，强调直接作用于一个年龄群体的政策如何影响到其他年龄群体，从生命历程的角度解释个体之间的相互依赖性，促进世代的相互依存。促进代际融合的实践逐渐超出代际项目制定的原有范围，扩展为公共政策倡议和实现社会治理的有效工具，成为一个为所有年龄群体服务并为社区做出积极贡献的重要组成部分。代际项目的数量和规模获得了突破性发展。

公共图书馆领域的代际项目和实践基本与社会代际实践的发展保持同步。目前，可追溯的最早的公共图书馆代际项目为 20 世纪 60 年代末美国明尼苏达州的明尼阿波利斯公共图书馆（Minneapolis Public Library）招募老年人助手为孩子们阅读、一起做手工、互动交流的项目。政策层面对“代际”意义的表达最早可追溯到1975年美国图书馆协会（American Library Association，ALA）发布的《图书馆老龄人口服务指南》。此后，随着美国社会问题的加剧及积极老龄化观念的发展，图书馆在政策法规、行业认知、专门会议、实际项目等方面取得了一定进展，彰显了其在促进代际融合、满足代际多样化需求方面的重要价值。代际领域也将包容所有年龄群体的图书馆列为开展代际项目的场所，呼吁并与图书馆合作开展代际项目。然而，总体来说，公共图书馆的代际实践基础还很薄弱，代际理念还未得到广泛关注与传播，代际研究还很匮乏。图书馆还没有充分认识到自身在开展代际项目和促进代际融合中的巨大优势和价值，仍倾向于继续维持学校和社会中普遍存在的年龄分离现象，儿童部门、青少年部门、成年人部门彼此独立，各部门均有专门的工作人员和服务项目，很少有将不同代的人聚集在一起互动的服务和项目，进而引发孤岛效应。

在家庭结构改变、老龄化与代际冲突加剧、代际融合倡议不断发展的背景下，如何发挥自身在不同年龄用户群体、多元服务和空间上的优势，创新针对老年人和儿童/青少年的服务方式，如何为无血缘关系的老年人和年轻人搭建沟融和交流的桥梁，如何为不断增多的祖父母和孙子女用户提供其所需和具有吸引力的服务，成为图书馆应当重视和亟待解决的问题。因此，将研究锁定于公共图书馆代际实践和代际项目，对推动图书馆引入代际理念，促进代际融合和构建和谐社会是及时而有意义的。美国作为最早关注代际项目并开展相关实践的国家之一，其公共图书馆开展了很多富有特色的代际项目，取得了很好的效果。研究美国公共图书馆的代际实践发展脉络及代表性案例，有助于剖析公共图书馆开展代际项目的内在机理和重要意义，为我国公共图书馆创新老年人和儿童/青少年服务，促进代际融合而非代际冲突与竞争，促进积极老龄化而非消极老龄化提供经验借鉴。

二、研究意义

（一）理论意义

第一，提供新的研究视角。长期以来，对老年服务的研究不乏其数，但主要是从图书馆可为老年人提供的服务角度（如老年人阅读、老年人信息服务等）出发，从代际角度进行的研究还很匮乏。本书的研究有助于这一新概念的引进和应用，拓宽和丰富图书馆老年服务和老年人力资源开发的研究视角。

第二，丰富图书馆的读者资源开发理论。本书将代际项目和实践作为老年人、儿童 / 青少年参与图书馆服务和项目的有效途径加以研究，有助于进一步充实和发展图书馆的读者资源开发理论，更大范围发挥图书馆跨年龄用户群体的人力资源价值。

第三，拓展积极老龄化的实现路径。代际实践、代际项目是应对老龄化社会、实现老年人自我价值的一条有效途径，将其纳入图书馆服务和项目，重视和发挥老年人价值，可为我国积极老龄化战略提供一条创新路径。

第四，为图书馆代际实践提供理论支持。本书运用深度访谈和实地调研法，从美国图书馆代际项目的个案出发，深入了解图书馆代际项目的具体开展情况及新思考、新发现，不仅能为完善图书馆代际实践的相关研究积累实证资料，还可以提供理论支持，为探索新的研究思路和项目模式做出有益尝试。

（二）现实意义

本文通过调研老龄化背景下美国公共图书馆的代际实践状况，总结分析代际项目的类型、特点、意义、实施流程、存在的问题和成功的关键，探索公共图书馆促进代际融合的积极路径，可提高图书馆界对代际实践、代际学习、代际融合的关注和重视，为我国的公共图书馆提供切实可操作的代际项目指南和参考借鉴。

第二节　代际相关概念

一、“代际的”“多代的”

了解代际项目和代际实践的含义，首先要区分“代际的”（intergenerational）与“多代的”（multigenerational）两个概念，二者存在一定的差别，不能混为一谈。《美国传统英语词典》（*American Heritage Dictionary of the English Language*）（第四版）对“代际的”“多代的”这两个术语进行了界定，将“代际的”的定义为不同代的人之间存在或发生的（being or occurring between generations），将

“多代的”定义为属于或关于几代人的（of or relating to several generations），如多代家庭传统。

“代际的”一词的关键在于“之间”（inter），强调人与人之间关系的重要性，而不是世代主体本身[①]。“代际的”一词的本质存在于个体之间（between individuals），强调不同代的人之间有意沟通，致力于促进不同代的人之间的互动，激活植根于不同代的人之间因互动而产生的新关系，重视并最大限度地发挥每个人和每一代的优势，而非单独考虑某个人[②]。一个项目或环境是“代际的”，意味着两代或更多代成员参与活动。这些活动增加了互动，可以让不同代的人分享彼此的观点，并通过合作实现共同的目标，进而带来积极的影响[③]。

而“多代的”通常以更广泛的意义被使用。一个项目或环境是“多代的”，仅仅意味着参与者代表了不止一代人，重点是确保不同代的人的成员能够同时在场，感受到欢迎并参与到活动中，不一定包含互动和彼此参与，也不一定在代际产生影响。多代项目承认各个年龄群体之间的多样性，进而引起对彼此差异的尊重。“多代的”经常被用来指两代以上人共同居住的家庭或为多代人提供服务项目的机构，这些机构往往没有专门的代际活动。如果某项政策是针对一代人以上并适应不同代的人的需求，则可将其视为多代政策；当政策或方案寻求改变“世代间的观点”，如增强相互理解或促进代际合作时，该政策或方案才是代际的。

二、代际项目

有关“代际项目”的定义尚未统一，《国际婚姻与家庭百科全书》（*International Encyclopedia of Marriage and Family*）将“代际项目”定义为：为不同代的人提供一起分享经验、知识和技能，互利互惠，培养积极关系的

① SANCHEZ M, BUTTS D M, YEO A H, et al. Intergenerational programmes: towards a society for all ages[M]. Barcelona, Spain: Social Studies Collection, 2007: 38.

② Generations United. Making the case for intergenerational programs[EB/OL]. [2018-03-01]. http://www.gu.org/OURWORK/Programs/MakingtheCase.aspx.

③ VILLAR F. Intergenerational or multigenerational? a question of nuance[J]. Journal of intergenerational relationships, 2007, 5(1): 115-117.

社会服务项目，通常涉及生命两端的世代（即年轻人和老年人）之间的互动。代际项目必不可少的组成部分是互动，即通过促进代际理解、沟通、互助和成长，满足两类人群的需求。此外，不同的机构和学者从不同层面对代际项目的内涵进行了界定，如美国国家老龄化委员会（National Council on Aging，NCOA）将“代际项目”定义为：有目的地将不同代的人聚集在一起分享经验，互惠互利的持续性活动①。后将其更新为：加强任何两代人之间合作、互动或交流的活动和计划，涉及老年人和年轻人之间的技能、知识或经验的交流与分享。Thorp 指出，此定义的两个特点：一是强调互惠，一个可以吸引不同年龄群体或服务每个人的项目不是代际项目，因为其目的不是促进不同年龄群体间的相互交流。二是强调在任何两代人之间，即代际项目不仅仅包括老年人和年轻人，任何包含不同代的人的项目都是代际项目②。联合国教科文组织（United Nations Educational，Scientific and Cultural Organization，UNESCO）将“代际项目”定义为：在老年人和年轻人之间进行的有意义的、持续的资源和学习交流媒介，以促进个人和社会福祉③。2000 年联合国教科文组织汇集了来自全球十个国家的首席代表，共同讨论代际项目，参与者们一致将“代际项目”定义为“老年人和年轻人之间有目的和持续的资源交换和学习工具”④。代际项目提供了一种扎根于社区教育的终身学习的方法框架（即认识到学习是一个跨越生命历程的过程，人们可能在生命的不同阶段有着不同的需求和兴趣），

---

① NEWMAN S, YEO A H. Intergenerational learning and the contributions of older people[J]. Ageing horizons, 2008, 8(10): 31-39.

② THORP K. Intergenerational programs: a resource for community renewal[M]. Madison: Wisconsin Positive Youth Development Initiative, Inc., 1985: 15.

③ YEO A H, OHSAKO T. Intergenerational programmes: public policy and research implications: an international perspective[M]. Hamburg: United Nations Educational, Scientific, and Cultural Organization, Inst. for Education, 2000: 6.

④ BOSTRUM A, YEO A H, OHSAKO T, et al. A general assessment of IP initiatives in the countries involved[M]// YEO A H, OHSAKO T. Intergenerational programmes: public policy and research implications: an international perspective. Hamburg: United Nations Educational, Scientific, and Cultural Organization, Inst. for Education, 2000: 3-8.

并促进了跨代共享学习和关系的发展[①]。首届“促进社会变革的代际项目国际会议”（International Conference on Intergenerational Programs to Promote Social Change）将“代际项目”定义为：为老年人和年轻人创设的有目的性和持续性的社会交流和学习工具，从而产生相应的个人和社会利益[②]。本届会议成立了国际代际项目联盟，该定义遂成为国际代际项目联盟的定义。该定义超越了以往对代际项目的界定，增加了对促进代际参与的政策制度、文化发展和社区实践等方面的关注[③]。美国代际联盟将“代际项目”界定为：促进不同代的人合作、互动或交流的项目、政策和实践，旨在通过分享不同代的人的才能和资源，在有利于个人和社区的关系中相互支持[④]。相关学者的界定包括：Henkin 和 Newman 将代际项目定义为将不同代的人聚集在一起，实现互利共赢的有规划的活动和经验，这些活动和经验必须是持续的和系统的，并且使所有参与者受益[⑤]。McCrea 等认为，代际项目是一项有组织的促进儿童 / 青少年和老年人之间互动的项目，该项目是持续的、互利的，且能促进关系的发展[⑥]。Kaplan 等将代际项目定义为将不同代的人聚集在一起，旨在实现特定的项目目标，如提高素养技能、艺术和娱乐兴趣以及健康和福利状况等的项目[⑦]。

---

① YEO A H, BATTY C. Evaluation the contribution of intergenerational practice[M]// RATCLIFFE P, NEWMAN I. Promoting social cohesion: implications for policy and evaluation. Bristol: Policy Press, 2011: 243-260.

② NEWMAN S M. Creating an international consortium for intergenerational programs[M]// KAPLAN M S, HENKIN N Z, KUSANO A T. Linking lifetimes: a global view of intergenerational exchange. Lanham: University Press of America, Inc., 2002: 263-272.

③ KAPLAN M S, HAIDER J, COHEN U, et al. Environmental design perspectives on intergenerational programs and practices: an emergent conceptual framework[J]. Journal of intergenerational relationships, 2007, 5(2): 81-110.

④ SCHULL D D. 50+ library services: innovation in action[M]. Chicago: American Library Association, 2013: 257.

⑤ HENKIN N Z, NEWMAN S M. An instructional guide to “The Best of You, The Best of Me” [M]. Harrisburg: The Pennsylvania Department of Aging, 1985.

⑥ MCCREA J M, WEISSMAN M, THORPE-BROWN G, et al. Connecting the generations: a practical guide for developing intergenerational programs[M]. Pittsburgh: University of Pittsburgh Center for Social and Urban Research, 2004: 13-14.

⑦ KAPLAN M S, LARKIN E, YEO A H. Leadership in intergenerational practice: in search of the elusive “P” factor-passion[J]. Journal of educational leadership, 2009, 7(3): 69-81.

关于代际项目，尽管明确统一的定义还未形成，但已经产生一些共同的认识。Newman 和 Sanchez 分析了代际项目的三个共同点：来自不同代的人的参与；旨在实现有利于每个人（以及他们所居住的社区）的目标的活动；参与者基于分享维持关系[①]。Ayala 等人也指出代际项目定义的三个共同特征：有目的地将不同代的人聚集在互利的、有计划的活动中；这些活动的目的是通过分享知识、技能和经验增加代际合作、互动或交流；代际项目可以使个人和社区受益[②]。MacCallum 等人从现有文献和焦点小组访谈中总结出了代际项目和实践的关键要素，包括代际项目涉及代际交换和分享；代际项目涉及不同层次的人的参与；代际项目有一系列预期之中和意料之外的效果；代际项目发生在各种正式和非正式的场合，如学校和教育机构、地方政府、教堂等[③]。

代际项目是跨世代的，但对“任何世代”“不同代的人”“老年一代”“年轻一代”界定不清是导致代际项目概念不清的原因之一，不同的机构或个人对此有着不同的表述。在规划代际项目时，对“年龄”“年龄群体”“世代”等术语的清晰认识也往往被忽略。如美国代际联盟将老年人定义为 55 岁及以上的群体，年轻人则指 20 岁以下的群体[④]，而后又将老年人的年龄范围扩展至 50 岁以上；美国国家老龄化委员会指出，代际项目涉及 25 岁及以下人群和 60 岁以上人群；英国贝丝·约翰逊基金会指出，代际实践中老年人通常被定义为 50 岁以上的群体，而年轻人则被定义为 12—25 岁的群体[⑤]。Kaplan 指出，历史上代际

---

① NEWMAN S M，SANCHEZ M. Intergenerational programs：concept，history and models[M]//SANCHEZ M，BUTTS D M，YEO A H，et al. Intergenerational programmes：towards a society for all ages. Barcelona：Social Studies Collection，2007：34-63.

② AYALA J S，HEWSON J A，BRAY D，et al. Intergenerational programs：perspectives of service providers in one Canadian city[J]. Journal of intergenerational relationships，2007，5（2）：45-60.

③ MACCALLUM J，PALMER D，WRIGHT P R，et al.community building through intergenerational exchange programs：report to the national youth affairs research scheme（NYARS）[R]. Canberra：Australiangovernment Department of Family，Community Services and Indigenous Affairs，2006：16，65.

④ SCANNELL T，ROBERTS A. Young and old serving together：meeting community needs through intergenerational partnerships[R]. Washington：Generations United，1994：13.

⑤ Beth Johnson Foundation. A guide to intergenerational practice[EB/OL]. [2018-10-04]. http://www.ageingwellinwales.com/Libraries/Documents/Guide-to-Intergenerational-Practice.pdf.

项目涉及的对象一般是21岁以下的年轻人和60岁以上的老年人，其目的是促进年轻人和老年人之间的关系[①]。Abrams和Giles指出，代际领域通常倾向于将55岁以上和18岁以下人群之间发生的相互作用标记为代际接触[②]。Granville认为，如果代际项目的目的是在老年一代和年轻一代之间建立起更好的理解，创建每个人可以与他人共享的时刻以实现互利，那么在活动中暂时抛开中间一代可能是恰当的，并认为中间一代在促进交流和确保项目得到妥善规划和评估方面发挥着重要作用[③]。由此可以看出，代际项目重在关注生命历程两端的年龄群体，即25岁以下的年轻人（包括婴幼儿、学龄前儿童、小学生、中学生、高中生、大学生）和50岁以上的准老年人和老年人，通常不会涉及中年人，这与代际项目起源于老年人不断增多及老龄化加剧的社会背景相关联。

基于此，本书将“图书馆代际项目”定义为：图书馆为老年一代和年轻一代（25岁以下的人群）提供的，基于彼此间知识、技能或经验的分享以增进合作、互动和交流的有规划的、持续性的、互利的服务或活动。包括无血缘关系的老年人和年轻人之间的代际项目、祖父母和孙子女之间的代际项目两种类型。

表1-1　代际项目中“老年人”和“年轻人”的范围界定

机构	老年人年龄范围	年轻人年龄范围
美国代际联盟	≥55岁	≤20岁
美国国家老龄化委员会	≥60岁	≤25岁
英国贝丝·约翰逊基金会	≥50岁	12—25岁
Kaplan	≥60岁	≤21岁
Abrams & Giles	≥55岁	≤18岁

① KAPLAN M S. The benefits of intergenerational community service projects: implications for promoting intergenerational unity, community activism, and cultural continuity[J]. Journal of gerontological social work, 1997, 28(3): 211-228.

② ABRAMS J, GILES H. Intergenerational contact as intergroup communication[J]. Child & youth services, 1999, 20(1/2): 203-217.

③ GRANVILLE G. A review of intergenerational practice in the UK[M]. United Kingdom: Beth Johnson Foundation, 2002: 25.

三、代际实践

2001 年，英国贝丝·约翰逊基金会下的代际实践中心将“代际实践”定义为：旨在将人们聚集在有目的的、互利的活动中，促进代际间的理解和尊重，推动建立更有凝聚力的社区的实践[①]。

“代际项目”和“代际实践”都属于增进老年人社会融入的有效方法，是“代际策略”的具体表现形态，只是在使用范围上有所不同。“代际项目”更具体、正式，经常被用来指有计划的和高度结构化的干预项目这一比较狭隘的定义；而“代际实践”或“代际项目和实践”的范围更大、更抽象，暗指更广泛的代际干预，涵盖了文化实践、政策、各种正式和非正式项目、房屋与环境设计等内容[②]。其中，代际项目是代际实践最主要的表现形式。故本书采用“图书馆代际实践”一词，以涵盖更广泛的公共图书馆代际策略。

第三节　国内外研究综述

图书馆代际项目和实践因涉及老年人和年轻人（主要是儿童和青少年）两类群体，因此相关研究大多分布在图书馆老年服务、儿童服务、青少年服务领域，专门研究成果较少。时间分布上，国外早在 20 世纪 80 年代就将连接老年人和年轻人的代际项目作为图书馆老年服务的研究内容，2010 年后，有关代际项目的专门研究逐渐增多。同在 2010 年后，国内老年服务研究中开始出现代际内容，2017 年专门研究开始涌现。研究主要集中于公共图书馆开展代际项目的职责及意义，代际项目介绍、启示及对策，代际阅读、代际学习专题研究。

---

① Beth Johnson Foundation. A guide to intergenerational practice[EB/OL]. [2018-10-04]. http://www.ageingwellinwales.com/Libraries/Documents/Guide-to-Intergenerational-Practice.pdf.

② KAPLAN M S, SANCHEZ M, HOFFMAN J. Intergenerational pathways to a sustainable society[M]. Cham: Springer, 2017: 14.

一、国外研究综述

（一）图书馆老年服务研究中的代际内容

国外研究倾向于将代际项目或活动作为图书馆老年服务的一种类型，分析图书馆在消除老龄歧视和刻板印象、开发和传递老年人知识、利用老年人力资源、满足老年人社交需求、促进代际对话、实现部门和机构合作等方面的必要性和重要意义。

1. 将代际项目或活动作为老年服务的一种类型

Mathews 将代际项目作为图书馆服务老年人的重要方式之一，指出图书馆应发起或与其他机构合作开展代际项目，特别是在探寻历史观点、家庭和社区根源等方面将老年人与年轻人聚集在一起[①]。Kahlert 描述了图书馆服务“婴儿潮”一代的未来场景，其中强调由于“婴儿潮”一代精力充沛，他们更愿意从事代际项目，而不是传统的老年人活动，因而组织他们与青少年的联合项目是非常可行的[②]。Williamson 等从“婴儿潮”一代的信息需求、社会需求、志愿者角色等方面论述了“婴儿潮”一代的特点及图书馆的应对策略。社会需求中强调图书馆是“‘婴儿潮’用户”的社交中心，而代际交融是社交中心角色的一个重要方面。志愿者角色中“婴儿潮”一代清晰地表达了通过志愿参与公共图书馆服务，实现代际融合的价值需求，强调图书馆要充分利用“‘婴儿潮’群体”，满足其志愿服务和代际交往的需求，搭建代际桥梁[③]。Joseph 指出，公共图书馆应根据老年读者的生活、心理和生理状态与特殊需求，提供五大主题服务。其中的“终身学习”和“志愿者服务”两大主题涉及代际内容，前者包括设计年轻人与年长者的交流课程，如向年轻人学习如何上网、发简讯，或是由

① MATHEWS V. Libraries：aids to life satisfaction for older women：a 1981 White House Conference on the aging background paper[R]. Washington：White House Conference on Aging，1981：60.

② KAHLERT M V. The baby boomer generation：impact on public libraries：theoretical and practical evidence[EB/OL]. [2018-01-01]. https：//files.eric.ed.gov/fulltext/ED450771.pdf.

③ WILLIAMSON K，BANNISTER M，SULLIVAN J. The crossover generation：baby boomers and the role of the public library[J]. Journal of librarianship and information science，2010，42（3）：179-190.

老年人为小朋友讲故事；后者提出应为老年志愿者提供回馈社区的机会，进而使其成为图书馆资源的一部分[①]。Schull 在《图书馆为 50 岁以上人群服务：行动变革》一书中将“代际项目和服务”列为图书馆十大老年人服务之一，分析了图书馆开展代际项目的原因、代际项目类型及其对图书馆的启示，介绍了美国公共图书馆的代表性代际项目。Schull 将社会上的代际项目划分为五大类：①学习项目，通常指利用老年人的经验和技能帮助年轻人掌握一项特殊技能或提高他们的学业成绩，有时也包括儿童和老年人一起学习，如家庭素养项目、音乐研讨会、艺术课堂、与健康相关的项目等；②娱乐项目，包括父子运动、象棋俱乐部、散步、诗歌朗诵会、视频和数字游戏等；③文化和历史传承项目，该类项目将老年人作为传递记忆、故事、特殊技能和文化传统的重要资源；④解决社会问题项目，如成年导师解决青少年的辍学问题、解决居家老年人的社会孤独问题等；⑤解决实际问题项目，如代际园艺或环卫项目、交通或公园等社区基础设施规划项目等。在此基础上，Schull 指出，图书馆倾向于开展代际学习、娱乐、文化和历史传承项目，如识字教学、青少年家庭作业辅导、为儿童讲故事、深入幼儿园或疗养院的志愿服务、象棋俱乐部、编织课堂、艺术课堂、图书讨论等。同时，Schull 指出，图书馆的跨年龄项目更多地关注对年轻一代的益处，较少关注老年人，代际项目促进积极老龄化的价值刚被图书馆界意识到，这促使其开始从老年人视角开展代际项目和服务。Schull 介绍了图书馆现在比较流行的三种代际项目，分别为科技导师项目、多代人的公民参与项目（如社区历史项目）、代际游戏（如视频游戏）[②]。

2. 图书馆开展代际项目的必要性和重要意义

Forsyth 在调查图书馆开展的老年人阅读咨询服务时，特别强调要开展代际阅读咨询服务，指出代际阅读服务能打破不同年龄群体间的不信任，建立一个更加强大的社区[③]。Sloan 强调要将老年人作为一种重要的资源加以利用，其

① JOSEPH M. Active, engaged, valued: older people and public libraries in New South Wales[J]. Australasian public libraries & information services, 2006, 19(3): 113-117.

② SCHULL D D. 50+ library services: innovation in action[M]. Chicago: American Library Association, 2013: 257-280.

③ FORSYTH E. Readers advisory services for older adults[J]. Australasian public libraries and information services, 2009, 22(3): 128-140.

中一种重要形式就是给孩子讲故事，即老年读者在激励和促进年轻读者方面发挥着重要作用，强调老年人充当志愿者可强化图书馆作为社区核心机构的观念，吸引更多的用户[①]。Lankes从对话理论和参与式图书馆事业出发，分析了一代人知识产生的过程。他指出，图书馆为老年人提供服务时，传统的以文档为中心的方式（馆藏资源提供）并不能产生新的知识，而让老年人积极参与对话能产生丰富的知识。图书馆应该主动地规划、设计老年人间的对话，必须在开发老年人的知识和将知识传递给年轻人之间扮演重要的角色[②]。Innocent将提供代际学习作为图书馆支持老年人终身学习的一种重要方式，指出博物馆、图书馆和档案馆提供了重要的代际学习和社交机会，老年人的代际角色对社区团结、增进理解和社会凝聚力至关重要[③]。Lenstra指出，公共图书馆要举办更多关于老化和变老意义的代际对话，努力消除老龄歧视和刻板印象[④]。

（二）图书馆儿童/青少年服务中的代际内容

国外图书馆儿童/青少年服务研究中的代际内容较少，相关研究包括：Alessio在《为青少年提供卓越的图书馆服务》一书中从“提升青少年空间”“创造青少年俱乐部”“阅读狂欢”“社区联系”“多元化世界”“100美元以下的服务”“特殊事件”7个方面介绍了25个图书馆的青少年服务案例，其中在“100美元以下的服务”方面提及加利福尼亚州阿拉梅达县公共图书馆（Alameda County Public Library）开展的一项“青少年/老年人网络连接”科技导师项目，在“社区联系”方面中提及了青少年帮助老年人的志愿活动[⑤]。Naidoo在《面向数字青少年的多样化规划：促进儿童图书馆的文化能力》一

---

① SLOAN M. Developing a good practice guide on library services for older people[J]. Australasian public libraries and information services,2009,22(2):48-57.

② LANKES R D. Conversations and the true knowledge of generations[M]//ROTHSTEIN P M,SCHULL D D. Boomers and beyond:reconsidering the role of libraries. Chicago:American Library Association,2010:97-106.

③ INNOCENT N. Learning to manage change in the third age[J]. Adults learning,2010,21(10):10-11.

④ LENSTRA N J. The community informatics of an aging society:a comparative case study of senior centers and public libraries[D]. Champaign:University of Illinois at Urbana-Champaign,2016:213-214.

⑤ ALESSIO A J. Excellence in library services to young adults[M]. Chicago:Young Adult Library Services Association,2008:57-62,95-99.

书中，提及面向祖父母和孙子女的家庭代际素养项目，如面向非洲裔家庭的“阅读是伟大的！”项目、面向拉丁裔家庭的“故事之夜”分享项目、面向韩国家庭的“奶奶给我读书”代际阅读项目[①]。Maddigan 和 Bloos 在《社区图书馆项目：建立青少年和家庭素养》一书中将社区图书馆项目划分为基于场所的学习、基于社区的学习、代际项目、服务学习、早期阅读素养和家庭素养、幼儿阅读等类型，指出代际项目的关键在于平衡，即必须同时听取来自两代人的声音、观点和想法。书中列举了 41 项图书馆社区项目，其中与代际相关的有祖孙之间的代际阅读、青少年对老年人的电脑技术指导、讲故事、回忆和历史等项目[②]。

（三）专门研究

1. 代际项目的整体研究

Rubin 在《代际项目：图书馆员操作手册》中详细介绍了图书馆代际服务和项目的内涵，开展代际项目的原因、益处、原则及类型，为如何在更广泛的范围内开展图书馆代际项目提供了指南。其中代际项目的益处包括分享不同年龄人群的共同点，赞美差异，增进双方的理解；缓解图书馆服务中的人群歧视，促进图书馆用户的相互依赖而非分离；最大化利用图书馆的有限资源。开展原则包括：强调互动性；规划时让年轻人和老年人参与进来；不能偏袒任何一方，要将年轻人和老年人作为个体对待，不能带有群体刻板印象（如认为老年人都有视力缺陷）；确保双方获益，而非只有参与的一方获益，所有参与者都要有所付出和收获；收集参与者对代际项目的反馈；鼓励一对一关系的培养；组织多元文化活动；与其他机构合作；等等[③]。Stričević 和 Ksib 在《图书馆代际团结》一书中指出，为履行自身的社会角色，图书馆应主动减少年龄隔离，通过代际服务和项目建立一个更有凝聚力的社会。书中强调了家庭素养和代际素养的不同，指出家庭素养是代际素养的一种形式，但与代际素养相比，家庭素养较少

① NAIDOO J C. Diversity programming for digital youth：promoting cultural competence in the children’s library[M]. Santa Barbara，California：Libraries Unlimited，2014：92-96，148.

② MADDIGAN B C，BLOOS S C. Community library programs that work：building youth and family literacy[M]. Santa Barbara，California：Libraries Unlimited，2014：ix-x，2.

③ RUBIN R J. Intergenerational programming：a how-to-do-it manual for libraries[M]. New York：Neal-Schuman Publishers，1993：15-17.

关注代际对话的社会价值，如社会凝聚、老年人与青少年之间的相互理解和关怀。书中论述了图书馆代际对话的理论、研究和实践，以及将阅读作为代际联系纽带，为图书馆提供了建立社会凝聚力的策略[①]。Gough 等在《图书馆隔代教养服务：手册和项目指南》一书中指出，图书馆既是信息场所，也是个人联系的场所，人为图书馆要考虑代际服务和项目以鼓励祖父母和孙辈之间的交流。该书阐述了美国隔代教养家庭的增长趋势，指出图书馆开展代际项目最重要的益处是使图书馆成为社区中积极主动的成员。文章指出，目前图书馆中最流行的代际服务项目是连接年轻人和老年人的游戏项目。此外，书中还探讨了图书馆开展代际项目面临的资金和外部支持挑战及其解决方案，介绍了代际项目开展的过程以及南卡罗来纳州“隔代教育资源中心”代际服务案例[②]。

2. 关于代际阅读的研究

Strickland 介绍了亚利桑那州、加利福尼亚州、新墨西哥州图书馆的代际阅读项目，分析了代际阅读项目对老年人、儿童以及图书馆的益处[③]。Simpson 和 Blosveren 介绍了斯特拉特福图书馆协会开展的“书籍搭建桥梁”（Books Build Bridges）代际阅读项目，介绍了项目规划、志愿者和儿童招募、培训、评估等全过程，并提出了开展代际阅读项目的建议[④]。Chisita 指出，图书馆应通过阅读建立代际联系，促进阅读素养和社会包容，强调图书馆通过阅读活动推动社会向文化关怀和互相支持发展[⑤]。Walter 对洛杉矶公共图书馆（Los Angeles Public Library，LAPL）开展的“祖父母与图书”（Grandparents and Books，GAB）代际项目进行了介绍和评估。调查发现，代际项目满足了老年人的两方面需求——被社会需要的需求和感觉被爱的需求。前者包括帮助儿童

① STRIČEVIĆ I，KSIB A. Intergenerational solidarity in libraries[M]. Berlin：De Gruyter Saur，2012.

② GOUGH S，FEEHAN P，LYONS D. Serving grandfamilies in libraries：a handbook and programming guide[M]. Lanham：Scarecrow Press，2014.

③ STRICKLAND C. Intergenerational reading：encouraging the grandlap[J]. Wilson library bulletin，1990，65(4)：46-50.

④ SIMPSON M，BLOSVEREN B. Books build bridges：an intergenerational read-in[J]. Voice of youth advocates，1996，18(6)：351-356.

⑤ CHISITA C T. Promoting intergenrational dialogue through libraries and scholls in harare：towards a socially cohesive society[M]//STRIČEVIĆ I，KSIB A. Intergenerational solidarity in libraries. Berlin：De Gruyter Saur，2012：137-149.

提高阅读水平和对图书的热爱、给儿童带来欢乐、提高儿童自尊、提供儿童代际体验、传授正面价值观、提升图书馆的社区使命和形象；后者包括缓解老年人的孤独感及提供其与孩子们相处的机会。Walter从输入、输出和结果三个层面对代际项目进行了评估，其中输入包括洛杉矶公共图书馆的志愿者、合作伙伴、阅读资料、资金等，输出包括活动和参与，结果包括激发了儿童对阅读和学习的热情、使儿童对图书和阅读产生了兴趣、对老年人转变态度、老年人将自身视为图书馆与外界连接的重要纽带、促进跨文化的理解和包容等①。

3. 有关代际学习的研究

Sung和Siraj-Blatchford认为代际学习以沟通、协作、创造、持续的共享思维和玩耍为特征，指出公共图书馆可通过馆内、家庭和网络三种途径支持代际学习，强调公共图书馆在支持代际学习中发挥着重要作用②。Romero和Lille指出，建立在共享、给予、参与和支持文化基础上的创客运动能促进代际学习的发展，将青少年和老年人聚集在一起进行技术创作，能够减少与技术使用相关的年龄歧视，特别是创造性年龄歧视（指认为老年人缺乏创造性）和数字年龄歧视（指在使用技术方面出现的年龄歧视）③。

二、国内研究综述

（一）图书馆老年服务研究中的代际内容

国内研究同样倾向于将代际项目或活动作为图书馆老年服务和志愿服务的一种类型，关注国外图书馆老年服务中的代际内容。

1. 将代际项目或活动作为图书馆老年服务和志愿服务的一种方式

陆丹在提及公共图书馆关爱空巢老人的服务建议中，涉及组织大学生志愿

① WALTER V A. Felling needed, felling loved, build community: one generational reading program[M]// STRIČEVIĆ I, KSIB A. Intergenerational solidarity in libraries. Berlin: De Gruyter Saur, 2012: 215-223.

② SUNG H Y, SIRAJ-BLATCHFORD J. Exploring the role of public libraries in supporting intergenerational literacies through ICTs[EB/OL]. [2017-10-05]. http://library.ifla.org/152/19/180-sung-es.pdf.

③ ROMERO M, LILLE B. Intergenerational techno-creative activities in a library fablab[C]//ZHOU J, SALVENDY G. Human aspects of it for the aged population: applications, services and contexts. Cham: Springer, 2017: 526-536.

者参与各项老年活动，丰富老年人晚年生活，为大学生志愿者提供施展才华和社会实践的平台，促进尊老养老重老传统美德的弘扬[①]。肖雪在《促进老年人阅读的公共图书馆创新研究》一书中将“珍视和利用老年人记忆”作为图书馆促进老年人阅读策略的组成部分，其中包括了“老少共读”活动。书中指出，公共图书馆可以作为老年人和青少年之间的联系纽带，举办老少共读活动，可以使青少年在老年人的故事中培育良好的阅读习惯、加深阅读感受，实现阅读文化的代际传承；同时，老年人也能从与青少年的互动中汲取活力、获得新知，更加积极健康地面对生活[②]。严予若等在真人图书馆资源开发建议中指出，图书馆要肯定老年群体的贡献和价值，可通过退休高校教师真人图书借阅活动与年轻学生展开充分的代际互动，通过对话与沟通，消除年轻人对老年人的歧视，打破老少两代以彼此年龄为标签的刻板印象和偏见，促进代际融合[③]。武雪芹在介绍图书馆老年人服务策略时，提及图书馆的老年志愿工作，邀请老年人向青年人传授人生职场经验及提供专业咨询，向青少年传播知识和文化[④]。

2. 国外图书馆老年服务中的代际内容

肖雪在分析国际图联（International Federation of Library Associations and Institutions，IFLA）、美国、加拿大和澳大利亚图书馆协会有关老年服务指南的内容框架中，提及其服务内容包含开展和参与代际活动，如由年轻人教老年人发短信和上网、老年人向年轻人讲述历史，图书馆积极参与社区其他组织的代际项目等[⑤]。肖雪查阅了多学科视野下的国外老年人阅读研究文献，指出在老年人的图书馆阅读促进研究中，图书馆可通过开展代际活动增进老年人的社

---

① 陆丹 . 关爱“空巢老人”——公共图书馆为弱势群体特色服务的新课题 [J]. 图书馆学刊,2009(10):56-58.

② 肖雪 . 促进老年人阅读的公共图书馆创新研究 [M]. 天津:天津大学出版社,2010:244-246.

③ 严予若,候蔺,刘素清 . 真人图书馆与高校教师第三年龄人力资源开发 [J]. 大学图书馆学报,2016(3):101-106.

④ 武雪芹 . 公共图书馆开展老年人阅读服务研究——台湾公共图书馆设立乐龄服务专区的启示 [J]. 新世纪图书馆,2017(6):35-37,42.

⑤ 肖雪 . 国外图书馆协会老年服务指南的质性研究及对我国的启示 [J]. 中国图书馆学报,2014(5):82-97.

会互动，丰富老年人阅读体验，帮助其重建对阅读的积极观念①。白兴勇在分析美国图书馆“婴儿潮”时期出生的志愿者时指出，美国图书馆界大量招募“婴儿潮”时期出生的志愿者参与图书馆的工作，其中便有老年志愿者在图书馆内辅导学生完成家庭作业或参与其他图书馆阅读活动②。李宇佳总结了美国公共图书馆提供的六项老年人数字包容服务项目，其中一项便是代际项目。其指出，图书馆要充分发挥老年人的剩余价值，鼓励、支持老年人与社会互动、与年轻人进行交流，促进老年人将隐性知识传授给年轻人，在互动过程中减少老年人的孤独感③。邓咏秋和刘弘毅在介绍日本图书馆的老年阅读推广活动时，介绍了麻绩图书馆的隔代讲故事活动和代际游戏传授活动，提出图书馆在开展老年人阅读推广活动时，应更多地从如何挖掘老年人的经验入手，主动贴近老年人的生活和回忆，并以让老年人更容易与他人交流的方式展开④。肖雪和苗美娟梳理了美国公共图书馆的老年服务发展脉络，指出有关代际互动、代际项目的内容自 20 世纪 70 年代便已显现，且随着时间推进逐渐深化⑤。

（二）专门研究

1. 有关代际项目的整体研究

宋显彪就老龄化背景下图书馆参与融合代际关系进行了专门探讨，强调图书馆要积极主动参与融合代际关系行动，履行自身社会责任。作者介绍了代际关系的狭义和广义概念，指出图书馆参与融合代际关系的两种途径，即提供公共空间和创建代际项目，分析了其在融合代际关系、拓展图书馆服务、提升图书馆形象等方面的重要意义⑥。张凤鸣通过文献调研和案例分析，梳理了老龄化背景下国外图书馆促进社会代际融合的服务理念及实践案例，指出国外图书

① 肖雪. 多学科视野中的国外老年人阅读研究综述[J]. 中国图书馆学报，2014（3）：100-113.

② 白兴勇. 美国“婴儿潮”图书馆志愿者探析[J]. 高校图书馆工作，2016（6）：28-32.

③ 李宇佳. 美国公共图书馆老年人数字包容服务研究[J]. 图书馆建设，2016（10）：57-62.

④ 邓咏秋，刘弘毅. 日本图书馆的老年阅读推广实践及其启示[J]. 图书馆研究与工作，2017（2）：52-55.

⑤ 肖雪，苗美娟. 美国公共图书馆老年服务：历史与启示[J]. 中国图书馆学报，2019（1）：95-109.

⑥ 宋显彪. 参与融合代际关系：图书馆的社会责任[M]//赵颖梅. 知识服务探索与实践. 成都：西南交通大学出版社，2014：136-139.

馆不仅促进家庭代际阅读，更以社会代际关系为对象，开展包括以增强代际交流沟通、提高代际理解和尊重、实现代际知识转移为目的的各类终身教育及代间活动和项目进而提出我国图书馆促进社会代际融合的思路，包括树立增强代际交流、促进社会代际融合的服务理念，根据各代人群的需求和特点开展多元化的代际活动和项目，完善代际服务空间和资源配置，做好代际项目的推广和评价工作①。

2. 有关代际阅读的研究

谭博等分析了代际阅读推广的社会价值，包括影响代际社会流动、促进家庭代际文化和谐、缩小代际知识势差、提升社会温度等，根据是否具有血缘关系和邻代 / 跨代归纳了图书馆开展代际阅读推广的基本路径，包括老年人和青少年之间的社会性跨代阅读推广、老年人与中年人或中年人与青少年间的社会性邻代阅读推广、邻代或跨代的亲子性阅读推广路径。此外，还介绍了国外典型的代际阅读推广案例，指出代际阅读推广是一种满足代际需求、推动社会和谐的阅读推广方式，提出我国要策划可持续且具有鲜明特色的代际阅读推广活动、构建全民参与的代际阅读推广模式、重视基于亲情的代际阅读推广活动、打造以公共图书馆为主体的阅读推广分层格局、探索培育融洽和谐的阅读推广方式、整合社会多层力量、实施常态化的代际阅读推广；分析了老龄化背景下公共图书馆开展代际阅读推广的构想，包括建立由政府主导、公共图书馆和相关部门密切配合的阅读保障组织机制，建立以公共图书馆为主体的代际阅读保障运行机制，营造基于老年人与青少年之间的跨代阅读推广氛围，打造支持代际阅读推广活动的适宜场所或空间，策划实施可持续发展的代际阅读推广常规活动②。此外，在阅读推广的相关研究中，也有少量文献提及代际阅读的内容，如赵俊玲在《阅读推广：理念 · 方法 · 案例》一书中指出，阅读及阅读习惯是世代相传的，需要几代人同时参与阅读推广项目，促进代际阅读。书中指

① 张凤鸣 . 老龄化背景下图书馆促进社会代际融合思路研究 [J]. 图书与情报，2017(3):72-77.

② 谭博，熊伟，马骅 . 图书馆代际阅读推广的路径与策略 [J]. 图书馆杂志，2017(3):56-63；谭博，邱庆东 . 国外代际阅读推广案例及其启示 [J]. 图书与情报，2017(3):109-113，133；谭博，王锦 . 基于老年人和青少年的代际阅读推广研究——以长安区图书馆为例 [J]. 当代图书馆，2017(3):28-32.

出，随着老龄化社会的不断推进，国外许多国家的代际阅读推广项目开始关注老年志愿者，希望通过这些项目发挥老年人的余热并减少其孤独感。书中还介绍了IFLA促进代际阅读的《图书馆、阅读和代际对话的突尼斯宣言》(*Tunisia Declaration on Libraries,Reading and Intergenerational Dialogue*)[①]。王贵海在探索图书馆的多元创新阅读推广途径时，将代际阅读作为创新型阅读推广的一种形式，并将"代际式阅读"定义为将不同年龄段的老年人和青少年组织起来，通过共同阅读或相互阅读的方式，在保障双方利益的同时增加彼此之间理解的一种阅读推广方式[②]。

3. 有关代际学习的研究

史昱天等介绍了代际学习的相关概念及其演化过程，梳理了以往代际学习研究的相关理论基础及存在的问题，在已有代际学习实践案例的基础上探索了信息通信技术驱动的代际学习新模式，指出未来代际学习的研究方向，包括嵌入式信息素养培育对代际学习的启发研究、代际学习对刻板印象的消除作用研究、游戏化元素对代际学习的激励效果研究、代际学习政策方面的研究[③]。牛勇和高莹分析了代际差异存在的原因并介绍了代际学习及其内涵的演进，从缩小代际差异、发展老龄事业、分享社会资源方面分析了我国图书馆开展代际学习服务的必要性，提出图书馆开展代际学习服务的策略，包括制定代际学习服务政策、开展代际交往活动、建设代际学习空间、进行代际信息素养教育、开展代际阅读活动等[④]。

三、研究述评

美国公共图书馆自20世纪80年代初就开始了有关代际项目或活动的具体研究，且在21世纪研究不断增多。尽管我国于2010年后才开始关注代际项目，但相关研究的不断出现表明了图书馆开始意识到自身在促进代际融合和代

---

① 赵俊玲，郭腊梅，杨绍志．阅读推广：理念·方法·案例[M]. 北京：国家图书馆出版社，2013：112-113.

② 王贵海．多元创新视域下的图书馆阅读推广实践研究[J]. 情报资料工作，2018(6)：102-107.

③ 史昱天，赵宇翔，朱庆华．代际学习：连接数字原住民和数字移民的新兴研究领域[J]. 图书与情报，2017(2)：63-71.

④ 牛勇，高莹．图书馆代际学习服务研究[J]. 图书馆工作与研究，2018(7)：54-57，96.

际连接中的重要作用和必要性，开始积极探索代际项目的具体实践，这一点值得肯定。

从起源来看，图书馆代际项目是基于老龄化加剧而发展起来的，研究大多是从图书馆老年服务的角度展开探讨。但总体来说，相比于有关图书馆老年服务的大规模研究，有关代际内容的研究还只是其中很小的一部分，且零星分散在老年服务的相关文献中，没有进一步展开和深入探讨。代际项目和实践的专门性研究屈指可数，图书馆还未充分认识到自身在开展代际项目和实践中的巨大优势和重要意义，对其关注度较低，这在国内的研究中更为明显。国内研究中的消极老龄观依然凸显，侧重于将老年人划归为弱势群体，积极老龄化观念还未全面建立。馆员仍用陈旧的观念对待老年人，对老年人抱有成见和歧视，这在一定程度上抑制了图书馆老年人力资源的开发和对老年志愿服务的关注。国内目前对“代际项目”这一专有名词还很陌生，而国外研究中已经形成了积极老龄化的图书馆老年服务思想，重视和吸引老年用户的参与，关注老年人的积极形象和主动精神，因而代际项目得到了更多的关注。

相比于老年服务中的代际内容，儿童/青少年服务研究中的代际内容涉及较少（更多是面向父母和孩子的家庭代际项目，而这并非本书的研究内容），国内研究中更鲜见有关代际的明确内容。在涉及面向儿童/青少年的志愿服务研究中，描述的志愿者大多为儿童、青少年、大学生、家长和老师，或为简单的概括性描述，没有明确提及老年人志愿者，图书馆还未认识到这一特殊年龄群体在儿童/青少年志愿服务中的重要价值。

研究内容上，大都侧重于代际项目层面，有关政策发展、馆藏完善、空间建设等的内容较为缺乏，没有超出项目开展的具体范畴而上升至图书馆促进世代融合的更广泛路径。有关代际项目的内容，国内外研究多关注图书馆开展代际项目的必要性和重要性、可开展的代际项目类型，其中，围绕代际阅读和代际学习出现了少量专门性研究。国外研究还注重代际项目规划流程、原则、障碍及代表性代际阅读实例的介绍，为其他图书馆代际项目的开展提供了切实可行的参考借鉴。而国内这方面的研究还比较匮乏，研究处于国外代际项目经验介绍和对我国的启示借鉴层次，过于宏观和泛化，缺少实际指导意义。此外，国内研究中对代际项目、代际学习的内涵认识不清甚至存在一定的偏差，与国外代际项目、代际学习的内涵存在一定的差异，具体表现为：更多强调亲子代际项目，虽然亲子项目也属于广义上的代际项目，但与强调生命两端的老年人和年轻人代际项目有一定的区别，没有凸显老龄化社会中老年人的价值和需求，缺乏对社会代际关系和代际项目的关注和重视；将青少年与儿童之间的跨年龄项目归为代际项目；将参与者之间的单向传递归为代际项目，而代际项目实际上应强调互利互惠的双向行为；将老年人和儿童/青少年分隔开来讨论代际项目，而代际项目应对二者进行共同关注。总体来说，相比于社会层面对代际领域的广泛而深入的研究，国内外图书馆领域对代际项目和代际实践的研究还处于较浅层次，更多照搬社会代际领域中有关代际项目类型、障碍及关键因素的介绍和引入，缺乏对图书馆领域代际项目特点、关键和发展障碍等特殊因素的分析，缺乏对代际项目实际效果、评估等的深入研究。

第四节　研究思路与研究方法

一、研究思路

第一，置身宏观背景。曾任美国图书馆协会目录委员会主席的阿诺德·K.博登（Arnold K. Borden）强调，一定不要把图书馆看成一个孤立的事物，而是要从历史发展的角度和现实环境出发，借助社会、经济和其他方面的知识去研究图书馆问题[①]。目前，已有研究只对图书馆代际实践进行了简单的探索，专注于对零星个案的介绍和分析，尚未发现对图书馆代际实践产生的社会背景和历史脉络的系统研究。因此，本书将美国公共图书馆代际实践置于社会代际实践和促进代际融合的大背景中进行考察，结合大的社会环境和相关因素，如老龄化社会发展、家庭结构变迁、代际冲突、社会问题加剧、志愿服务发展、服务学习兴起、信息技术发展、代际共融政策和代际社区建设、代际共享场所发展等，从宏观层面全面梳理公共图书馆开展代际实践的时代必要性及发展脉络。

第二，探索微观实践。因图书馆代际实践的相关资料较少，故借助广泛调

① BORDEN A K. The sociological beginnings of the library movement[J]. The library quarterly, 1931, 1(3): 278-282.

研获得有关美国公共图书馆代际实践的一手资料，包括：①调研美国公共图书馆代际项目的具体实践。一方面，调研文献中记载的图书馆代际项目典型案例，通过邮件、电话或当面访谈等方式询问其代际项目开展的具体情况，增加代际项目的代表性和典型性；另一方面，以美国伊利诺伊州 645 所公共图书馆作为调研对象，通过邮件、电话或当面访谈、直接观察等方式调研各图书馆对代际项目的认知和代际项目的具体开展情况，增加对图书馆代际项目的广泛而全面的了解。同时，通过邮件、电话或当面访谈等方式了解美国图书馆协会、代际组织相关人员及代际专家对图书馆在促进代际融合中作用的认知，以期了解图书馆上层机构对代际项目的感知和关注程度，了解社会代际机构和人员对图书馆代际项目的接受和认可程度。②对收集到的访谈数据和文本资料进行分析整理，从中归纳图书馆开展或不开展代际项目的原因，总结图书馆代际项目的主要类型、特点、运行障碍、意义及理念，提炼图书馆开展一项成功代际项目的流程和关键因素。在此基础上，构建图书馆促进代际融合的多元路径，为我国图书馆代际实践提供有效的经验借鉴。

二、研究方法

第一，文献研究法。广泛搜集美国社会学和教育学中有关代际项目和实践的相关文献、政策指南等资料，以期全面了解美国代际项目和实践的起源、背景、过程、发展特点及关键因素，为公共图书馆代际项目和实践的开展提供理论基础和经验借鉴；广泛搜集美国公共图书馆的代际研究以及老年人服务、儿童 / 青少年服务中的相关代际内容，文献涵盖图书、期刊文章、学位论文、会议文集、政策法规、年鉴、报告等类型，以期全面了解美国公共图书馆代际实践的具体进展及其在图书馆老年人服务、儿童 / 青少年服务中的位置。

第二，访谈法。通过电话、邮件或当面采访等方式对代际领域的专家和代际活动组织人员进行访谈，以期了解他们对图书馆开展代际项目的认知状况、与图书馆的合作情况，图书馆开展代际项目的优劣条件及需要考虑的关键因素等；通过电话、邮件或当面采访等方式对图书馆相关人员进行访谈，以期了解图书馆人员对代际项目的认知状况，了解图书馆代际项目的代表性案例及类型、发展特点及核心理念、运行障碍及成功关键、图书馆开展代际项目的优劣条件及原因等。

第三，观察法。对正在开展代际项目的图书馆进行实地考察，在项目进行中直接观察项目开展的具体情况、老年人和年轻人之间的互动情况和效果。特别是在伊利诺伊州莫顿公共图书馆的暑期代际阅读项目中，全程参与活动进展，并在最后几次项目中充当志愿者聆听孩子们读书，进行参与式观察，亲身体验活动内容和效果。

第四，比较研究法。对不同类型代际项目进行对比分析。一方面，按照有无血缘关系，将图书馆的代际项目划分为无血缘关系的老年人和年轻人之间的代际项目、祖父母—孙子女代际项目，比较两类代际项目在侧重点、目的、影响等方面的联系和差异；另一方面，按主题类型将代际项目划分为代际阅读项目、科技导师项目、代际故事会项目、代际游戏项目、代际手工项目等类型，对各类代际项目的相同点和不同点进行比较分析。

第五，归纳法。在调研代际项目的基础上，归纳出图书馆代际项目的普遍性原则和特点，如图书馆开展代际项目的核心理念、整体特点、运行障碍、成功关键、产生的影响等。并在此基础上，进一步从代际政策、代际空间、代际馆藏、代际项目等方面归纳出公共图书馆促进代际融合的基本路径和长效机制。

第二章　美国公共图书馆代际实践的时代背景

第一节　家庭结构改变造成代际情感分离

历史上，代际关系在家庭内部产生并发展，家庭承担着保障所有年龄成员在养育、教育、经济和情感方面需求的职能。在传统美国家庭中，祖父母、父母和子女生活在一起，形成经济、教育和文化间相互依赖的常态格局。在这样的大家庭结构中，整个生命周期被呈现，老化作为一个自然且积极的生命历程存在。然而，经济社会的发展加速了美国人口的地理流动，导致大家庭的实际消失和代际互动的急剧减少，代际项目应运而生。

自 20 世纪 20 年代开始，许多美国老年人开始搬离年轻亲属，前往气候温暖且经济实惠的地方生活[①]。随着二战后工业的兴起，年轻人逐渐迁离祖父母和父母，前往城市寻求工作。20 世纪 50 年代新郊区的兴起使得紧凑的核心家庭——两个成年人和两至三个孩子——成为大多数美国家庭的常态，大家庭数量不断减少，代际连接支持被打破。据统计，1900 年美国约有 29% 的老年人与配偶以外的亲属同住；1940 年，美国总人口中约有 25% 的美国人生活在多代家庭中，1960 年这一数字下降到 15%，1980 年下降到 12%，仅剩不到 1940 年的一半[②]。同时，退休养老金的增多缓解了老年人的医疗和贫困问题，老年人有了一定的经济保障，逐渐减少了对年轻亲属的依赖，这一现象进一步加剧了不同代的人居住分离和多代家庭衰退的问题。地理分离降低了家庭原有的延

---

① NEWMAN S M, BRUMMEL S W. Intergenerational programs: imperatives, strategies, impacts, trends[M]. New York: The Haworth Press, 1989: 28.

② Generations United. Family matters: multigenerational families in a volatile economy[EB/OL]. [2018-03-02]. https://www.gu.org/app/uploads/2018/05/SignatureReport-Family-Matters-Multigen-Families.pdf.

续性，老年人和年轻人之间连贯且频繁的代际接触和互动逐渐减少。对老年人来说，这种分离使他们不再作为家庭教师、文化延续者和凝聚者，处于孤独、无意义和自我价值有所降低的境地，并逐渐对疏远的年轻人产生误解。对年轻人来说，来自祖父母的特殊养育、支持、教导和关怀逐渐缺失，他们缺乏了对老年人的理解和认知，增加了对衰老的恐惧，维持着对老年人和生命老化进程的消极态度。对这些问题的担忧使社会开始为大家庭寻求可行的替代性方案。

家庭结构的改变使得发生在家庭内部的活动，如照顾老年人、照顾儿童、传递历史文化和技能等逐渐被委托给儿童保育中心、学校、养老院等家庭外的特定机构。这些机构因需要满足特定年龄群体的需求而隔离了其他年龄群体，只有很少的机构将不同年龄、社会经济背景、种族的人聚集在一起。即使有的机构倾向于跨年龄合作，也可能会受到面向特定年龄群体的政策和资金的限制[①]，带来教育机构、娱乐设施和住区规划的持续分化，跨年龄的自然互动和文化交流变得更加有限，儿童与同龄儿童一起玩耍，成年人与成年人一起工作，老年人与老年人一同居住和社交，代际隔离和消极刻板印象进一步发展。每一代人都将自己看成独立而非社区不可分割的一部分，弱化了传统的社区结构，公民身份意识被消减，社会逐渐形成了基于特定年龄群体的政策、资金和机构设置以及建立在分裂、隔离、部门化和老龄化（不被视为生命的一个阶段，而是一种残余时期）基础上的主导文化[②]。

在此背景下，代际项目于美国 20 世纪 60 年代应运而生，旨在解决与代际分离有关的问题，填补因地理分离而带来的家庭代际空白，拉近老年人和年轻人之间的心理距离，作为跨代互动的工具消除与年龄有关的刻板印象，促进跨年龄理解，减少社会孤立，并为低收入老年人提供经济支持[③]。此时，代际项目的主要挑战是在无血缘关系的老年人和年轻人之间建立联系，将原本在家庭

---

① VAN VLIET W. Creating livable cities for all ages: intergenerational strategies[R]. Denver: University of Colorado, Children, Youth and Environments Center, 2009: 18-19.

② BUTTS D M, THANG L L, YEO A H, et al. Policies and programmes supporting intergenerational relations[R]. New York: Secretariat of the United Nations, 2012: 5-7.

③ KAPLAN M S, HENKIN N Z, KUSANO A T. Linking lifetimes: a global view of intergenerational exchange[M]. Lanham, MD: University Press of America, 2002: 65-82.

环境中产生的代际协同效应应用到社会环境中。如 1965 年，美国联邦基金资助发起了“代养祖父母”项目（Foster Grandparent Program，FGP），旨在将 60 岁以上低收入的健康老年人与有特殊需求、处于危险边缘的儿童 / 青少年联系在一起，成为第一个公认的正式地、系统地促进老年人和年轻人持续交互的代际项目。“代养祖父母”所扮演的核心角色是为幼童提供关爱、亲情、鼓励和指导，促进儿童 / 青少年身心、情感和社会技能的提高，进而帮助其实现社会交往、行为养成和教育发展目标。作为回报，“代养祖父母”项目向代养祖父母支付最低每小时 1.25 美元的报酬。“代养祖父母”项目最初面向 5 岁以下儿童，1969 年扩展到 17 岁以下儿童 / 青少年，1971 年进一步扩展到 21 岁以下儿童 / 青少年，服务对象更加广泛。截至 1971 年，全美已有 4400 个“代养祖父母”每日服务于 800 多个孩子[①]。1966 年的一项评估显示，“代养祖父母”项目是减少老年人贫困问题的一种有效和可行的工具，同时也对参与其中的绝大多数儿童的社会、情感和身体机能产生了积极影响。1969 年，《美国老年人法案》（*Older Americans Act*，OAA）授权建立一个全国项目——“退休老年志愿者项目”（Retired Senior Volunteer Program，RSVP），促进老年人为社区提供志愿服务。许多退休老年志愿者项目将地方学校作为融合代际活动的志愿服务场所，招募老年志愿者进入学校作为学生的导师。1969 年，美国国家服务学习中心（National Center for Service Learning）发起“国家学生志愿者项目”（National Student Volunteer Program），倡导和促进学生为老年人提供志愿服务，通过学生的社区服务满足老年人的需求[②]。“代养祖父母”项目、“退休老年志愿者项目”、“国家学生志愿者项目”等代际项目将老年人与儿童 / 青少年连接在一起，以志愿服务增进相互支持，回应了人们对老年人和年轻人日益分离及老年人孤独和贫困的担忧，对以后的代际项目产生了深远的影响。20 世纪 70 年代，代际项目集中出现在教育和儿童照护领域，在促进代际交流和代际学习的正式环境中连接老年人和年轻人以填补地理鸿沟，消除老年人和年轻人因地理和情感分离产生的消极影响。

---

① SCHLESINGER B. Grandparenthood in Canada and the United States：a review[M]. Toronto，Ont.：University of Toronto，1984：15.

② NEWMAN S M. Intergenerational programs：past，present，and future[M]. Washington，DC：Taylor & Francis，1997：60-61.

第二节　社会问题加剧凸显代际融合重要性

自20世纪80年代开始，美国社会暴力和贫困问题加剧，学校、儿童保育、老年护理机构等社会服务系统越来越难以提供很好的支持服务，由此引发了很多社会问题[①]，加速了代际实践的进展。在此背景下，代际项目逐渐被用来解决社区中的关键问题，利用老年人和儿童/青少年各自拥有的知识、技能、经验、活力来服务彼此，以解决影响两类群体的经济、社会和文化问题，代际项目的数量和规模获得突破性发展。同时，代际项目突破了最初只关注无血缘关系的老年人和年轻人之间关系的局限，更加积极地关注祖父母和孙子女间的代际关系及其代际问题的解决。

第一，对儿童/青少年来说，存在着因父母离婚、失业、吸毒、监禁、死亡、HIV-AIDS感染、虐待和抛弃带来的孤独感增加、自尊心降低、辍学、吸毒和酗酒、暴力、拉帮结派、学习成绩差、怀孕、家庭和社会关系缺乏等问题。据统计，1959年美国有1700万儿童生活在贫困中，占比26.9%，此后数据下降，到1978年下降到970万，占比15.7%。然而，1978年以后美国贫困儿童的数量开始不断增长，到1980年上升到1100万，占比17.9%，1993年更是增长到1500万，占比22%。1998年，美国约有280万例涉嫌虐待儿童或抛弃儿童的案例，超过90万被证实为受害者；每天有10名儿童死于枪击，平均约每2.5小时一人；四年级学生中仅有31%阅读水平达到熟练及以上，1%达到较高写作水平[②]。未婚生育现象急剧增加，1950年仅占4%，1980年上升至29%，1992年超过30%；其中，不同种族居民的比例有所不同，如1992年白

① YEO A H，OHSAKO T. Intergenerational programmes：public policy and research implications：an international perspective[M]. Hamburg：United Nations Educational，Scientific，and Cultural Organization，Inst. for Education，2000：57.

② HENKIN N Z，BUTTS D M. Advancing an intergenerational agenda in the United States[M]//KAPLAN M S，HENKIN N Z，KUSANO A T. Linking lifetimes：a global view of intergenerational exchange. Lanham，MD：University Press of America，2002：65-82.

人未婚先孕占比22.6%，非裔美国人未婚先孕占比68.1%[①]。离婚和未婚先孕情况的增多导致了单亲家庭数量的增多。据统计，1975年美国单亲家庭的数量为380万，占比16.3%；1990年增长到920万，15年间净增了142%[②]。研究显示，生活在有压力的家庭环境中的儿童患有情绪问题、产生不良行为和无价值感的情况，是生活在压力较小的家庭中的儿童的四倍[③]。对老年人来说，同样存在着孤独、寂寞、与社会脱节、药物和酒精滥用、低自尊、失业、缺乏支持系统等问题[④]。在此背景下，一些代际项目纷纷出现，用以解决此类社会问题。如1983年芝加哥开展了“太快成为父母”（Parents Too Soon Initiative）代际项目，招募老年志愿者作为青少年父母的导师和朋友，为其提供有关养育子女方面的帮助[⑤]；坦普尔大学代际学习中心于1989年发起“连接一生”（Linking Lifetimes）代际项目，招募老年人担任有犯罪倾向的学生和青少年罪犯的导师，为易受伤害的青少年提供支持，同时让老年人能够继续保持社会的生产性角色；1990年发起“跨越年龄”（Across Ages）代际项目，通过将老年人导师与中学生匹配，预防青少年滥用毒品[⑥]。这两个项目中的老年人导师大多是55岁以上的社区居民，他们曾经历过与那些青少年一样的危险情境，因此能够很好地理解并处理青少年面临的问题。1984年，美国退休人员协会（American Association of Retired Persons，AARP）发起“家长助理项目”（Parent Aide Program），招募了40名老年志愿者帮助63个家庭中的135名受虐待儿童[⑦]。“代养祖父母”项目的

---

① U. S. Bureau of the Census. Population profile of the United States: 1995[R]. Washington: U. S. Government Printing Offices, 1995.

② HELFGOTT K P. Older adults caring for children: intergenerational child care[M]. Washitong: Generations United, 1992: 2.

③ Children's Defense Fund. The state of America's children: yearbook 2000[R]. Washington: Children's Defense Fund, 2000.

④ SANCHEZ M, BUTTS D M, YEO A H, et al. Intergenerational programmes: towards a society for all ages[M]. Barcelona: Social Studies Collection, 2007: 48.

⑤ THORP K. Intergenerational programs: a resource for community renewal[M]. Madison: Wisconsin Positive Youth Development Initiative, Inc, 1985: 7.

⑥ ROGERS A M, TAYLOR A S. Intergenerational mentoring: a viable strategy for meeting the needs of vulnerable youth[J]. Journal of gerontological social work, 1997, 28(1/2): 125-140.

⑦ NEWMAN S M, BRUMMEL S W. Intergenerational programs: imperatives, strategies, impacts, trends[M]. New York: The Haworth Press, 1989: 7.

范围也不断扩展，招募老年人为残疾儿童和慢性病儿童、无家可归儿童、受虐待儿童、药物滥用儿童、青少年父母、寄宿婴儿、文盲、犯罪青少年等群体提供帮助，成为一个更全面系统地解决社会问题的组织。据统计，1986 年全美共有 262 个“代养祖父母”项目，共 26600 个老年人服务于 73200 个儿童；1993 年，“代养祖父母”项目贡献了 2200 万小时的服务，价值 2.62 亿美元，联邦资金投入回报率为 400%[①]。匹兹堡大学“代际聚集”国际代际研究中心发起“为长者服务的青少年”（Youth in Service to Elders）项目，招募 14—22 岁的学生为脆弱的老年人提供服务[②]。

第二，已婚妇女不断进入劳动力市场激发了对儿童护理的迫切需求。二战后最明显的社会变化之一便是带孩子的已婚妇女不断进入劳动力市场[③]。1940 年，仅有 8.6% 的 18 岁以下孩子的母亲进入劳动力市场，1987 年这一比例增加至 65%；1950 年，仅有 12% 的 6 岁以下儿童的母亲在劳动力市场，1990 年这一比例上升至 60%[④]；1980 年，父母双方都工作的 18 岁以下孩子数量占 17%，2000 年这一比例增加至 33%[⑤]；1995 年，三分之二学龄儿童的母亲在劳动力市场。这种社会变化使得以前由女性照顾孩子的现象大大减少，父母照顾孩子的时间大为缩减，且不能及时提供儿童发展所需的各项照护，将儿童送到儿童照护中心的现象越来越多。然而，儿童照护中心的发展远远没有跟上社会需求的步伐，日常照护的花费也令人望而却步，特别是对于低收入家庭，父母们很难找到方便的、负担得起的、高质量的照护机构，许多家庭不得不依赖亲属或让儿童放学后独自在家。照护中心的质量参差不齐，许多孩子被专业能力不足

① Corporation for National Service. Effective practices of foster grandparents in Head Start Centers[M]. Washington：Corporation for National Service，1998：1.

② STROM R，STROM S. Grandparents and intergenerational relationships[J]. Educational gerontology：an international quarterly，1992，18（6）：607-624.

③ BLACK S E，SCHANZENBACH D W，BREITWIESER A. The recent decline in women's labor force participation[R]. Washington：The Hamilton Project，2017：6.

④ COHANY S R，SOK E. Trends in labor force participation of married mothers of infants[J]. Monthly lab. rev.，2007，130（2）：9-16.

⑤ National Indicators of Well-Being. Federal interagency forum on child and family statistics[R]. Washington：U. S. Government Printing Office，2007：10.

的护理人员照护，反而带来更大的问题[①]。据美国劳动部 1988 年的一项调查显示，学龄儿童缺少照护服务导致他们在课前和课后无人监管，7%—12% 的 5—10 岁儿童和 30% 的 10—13 岁儿童放学后独自在家。在没有成年人监护的情况下，独自在家的儿童在逃学、滥用药物、吸毒、暴力、不好的学业表现等方面有着更大的潜在风险[②]。Kagan 等调查发现，80% 的儿童每周有超过 50 个小时的时间在水平很一般的儿童护理机构接受照顾，35%—40% 的婴幼儿护理机构质量低下，可能会危害到儿童的身心健康和人身安全[③]。此外，儿童照护人员配置危机不断增加，作为主要劳动力的 18—24 岁儿童照护者的数量在不断减少，1990 年 18—24 岁儿童照护者比 1980 年减少了 500 万[④]。社会不断认识到，家庭不仅需要为儿童提供安全的照护和成长场所，更需要支持有助于他们在关键时期良性发展的高质量项目。因而，随着社区中老年人数量的不断增长，老年人逐渐被视为潜在的看护者群体。社会普遍认为老年人能在培育儿童和提升家庭优质护理方面做出重大贡献，代际儿童保育开始流行。如 80 年代"代际聚集"研究中心开展了"代际儿童照护服务提供者"（Providers of Intergenerational Child Care）项目，培训老年人为幼儿提供照护服务[⑤]；1992 年《改善儿童保育法案》（*Act for Better Care, ABC bill*）中也将老年人列为儿童照护者之一[⑥]。

第三，多代家庭（multigenerational families/households）和隔代家庭（grandfamilies）不断增多引发隔代教养新问题。一方面，上述一系列棘手的社

---

① MORTON-YOUNG T. After-school and parent education programs for at-risk youth and their families: a guide to organizing and operating a community-based center for basic educational skills reinforcement, homework assistance, cultural enrichment, and a parent involvement focus[M]. Springfield: Charles C. Thomas, Publisher, 1995.

② U. S. Department of Labor. Child care: a work-force issue, report of the secretary's taskforce[R]. Washington, DC: U. S. Department of Labor, 1988: 34-35.

③ KAGAN S L, COHEN N E. Not by chance: creating an early care and education system for America's children[M]. New Haven: Yale University: Bush Center in Child Development and Social Policy, 1997: 46-47.

④ NEWMAN S M, VEN K V, WARD C R. The productive employment of older adults in child care[M]. Pittsburgh: Generations Together, 1992: 55.

⑤ LUMSDEN D B. The older adult as learner: aspects of educational gerontology[M]. Washington: Taylor & Francis, 1985: 161.

⑥ NEWMAN S M. History and current status of the intergenerational field[R]. Pittsburgh: Pittsburgh University, Center for Social and Urban Research, 1995: 3.

会问题引发了多代家庭数量的回升和隔代家庭数量的增多；另一方面，老年人平均寿命的延长及经济衰退等因素进一步加剧多代家庭和隔代家庭数量的回归，老年人成为美国社会经济结构日益重要的组成部分。据统计，1980 年居住在多代家庭中的人口比重为 12%，2000 年上升至 15%，与 1960 年相同，约有 260 万包含祖父母、父母、孙子女，甚至还包括曾祖父母的多代家庭。2009 年，约有 420 万个多代家庭包括三代人或更多代人，80 万个多代家庭为仅包含祖辈和孙辈的隔代家庭①。截至 2017 年，美国各地有近 780 万名 18 岁以下儿童住在祖父母或其他亲属家庭中，占美国全部儿童数量的 10.5%，其中超过 580 万儿童（占美国全部儿童数量的 7.9%）生活在祖父母家中②。这些家庭中的祖父母和孙子女面临着一系列问题亟待解决。传统家庭中祖父母的核心功能非常简单，就是“存在”（being there），帮助维护家庭身份并保持世代连续性。但隔代教养让祖父母变为“父母”，这种角色的突然转变给祖父母带来了角色困惑和巨大压力，祖父母缺少必要的帮助以维持积极的家庭关系，在经济、住房、政治、法律、身心健康、休闲娱乐等方面面临着一系列难题。由祖父母担当监护人的比例在黑人和西班牙人以及接近贫困状态的家庭中更高，这使得孙子女有可能无法获得足够的照护和支持③，出现诸如发展障碍、社交和情感障碍、行为障碍、读写障碍等问题。祖父母养育孙子女成为一个重要的代际话题，社会上开始出现“祖父母抚养孙子女”支持小组，为祖父母提供所需的教育资源和情感支持以及问题交流的途径。如美国代际联盟建立了“全国隔代家庭中心”（National Center on Grandfamilies），旨在推动相关政策发展，推广并解决祖父母家庭所面临的问题，增加不同代的人在家庭和社区内部的相互依赖和相互依存。多项政策也纷纷出台用以支持隔代家庭，如 2006 年“国家家庭援助项目”（National Family Caregiver Support Program，NFCSP）成为《美国老年人法案》

---

① Generations United. Family matters: multigenerational families in a volatile economy[EB/OL]. [2018-03-02]. https://www.gu.org/app/uploads/2018/05/SignatureReport-Family-Matters-Multigen-Families.pdf.

② AARP. Grandfacts: national fact sheets for grandparents and other relatives raising children[EB/OL]. [2018-04-05]. https://www.aarp.org/relationships/friends-family/grandfacts-sheets.

③ Generations United. The state of grandfamilies in America[R]. Washington: Generations United, 2015: 13.

中第一个代际倡议，允许地方政府划拨资金帮助抚养孙子女的祖父母或其他亲属，为其提供咨询服务和信息服务等①。2018年，特朗普总统签署《支持祖父母养育孙子女法案》（*Supporting Grandparents Raising Grandchildren Act*），旨在为祖父母和相关照护者提供有关养育孙子女的相关信息资源和最佳实践，帮助其更好地满足儿童的健康、教育、营养等方面的需求，并保持祖父母和相关照护者的身心健康和情感福祉②。

第四，老年移民问题引发社会广泛关注。随着1965年美国取消国籍配额的限制，来自亚洲和拉丁美洲等地区的移民数量不断增多，从20世纪70年代的450万人增加到1992年的700万人。虽然新移民中老年人相对较少，但少数族裔中老年人口的增长速度远快于白人老年人口③。且随着早期移民不断迈入老龄化，以及由家庭团聚或难民入境等因素带来65岁以上老年人的不断涌入，美国老年移民的数量不断增多，由1990年的270万增加至2000年的330万再到2010年的460万，占美国4000万移民的11.5%，占美国4040万老年人口的11.3%④。这些老年移民面临着许多特别的挑战：一是对新文化的适应与学习，二是维护和传播自身族裔的文化传统。因此，招募年轻人帮助老年移民成为代际实践关注的一部分，以期通过年轻人解决老年移民的语言学习和入籍需求，同时满足他们对文化适应和传播文化传统的长期需求。1985年以来，天普大学“代际学习中心”开始与全国各地的移民和难民组织合作，制定战略以满足正在学习新语言并适应新文化生活的老年人的需求。如开展“通过代际友谊学习英语”（Learning English through Intergenerational Friendship，LEIF）项目，招募大学生志愿者帮助老年难民学习英语。十多年间，此项目相继培育了数百名大学生导师，帮助数百名老年移民适应美国生活，记录日常故事，

---

① Generations United. Connecting the generations: building a pathway to success [EB/OL]. [2018-06-02]. https://www.gu.org/app/oploads/2018/05/AnnualReport-2007-2008.pdf.

② Generations United. New law will help the growing number of grandparents raising grandchildren[EB/OL]. [2018-07-27]. https://www.gu.org/press_releases/new-law-will-help-the-growing-number-of-grandparents-raising-grandchildren/.

③ BARRESSI C M, STULL D E. Ethnicity and long-term care: an overview?[M]. New York: Springer, 1993: 3-21.

④ MIGRATION POLICY INSTITUTE. Senior immigrants in the United States[EB/OL]. [2018-09-09]. https://www.migrationpolicy.org/article/senior-immigrants-united-states.

作为留给子孙后代的重要财富。1997 年，代际学习中心创建“大学生帮助老年人入籍”（Students Helping in the Naturalization of Elders，SHINE）项目，招募年轻人协助老年人申请美国公民身份，确保他们可以成为美国社会的正式成员，并获得与其他美国公民相同的公共福利。据统计，1997—1998 年共有 1000 余名老年移民和难民通过该项目得到了 271 名大学生的帮助，大学生也在此过程中接触和了解到其他国家文化以及自身国家的政策和历史[①]。

第五，老年人口的持续增长加剧代际冲突。二战后，美国老年人口数量迅速增加，开始迈入人口老龄化社会。1900 年，美国 65 岁以上老年人仅有 310 万，占总人口的 4%；1940 年增加至 900 万，占总人口的 6.8%，四十年增长了近 200%；1960 年增加至 1620 万，占总人口的 9.3%；1970 年增加至 2005 万，占总人口的 9.9%[②]；1980 年增加至 2550 万，占总人口的 11.3%；1990 年增加到 3059 万。由于 20 世纪 30 年代大萧条时期出生的婴儿数量相对较少，老年人口的增长在 20 世纪 90 年代有所放缓。1994 年美国 65 岁以上老年人达到 3320 万，占 12.5%；2000 年达到 3500 万，占总人口的 13%[③]。85 岁以上老年人成为增长最快的老年人，1994 年 85 岁以上老年人数量比 1960 年增长了 274%，老年人口的年均增长速度是 100%，而美国人口的年均增长速度仅为 45%[④]。老年人口的持续增长及市场经济的不稳定性，激发了美国社会有关代际冲突的言论。许多政策制定者发出了“代际战争”的警告，警告年轻一代社会中的老年人正在拿取不成比例的稀缺资源[⑤]，主张用代际公平的观点宣传资源向老年人不断倾斜对年轻一代带来的不公平。代际公平的基本论点是：随着立法旨在缓解老年人贫困及有效的政治游说，面向老年人的公共资源有所增加，

---

① SYLVESTER E S，GARCIA A. Intergenerational programs to address the challenge of immigration[J]. Generations：Journal of the American Society on Aging，1998，22（4）：58-63.

② PHINNEY E. Introduction[J]. Library trends，1973，21（3）：359-366.

③ Administration on Aging. 2017 profile of older Americans[R]. Administration on Aging，Administration for Community Living，U. S. Department of Health and Human Services，2018.

④ FRIEDMAN B M. Connecting generations：integrating aging education and intergenerational programs with elementary and middle grades curricula[M]. Boston：Allyn and Bacon，1999：1.

⑤ SCANNEL T，ROBERTS A. State and local intergenerational coalition and networks：a compendium of profiles[M]. Washington：Generations United，1995：iii-iv.

导致老年人的经济地位和医疗保健待遇得到显著改善，老年人变得比非老年人特别是儿童过得更好，每年分配给老年人的联邦资金比例逐年增加，老年人项目的花费将为年轻人带来无法估量的压力。同时，流向儿童和其他人群的资源比例在减少，造成贫困儿童数量的增加，阻碍了儿童和其他群体的发展①。因此，年轻人开始抗议有利于老年人的公共资源不公平分配，以争取和维护自身利益，代际冲突不断加剧。有关“儿童对拐杖”（Kids vs. Canes）的争论愈演愈烈。该观点认为，过去二十年老年人的收益是以牺牲年轻一代为代价，未来应把更多的钱花在儿童和家庭上，而不是花在老年人身上②。同时，媒体中也出现了一系列危言耸听的报道，过分强调老年人给家庭护理带来的巨大压力和为老年人提供额外健康服务带来的医疗保健系统压力，以及不断扩张的养老金系统对财政依赖日益增长的担忧，等等。一些研究文献中也出现了许多引人注目的语词，如把老年描述为“一个没有目的的季节”。国际货币基金组织（International Monetary Fund）也警告所谓的“长寿风险”，即“与人们寿命长于预期的风险相关的财务后果”③。这些媒体和文献报道将老化过程描绘成一个身体和精神衰退以及经济脆弱的阶段，老年人因而被视为生产力低下的负担。在资源有限的年代，这些形象和言论无形中加速了年轻人和老年人之间的竞争而非合作。因此，有人开始批评代际公平理念，转而走向代际相互依赖的代际共融理念，认为一代人的收益不一定以牺牲他人为代价，不同年龄群体之间有共同而非竞争的利益；多代家庭是个人发展和支持的重要资源，随着不确定的经济环境中多代联系变得越来越重要，未来似乎不存在明显的代际冲突，且代际团结将保持在较高水平④。在此背景下，社会开始强调增加让老年人为儿童/青少年及社区做贡献的机会以减少冲突，用代际共融理念取代代际冲突理念，

① KINGSON E R, HIRSHORN B A, CORNMAN J M. The ties that bind: the interdependence of generations[M]. Washington: Cabin John, Md. 1986: 4.

② MERKEL C V. Strategies for change: building state and local coalitions on intergenerational issues and programs[M]. Washington: Generations United, 1990: v.

③ KAPLAN M S, SANCHEZ M, HOFFMAN J. Intergenerational pathways to a sustainable society[M]. Cham: Springer, 2017: 9.

④ BENGTSON V L, OYAMA P S. Intergenerational solidarity and conflict: what does it mean and what are the big issues[M]//CRUZ-SACO M A, ZELENV S. Intergenerational solidarity: strengthening economic and social ties. New York: Palgrave Macmillan, 2010: 35-52.

建立一个更加具有凝聚力的社会。1986年，美国国家老龄化委员会、美国儿童福利联盟（Child Welfare League of America）、美国退休人员协会、儿童防卫基金（Children's Defense Fund）联合创办代际支持网络——美国代际联盟，成为支持代际倡议的第一个国家网络和宣传机构①。美国代际联盟旨在促进全国范围内参与代际活动的各系统之间的联系，为跨州、区域和国家对话提供支持。

第六，信息技术发展加速代际数字鸿沟和情感疏离。21世纪初，随着信息技术、通信技术和网络技术的逐渐普及技术在数字原住民和数字移民之间带来了代际分离。年轻一代伴随着计算机的使用、互联网的接入、万维网的发展而成长，而老年人因缺乏对技术的接触和相关培训，对技术设备的使用和网络应用普遍陌生，代际出现了诸如信息不对等、知识分隔等数字鸿沟。同时，快速发展的信息社会也使得传统社会规范、价值体系受到冲击，导致不同代的人因所处社会文化环境的不同，在价值观念和行为方式上呈现出差异。信息通信技术的发展为人们提供了一种比过去更加独立的生活体验，年轻人越来越多地使用互联网和在线系统进行社交互动，而非传统面对面互动，年轻人和老年人之间的交流日益减少，很少有机会坐在一起阅读、聊天和故事分享，代际关系变得更加脆弱，老年人更加孤独。交流的减少带来老年人和年轻人彼此之间的刻板印象：老年人对年轻人持有"社会责任感差""沉迷网络""个人主义"等消极评价；年轻人对老年人持有"智力水平衰退、健忘、墨守成规"等刻板印象，认为老年人不喜欢也不会使用电子设备和互联网，无法融入时刻变化的信息社会。然而，据美国退休人员协会2009年的一项调查显示：50岁以上老年人中有56%经常使用电脑给朋友发电子邮件，有57%经常使用电脑查找信息、有44%经常使用电脑购买产品、有44%经常使用电脑安排旅行，老年人的技术使用率显著增加，从1996年的不到2%增加到2009年的48%②。刻板印象的存在使得数字原住民与数字移民之间的交流愈加困难。因此，缩小老年人和年轻人之间的数字鸿沟，促进家庭、社区乃至整个社会的代际和谐，引起了学

① Generations United. Because we're stronger together: intergenerational programs engaging youth in service to older adults[R]. Washington: Generations United, 2013: 11.

② American Association of Retired Persons. Internet use among midlife and older adults: an AARP bulletin poll[R]. Washington: AARP Knowledge Management, 2009: 1.

界、业界及政府相关部门的密切关注和高度重视，许多代际项目也开始关注让年轻人教授老年人使用相关数字技术，为帮助建立终身学习和减轻双方刻板印象提供有效途径。

第七，老年人和年经人在种族和民族群体中变化的非一致变化加剧了代际文化差异。21 世纪以来，美国种族和民族多样性继续加强。过去十年中，少数民族增长人口占全美增长人口的 92%。据安妮·E. 凯西基金会 2010 年人口普查数据显示，美国有 7420 万名年龄在十八岁以下的儿童，其中的 46% 是有色人种儿童，2000 年以来出生儿童数量的增长主要是非西班牙裔白人以外的群体①。到2030年美国大多数年轻人将是非裔、西班牙裔、拉丁裔、亚裔美国人或美洲原住民，而 70% 以上的美国老年人将主要是非西班牙裔白人②，代际文化差异越来越大。若不加以有效应对，可能会加剧不同种族和民族间对资源的竞争③。代际领域迅速意识到未来人口的这一发展趋势，积极倡导弥合种族和民族多元化带来的代际鸿沟，将代际多样性视为国家的重要资产，建立起多元种族和民族之间的沟通桥梁，以增进理解，传递文化④。

第三节　代际政策和代际社区倡议深化代际实践发展

将代际项目作为解决社会问题的工具使人们看到代际项目对于社区的重要性，这种意识的提高促使代际项目范围不断扩展。代际实践不再局限于以一个年龄群体为服务提供者而另一个年龄群体为服务接受者的方式，而是进一步扩展到社区发展、个人参与和代际社区建设相关问题，试图通过行动计划振兴社

① O'HARE W P. The changing child population of the United States：analysis of data from the 2010 census[R]. Baltimore：Annie E. Casey Foundation，2011：1.

② HENKIN N Z，BUTTS D M. Intergenerational practice in the United States[J]. Quality in aging and older adults. 2012，13(4)：249-256.

③ Generations United. Out of many，one：uniting the changing faces of america[EB/OL]. [2018-04-02]. https://www.gu.org/app/uploads/2018/05/SignatureReport-Out-of-Many-One.pdf.

④ Generations United. All in together：creating places where young and old thrive[EB/OL]. [2018-04-03]. https://www.gu.org/app/uploads/2018/06/SignatureReport-Eisner-All-In-Together.pdf.

区以将不同代的人重新联系起来，建立一个更有凝聚力的社会。代际实践逐渐超出代际项目制定的具体范围，慢慢扩展为公共政策倡议和实现社会治理的有效工具，成为一个为所有世代服务的社区发展战略的重要组成部分。20 世纪 80 年代中后期，以美国代际联盟、国际代际项目联盟、联合国为代表的机构开始积极寻求政策转变，提倡以代际融合为基础的政策和项目设计，从而建立一个更加有凝聚力的年龄友好型社会。

美国代际联盟积极推动国家在公共政策和项目上的代际合作，强调采用代际途径制定影响老年人和儿童 / 青少年生活的公共政策，认为公共政策应满足所有世代的需求，并认为当资源使代际连接而不是使代际分离时，将被更明智地使用。为此，美国代际联盟积极推动美国教育、联邦预算、隔代家庭、健康护理、《美国老年人法案》、志愿服务、共享场所、社会保障、社会支持等政策中的代际融入，并取得了不错的效果。1985 年，第一部专门面向代际领域的法案——《代际教育志愿者网络法案》（*Intergenerational Education Volunteer Network Act*）被提交到美国第 99 届国会上，旨在将老年人视作教育资源，在公立学校建立一个老年人志愿者辅导网络，以帮助在中小学和家庭教育中处于弱势的儿童的机会，让老年人成为孩子在学校和家庭之间的联络人①。遗憾的是该法案最终未获通过，但其对学校老年志愿项目的发展起到了重要推动作用。1993 年，参议院老龄问题特别委员会主席 David Pryor 召集代际专家圆桌会议，建议制定一份《全国导师团队法案》（*National Mentor Corps Act*），系统地将学校和老龄化机构（如退休老年志愿者项目、美国退休人员协会、“代养祖父母”项目）连接起来，后被纳入 1994 年《教育 2000 年法案》（*Education 2000 Bill*）修正案的一部分，老年人作为学生导师的志愿项目自此有了法律的支持和保障。1987 年《美国老年人法案》修订案首次纳入“代际服务”一词，在“志愿机会”一项中增加了第 9 条——为老年人提供更多创新性志愿机会，以满足社区需求，其中之一是由老年人提供满足儿童需要的代际服务，如小学和特殊教育的辅导服务、“钥匙儿童”（latchkey kids）② 的课后服务、日托

① Congressgov. H. R. 1587 – Intergenerational Education Volunteer Network Act of 1985 99th Congress（1985–1986）[EB/OL]. [2018-08-02]. https://www.congress.gov/bill/99th-congress/house-bill/1587.

② 钥匙儿童：指因父母双方均有工作，放学后独自在家的儿童。

中心的志愿服务[①]。1992 年版、2000 年版修订案指出要开展多代活动，包括老年志愿者担任儿童保育项目、青年日托项目、教育援助项目、青少年犯罪治疗项目及家庭援助项目的导师或顾问[②]。2006 年版修订案进一步将图书馆项目纳入其中[③]。2016年版修订案提出“代际共享场所”这一概念[④]。《美国老年人法案》对多代活动和代际项目的关注为美国代际实践的发展提供了必要的法律支撑，极大地推动了代际实践的开展。此外，1993 年《国家和社区服务信托法案》（*National and Community Service Trust Act*）颁布，并诞生了美国国家服务管理局（Corporation for National Service），下设“美国服务队”（AmeriCorps）、“老年志愿服务”（Senior Corps）、“学习与服务美国”（Learn and Serve Ameirica）三个志愿项目。老年志愿服务项目下设“代养祖父母”项目、老年同伴计划（Senior Companion）、退休老年志愿者项目，代际项目均是其关注的重要部分。1995 年，美国第四届白宫老龄会议（White House Conference on Aging，WHCoA）召开，强调制订一个以代际社区为概念框架的国家老龄化政策，承认所有世代的相互依赖性和老年人口的日益多样化；承认老年人的贡献和需求，反映更广泛的代际价值，体现一种共同的感受、权利、责任和价值观[⑤]。

1999 年，专注于从全球视角推动代际项目、战略和公共政策的国际会员

---

① Government Publishing Office. Older Americans Act of 1987[EB/OL]. [2017-11-16]. https://www.gpo.gov/fdsys/pkg/STATUTE-101/pdf/STATUTE-101-Pg926.pdf.

② Government Publishing Office. Older Americans Act Reauthorization Act of 1992[EB/OL]. [2017-11-16]. https://www.gpo.gov/fdsys/pkg/STATUTE-106/pdf/STATUTE-106-Pg1195.pdf; Government Publishing Office. Older Americans Act Reauthorization Act of 2000[EB/OL]. [2018-02-02]. https://www.congress.gov/106/plaws/publ501/PLAW-106publ501.pdf.

③ Government Publishing Office. Older Americans Act Reauthorization Act of 2006[EB/OL]. [2018-02-02]. https://www.gpo.gov/fdsys/pkg/PLAW-109publ365/html/PLAW-109publ365.htm.

④ Government Publishing Office. Older Americans Act Reauthorization Act of 2016[EB/OL]. [2018-02-02]. https://www.congress.gov/114/plaws/publ144/PLAW-114publ144.pdf.

⑤ National Commission on Libraries and Information Science, American Library Association, National Library Services for the Blind and Physically Handicapped of the Library of Congress. Toward the 1995 White House Conference on Aging: priorities and policies for library and information services for older adults[M]. Washington: U. S. National Commission on Libraries & Information Science, 1995.

组织——“国际代际项目联盟”成立。国际代际项目联盟为提高老年人和年轻人的生活质量和促进社区复兴、跨代学习、代际凝聚力等问题的解决提供代际方法[①]，开启了代际项目在全球范围内的广泛探索。同时，联合国也开始关注并倡导老年人和年轻人的友好社区建设，提倡以代际方式为基础的政策和项目设计，思考直接作用于一个年龄群体的政策如何影响到其他年龄群体，从生命历程的角度解释个体之间的相互依赖性，促进代际相互依存[②]。1992 年，联合国召开老龄问题国际会议，并通过《老龄问题宣言》（*Proclamation on Ageing*）。该宣言决定将 1999 年定为“国际老年人年”（International Year of Older Persons，IYOP），主题为“走向不分年龄人人共享的社会”（Towards a Society of All Ages）。“不分年龄人人共享社会”不再单纯将老年人视为领取退休金的人，而是社会发展进步的主体和受益人，强调遵循互惠和公平的原则，从家庭、社区和国家三个维度促进代际关系发展，便利年轻人和老年人之间的交流，特别是在新旧技术、新颖和传统生活方式的交流中发挥重要作用[③]。2007 年，联合国就如何加强代际关系提出了三条建议，其中之一便是加强代际团结，具体包括：政府和私营部门应该把握机会，利用老员工的经验和技能培养年轻人和新员工；各国政府应促进代际平等和团结，包括让年轻人充分和有效地参与社会中消除贫困、创造就业和社会融合方案；鼓励社会各界发展互惠学习，为老年人提供向年轻一代学习的机会；在传统形式的社会支持因移民、全球化而减少的情况下，各国政府应与非政府组织和私营部门合作，向年长的照顾者特别是照顾艾滋病孤儿的老年人提供援助和支持；各国政府应采取措施，通过促进支持代际沟通和理解的活动，加强代际团结，发展代际伙伴关系[④]。2012 年，联合国社会发展委员会将“促进社会融合和代际团结”作为

① SANCHEZ M, BUTTS D M, YEO A H, et al. Intergenerational programmes: towards a society for all ages[M]. Barcelona: Social Studies Collection, 2007: 107-108.

② MUMFORD L. For older people: not segregation but integration[J]. Architectural record, 1956, 119(5): 191-194.

③ United Nations. Conceptual framework of a programme for the preparation and observance of the International Year of Older Persons in 1999[M]. New York, 1999: 7-8.

④ United Nations. Supplement to the world programme of action for youth to the year 2000 and beyond[EB/OL]. [2018-01-01]. http://www.un.org/en/ecosoc/docs/2007/resolution%20 2007-27.pdf.

筹备2014年"国际家庭年"二十周年的主题之一，主张加强促进代际团结的政策设计，推动年轻人和老年人的志愿行动方案。从联合国的角度来看，代际团结一直是实现"不分年龄人人共享社会"的基本要素，代际项目在国际社会中得到持续的重视与发展。

20世纪末以来，为应对日益严峻的老龄化形势及城市人口不断增多的情况，为城市和社区中的儿童和老年人提供友好环境，以美国为代表的西方国家掀起了一场城市和社区建设运动，对"儿童友好型城市""老年人友好型城市""老少皆宜的社区""代际社区""代际共享场所"等共融社区的呼吁相继涌现。

1996年，联合国儿童基金会和人类住区规划署发起"儿童友好型城市倡议"（Child-friendly Cities Initiative，CFCI）。"儿童友好型城市"指一个致力于实现儿童权利的城市。在这个城市中，儿童的声音、需求、优先事项和权利是公共政策、项目和决策的组成部分①，即儿童作为有价值的社区成员而非被"保护的对象"②。随着老年人的不断增多，许多人也开始积极探讨"老年人友好型社区"（Elderly-friendly Communities）的建设，指出老年友好型社区应涉及交通、住房、家庭护理、医疗保健、安全及对社区老年人的尊重。2000年，天普大学代际学习中心提出"为所有年龄群体而建的社区"（Communities for All Ages，CFAA）概念，致力于满足不同年龄群体的需求，并充分利用其各自优势培育一个积极且充满关怀的社区，促进跨年龄的互动和相互依赖，使社区成为个体成长和变老的共同场所③。2002年，第二届世界老龄大会重申"不分年龄人人共享社会"口号，相比于第一届世界老龄大会强调多代关系和相互依赖的事实，此次大会更加强调代际关系、代际对话以及加强代际团结的议题，包括：通过公共教育促进对老龄化的理解；重新审视现存政策以增进代际团结，进而加强社会凝聚力；制定旨在促进代际交流的关键举措，重点关

---

① Child Friendly Cities Initiative. What is the child-friendly cities initiative?[EB/OL].[2018-05-06]. https://childfriendlycities.org/what-is-the-child-friendly-cities-initiative/.

② WILKS J. Child-friendly cities:a place for active citizenship in geographical and environmental education[J]. International research in geographical and environmental education, 2010,19(1):25-38.

③ HENKIN N Z, HOLMES A, WALTER B, et al.communities for all ages:planning across generations[R]. Baltimore:The Annie E. Casey Foundation, 2005:8.

注将老年人视为社会的重要资源；最大限度地维持和改善当地社区的代际关系，避免代际隔离；鼓励和支持家庭、邻里和社区的多代互动活动[①]。2007年，WHO发起“全球年龄友好城市”（Global Age-friendly Cities）项目，2010年启动“全球年龄友好城市和社区网络”（Global Network of Age-friendly Cities and Communities）项目。“全球年龄友好城市”强调老年居民和年轻居民一起进行社会和公民参与的机会，鼓励开展多代互动和对话项目[②]。在各项概念的碰撞与推动下，专注强调代际互动的“代际社区”倡议日渐兴起。不同于多代社区更多意味着多代人居住在一起，代际社区侧重于分别满足各年龄群体的需求，代表了目前在学校、工作场所和住房中按年龄分隔人口的趋势[③]。代际社区不仅适合多代用户群体，而且创设有利于代际互动的环境，为不同代的人提供有意义接触的机会[④]。在代际社区中，所有年龄段的人都被视为团队中不可或缺的有价值成员，强调真正宜居的社区建立在代际互相支持并相互依存的基础之上，伙伴关系对代际社区至关重要。在此背景下，以美国代际联盟为代表的机构积极倡导代际社区，鼓励从多代社区转向代际社区，通过跨代居民的积极参与解决社区问题，将“以人为中心”向“以关系为中心”和“以社区为中心”转变。2012年起，美国代际联盟开始与大都会人寿基金会开展“最佳代际社区奖项”（Best Intergenerational Communities Awards）计划，专注于采用代际解决方案来服务和吸引社区内所有年龄段的居民。评选标准包括：为所有年龄的人提供充足的安全、健康、教育和基本生活必需品；促进加强各代人合作、互动和交流的项目、政策和实践；让所有年龄段的人分享他们的才能和资源，

---

① United Nations. Madrid International Plan of Action on Aging[EB/OL]. [2018-05-02]. https://www.un.org/development/desa/ageing/madrid-plan-of-action-and-its-implementation.html.

② KAPLAN M S, SANCHEZ M, HOFFMAN J. Intergenerational pathways to a sustainable society[M]. Cham: Springer, 2017: 119-120.

③ MACCALLUM J, PALMER D, WRIGHT P, et al. Australian perspectives: community building through intergenerational exchange programs[J]. Journal of intergenerational relationships, 2010, 8(2): 113-127.

④ KAPLAN M, HAIDER J, COHEN U, et al. Environmental design perspectives on intergenerational programs and practices: an emergent conceptual framework[J]. Journal of intergenerational relationships, 2007, 5(2): 81-110.

并在有利于个人及其社区的关系中相互支持[①]。

在全国社区面临财政约束和有限资源的背景下，代际共享场所作为一种优化资源配置的机制及微观层面的代际社区逐渐得到关注与发展。代际共享场所，通常也被称为代际日托（intergenerational day care）、跨代 / 多代中心 / 空间（inter-/multi-generational centers/spaces）、共处设施（co-located facilities）、代际融合环境（generation-integrated settings），指儿童 / 青少年和老年人在同一地点或邻近地区参加正在同时进行的服务和项目，参与者通过定期组织的代际活动或非正式见面进行互动[②]，既服务于老年人的需求，又服务于儿童/青少年的需求。常见的代际共享场所包括由养老院和托儿中心组成的联合设施（截至 2015 年，全美已有大约 500 个养老院与幼儿园联办的“代际学习中心”）、成年人日间服务中心和托儿中心、带有课后项目的生活辅助住房设施、设有老年人中心的学校、多代中心等，其中图书馆被普遍认为是代际共享场所的一种有效形式。

不管是“儿童友好型社会”“老年友好型社会”，还是“不分年龄人人共享社会”“为所有年龄群体而建的社区”“代际社区”，“代际”均是其强调的共同因素，即均鼓励不同代的人之间的相互依存与合作，有意识地将各年龄群体聚集在一起，主张用代际共融政策取代代际分离政策，消除年龄歧视，建立有凝聚力的社区。全球范围内对代际共融政策和代际社区的呼吁推动代际实践的广度和深度不断发展。

第四节　积极老龄化观念助推代际实践新进展

随着人类平均寿命的延长，拥有更加健康、更高教育水平和更高收入的老年人日益增多，社会越来越意识到老年人能够发挥巨大的潜能及扮演生产性角

① Generations United. 2014 Best intergenerational communities awards[R]. Washington：Generations United，2014：1.

② GOYER A，ZUSES R. Intergenerational shared site project：a study of co-located programs and services for children，youth，and older adults：final report[R]. Washington：AARP，1998.

色，开始摒弃将老年人作为一个受损害和被剥夺权利群体的负面刻板形象，承认老年人为国家“唯一增长的资源”。20 世纪 90 年代，美国兴起“积极老龄化”运动，承认老龄化是社会发展成熟的产物，在老龄化社会可以继续实现社会的繁荣和可持续发展；老年人是社会发展中的宝贵资源，可继续贡献他们的才智和经验。此时，强调依赖志愿者的社会服务开始意识到大量未开发的老年人资源，开始在各种情景中招募老年人充当志愿者。据统计，1990 年，美国已有 1550 万 60 岁以上老年人在各类社会组织担任志愿者，有 140 万老年人表示愿意参与志愿服务①。

代际志愿服务在此阶段得到了更加广泛的关注和重视，在有关积极老龄化、生产性老龄化的讨论中“代际”的相关内容越来越多。代际项目被认为在加强代际理解与交流、缓解代际冲突、解决社会面临的问题和特殊需求等方面发挥着独特的作用。如 1981 年美国第三届白宫老龄会议强调，老年人不应成为一种负担，而应将他们的经验和知识视为一种国家资产，应保持老年人在美国生活中的主流地位②。在注意到老年人隔离和代际分化持续加剧的情况下，会议强调为老年人创造社区参与的机会，着重关注代际或年龄共融问题，并向国会提交了两份与代际互动相关的意见书。其中一份为《挑战媒体中的年龄刻板印象》（*Challenging Age Stereotypes in the Media*），旨在提供改善媒体中老年人形象的策略；另一份是《美国老年人作为一种国家发展资源》（*Older Americans as a National Growing Resource*），描述了老年人利用自身的知识和技能，作为社区积极参与者的现有机会、障碍和策略，其中，机会包括退休老年志愿者项目、“代养祖父母”项目、老年伙伴计划、老年社区就业服务项目③。此次会议的最终报告还包括有关图书馆的内容，其中一条涉及老年志愿服务，即美国图书馆与信息科学全国委员会（National Commission on Libraries and Information Science，NCLIS）应关注老年人需求，鼓励当地

① Marriott Senior Living Services. Marriott’s seniors volunteerism study[M]. Washington: Marriott Senior Living Services, 1991: 4.

② White House Conference on Aging. Final report, the 1981 White House Conference on aging[M]. Washington: White House Conference on Aging, 1981: 8.

③ COWELL D D. White House Conference on aging, 1981: abstracts of the technical committee reports, mini White House Conference reports, and state White House Conference reports[M]. Washington: White House Conference on Aging, 1981: 26, 48.

社区图书馆在活动中使用老年志愿者。1991 年《联合国老年人原则》（*United Nations Principles for Older Persons*）通过，确定了联合国服务老年人的 5 大原则，即独立、参与、关怀、自我实现、尊严。其中，“参与”部分强调老年人应保持社会融入，积极参与制定和实施直接影响其福利的政策，并与年轻一代分享自身的知识和技能；老年人应能够寻求和提供为社区服务的机会，并担任适合其优势和能力的志愿者。1992 年，联合国召开第二届老龄问题国际会议，强调将老年人视为社会重要资源，增加老年人与青年之间的交流与互动，如明确老化是人一生的重要过程之一，为老年做好准备须从孩童时期开始，并终身行之；在青年社会发展及相关活动中突出老龄问题；促使老年人和青年人的合作，在经济、社会和文化发展中共同实现传统与创新之间的平衡等[①]。1995 年，第四届白宫老龄会议继续强调老年资源的重要价值，承认代际依赖性和老年人的日益多样化，呼吁将老年人纳入影响美国儿童 / 青少年的活动中，并提出了多条解决方案：促进老年人作为公立和私立幼儿园、中小学、高等院校的导师；让老年人参与高质量育儿、儿童和青少年发展项目；充分发挥老年人的生产和人道主义潜能，以满足儿童的成长、教育、社交、环境、健康和文化需求；支持促进代际项目的政策；发展公共教育运动，反对年龄刻板印象；促进代际项目，强化以祖父母为核心的家庭结构；开发和资助公共教育活动以增强老年人的多元角色和活动[②]。第四届白宫老龄会议成为第一次通过一项决议呼吁老年人及其倡导者寻求共同立场，为年轻人的利益倡导的全国老龄会议。

同时，实践中老年人志愿者参与的代际项目数量和规模也在不断扩展。如“代际聚集”代际研究中心开展了“老年人学校志愿项目”（Senior Citizen School Volunteer Program），为老年人提供服务于社区学校课堂的机会；“艺术家资源项目”（Artist Resource Program）通过让老年艺术家、老师、学生参与有意义的持续的艺术体验，促进跨代的知识、技能和欣赏。1995 年，“经验团队”（Experience Corps）代际志愿者导师项目成立，鼓励、招募和培训 50 岁

① United Nations. Proclamation on aging[EB/OL]. [2018-02-05]. http://www.un.org/documents/ga/res/47/a47r005.htm.

② White House Conference on Aging. The road to an aging policy for the 21st century: final report: 1995 White House Conference on aging[M]. Washington: White House Conference on Aging, 1996: 353-354.

以上的志愿者，通过激活志愿者的智慧，帮助孩子在三年级之前成为优秀的读者，改善儿童的生活和提高儿童的学业成绩[①]。“经验团队”志愿者改变了全美学校成千上万名儿童的生活，并通过长期持续的互动帮助，改变了美国最贫困儿童的生活以消除贫困循环。

进入21世纪以来，随着美国“‘婴儿潮’老人”的大量出现，积极老龄化、生产性老龄化和成功老龄化等观念得到了不断推广，将老年人视为资源而非负担的理念进一步普及。社会积极寻求满足新一代老年人需求和特点的服务模式，鼓励老年人参与社区生活和志愿服务。代际项目作为一种利用老年人丰富经验、彰显老年人价值的方式，受到了更广泛的关注，在新时期得到了不断丰富和发展。

2000年，美国65岁以上人口达3500万，占总人口的13%[②]。随着2005年第一批“婴儿潮”一代迈入60岁，“婴儿潮”一代进入老年初代，美国的老龄化进入了前所未有的加速变化期。“婴儿潮”一代，特指出生于1946—1964年的一代，在美国约有7600万人，占总人口的29%[③]。2016年，美国65岁以上人口达4920万人，占总人口的15.2%，大约每七个人中就有一个是老年人，85岁以上老年人成为增长最快的老年人群。2014—2030年，平均每天有1万名以上“婴儿潮”一代的人迈入65岁；2030年，随着最后一批“婴儿潮”一代跨入65岁，美国老龄人口将达到7800万人，占总人口的19.30%，即每五个美国人中就有一个老年人。“婴儿潮”一代显现出与之前“英雄的一代”（1900—1922年出生）“沉默的一代”（1923—1945年出生）[④]完全不同的特点，他们有着非常乐观的生活态度、更为积极的社会参与意愿及更高水平的信息素

① PARISI J M, REBOK G W, CARLSON M C, et al. Can the wisdom of aging be activated and make a difference societally?[J]. Educational gerontology, 2009, 35(10): 867-879.

② Administration on Aging. 2017 profile of older Americans[R]. Administration on Aging, Administration for Community Living, U. S. Department of Health and Human Services, 2018: 201.

③ United States History. Baby boom generation[EB/OL]. [2017-08-22]. http://www.u-s-history.com/pages/h2061.html.

④ “英雄的一代”又称为美国“最伟大的一代”“大兵的一代”，这一代人大都经历过战争，后又继续投身国家建设事业。“沉默的一代”一般指出生于美国经济大萧条时期，经历了麦卡锡时代的一代人。时代背景造成了这一代人沉默、不敢说话的性格特征。

养，产生了前所未有的社会影响，因而备受重视。

1998 年，成功老龄化（successful aging）被首次提出，其包括三个因素：避免疾病和残疾、维持身体和认知功能、持续参与社会和生产活动[①]。1999年，WHO 开始采用“积极老龄化”口号，承认老年人的人权和联合国独立、参与、尊严、关怀和自我实现的原则，支持老年人参与政治进程和社区生活[②]。2002 年，第二届世界老龄大会彻底改变了将老龄化视为问题的视角，正式提出“积极老龄化”理念，把老化视为一个正面、有活力的过程，强调老年人不是一个由年龄而被同质的群体，也不是一个被分割开的群体，所有老年人都应得到终身学习的机会，应创建支持网络以增强代际间的团结[③]。同年，WHO 发布《积极老龄化：政策框架》（*Active Ageing*：*A Policy Framework*），提出“健康、社会参与、安全”的政策框架以应对人口老龄化。社会参与中特别强调老年人力资源的开发，对老年人参与社会事务的能力和价值给予充分肯定，鼓励并协助老年人从事志愿服务，反对老年歧视；倡导集终身学习、工作与休闲于一体的人生愿景，将原本视为非生产性人口或依赖性人口的退休群体转变为生产性角色。这些积极的老龄化观念旨在在整个生命历程中最大限度地发挥老年人的潜能，促进了老年人志愿服务的发展。哈特研究协会（Hart Research Associates）在 2002 年进行的一项全国调查中发现，59% 的美国老年人表示，退休是“积极参与、开展新活动和设定新目标的时期”，有一半的退休老人渴望保持活跃，但目前这样做的机会却很有限[④]。美国劳动统计局（Bureau of Labor Statistics）2015 年的数据显示，48.6% 的 55 岁以上成年人参与了志愿

① ROWE J W，KAHN R L. Successful aging[J]. The gerontologist，1997，37(4)：433-440.

② World Health Organization. Active ageing：a policy framework[J]. The aging male，2002，11(1)：1-37.

③ United Nations. Report of the second world assembly on aging[EB/OL]. [2018-01-02]. https://documents-dds-ny.un.org/doc/UNDOC/GEN/N02/397/51/PDF/N0239751.pdf?OpenElement.

④ FRIED L P. Health status and related care-seeking behavior of older women[M]//FALIK M，SCOTT C K. The commonwealth fund survey. Baltimore：The Johns Hopkins University Press，1996：175–204.

服务，其中 65 岁以上老年人占 23.5%[①]。2009 年《爱德华·肯尼迪服务美国法案》（*The Edward M. Kennedy Serve America Act*）签署成为法律，重新批准“学习与服务美国”项目，发起“高等教育的老年人”（Senior Adults for Greater Education，SAGE）、“服务校园”（Campuses of Service）和“青少年参与区”（Youth Engagement Zone）代际服务计划，为年轻人与老年人的交流和服务提供了新机会；将“代养祖父母”项目志愿者的最低年龄从 60 岁降至 55 岁，并将津贴补助额度从联邦贫困线的 125% 提高到 200%，以吸引更多老年人的参与[②]。在此背景下，老年人代际志愿服务得到了广泛关注和发展，老年人参与代际项目的数量不断增多，受过良好教育、更加富有和健康的老年人也积极参与代际项目，通过社区服务来延长生产性角色潜能。据统计，2011 年美国已有近 3 万名老年志愿者通过“代养祖父母”项目的全国性组织网络帮助了 28 万余名儿童[③]；老年志愿服务项目的数据显示，2017 年约有 22 万名老年志愿者在全国 25000 个地区提供志愿服务[④]。

---

① Bureau of Labor Statistics. Economic news release：table 1. volunteers by selected characteristics，September 2015[EB/OL]. [2018-09-09]. https：//www.bls.gov/news.release/volun.t01.htm.

② Generations United. Generations United annual report 2009-2010[EB/OL]. [2018-06-02]. https：//www.gu.org/app/uploads/2018/05/AnnualReport-2009-2010.pdf.

③ Your Aging Resource Center. Foster grandparent handbook[EB/OL]. [2018-05-03]. http：//cdn.trustedpartner.com/docs/library/AreaAgningOnAgency2012/content/Handbook_updated_9_2012.pdf.

④ Corporation for National & Community Service. Current volunteers[EB/OL]. [2018-02-02]. https：//www.nationalservice.gov/programs/senior-corps/current-volunteers.

第三章　美国公共图书馆代际实践的发展脉络

第一节　行业层面

美国公共图书馆代际实践起源于图书馆老年服务。1975 年，美国图书馆协会发布《图书馆老龄人口服务指南》（*Guidelines for Library Services to an Aging Population*），鼓励馆员创新老年服务的方式，成为图书馆老年服务的指导原则和行为规范。该指南虽没有明确提及“代际”概念，但表达了图书馆为老年人和年轻人提供互动参与机会的意图，如开展吸引所有年龄群体的项目，在生态环境、口述史、讲故事和民俗等领域开展老年人和青少年间的互动活动，在“为社区老年机构提供必要支持”部分提及了开展退休老年志愿者项目、“代养祖父母”项目等代际实践的组织①，该指南可视为第一次在行业层面对图书馆代际服务的呼吁。1981 年，《公共图书馆老龄责任书》（*The Library's Responsibility to the Aging*）在修订中明确将“利用老年人潜能，将其作为同龄人的联络人和代际项目中的资源”作为图书馆服务社区的十大发展方向之一②，成为第一个正式提出开展图书馆代际项目的行业规范。这一规定后被完整地纳入 1987 年版《图书馆老年服务指南》（*Guidelines for Library Service to Older Adults*，以下简称《指南》）中③。1999 年《指南》再次修订，在“利用老年人的经验和专长”一节中指出，老年人与社区有着宝贵而长期

① American Library Association Reference and Adult Services Division. Guidelines for library services to an aging population[J]. RQ, 1975, 14(3): 237-239.

② American Library Association Reference and Adult Services Division. The library's responsibility to the aging[R]. Chicago, American Library Association, 1981.

③ American Library Association Reference and Adult Services Division. Guidelines for library service to older adults[J]. RQ, 1987, 26(4): 444-447.

的联系，可提高图书馆在社区中的影响力和地位，有助于图书馆开展附加服务项目。积极招募老年人、开发老年人资源，有助于图书馆全面发挥代际角色（intergenerational role）功能，具体包括：招募老年人充当项目资源和志愿者，雇用老年人作为专业人员和支持人员，鼓励老年人作为社区的联络员，提供开展代际活动的机会。在“与服务老年人的社区机构和团体合作”部分提及图书馆可与服务儿童的照护中心和团体合作开展代际活动[①]。2005年，美国图书馆协会又将《图书馆老年服务指南》修订为《面向老年人的图书馆和信息服务指南》（*Guidelines for Library and Information Services to Older Adults*），并于2008年正式发布。修订后的指南将服务对象年龄扩展至55岁以上，强调面向老年人的多元服务，其中代际项目仍是图书馆老年服务的组成内容，指出图书馆要开展代际项目，积极参加由社区机构发起的代际项目，并考虑发展与当地学校、托儿所或社区组织的伙伴关系，等等[②]。该指南在多次修订中都将代际项目或活动作为老年人服务的重要组成部分，代际项目的内容也逐渐由概念化走向具体化，在一定程度上反映出美国图书馆协会对老龄化问题的密切关注及对积极老龄化观念的贯彻实施，为图书馆老年服务指明了方向。

1988年第一个专门针对代际素养项目的图书馆法案——《图书馆代际素养法案》（*Intergenerational Library Literacy Act*）被提交到美国第100届国会提案中，旨在向教育部寻求拨款，以期在课余时间建立起利用老年志愿者为学童提供图书馆代际素养的示范项目。该法案将“图书馆代际素养项目”定义为“利用老年人提高无人看管儿童的读写能力和阅读技能的项目、利用老年人鼓励儿童阅读的项目”。其中，“老年人”指60岁及以上人群，“学龄儿童”指年龄为6—12岁的适龄或正在上学的儿童。同时，法案从项目性质、地点、时间、老年人角色、评估等方面规定了示范项目所必须具备的具体要求（见表3-1）。此外，议案还提议修订1973年的《美国国内志愿者服务法案》（*Domestic Volunteer Service Act*），要求在退休老年志愿项目下拨款以优先发展

① American Library Association. Library services to older adults guidelines[EB/OL]. [2018-05-15]. http://www.ala.org/Template.cfm?Section=adultlibrary&template=/ContentManage ment/ContentDisplay.cfm&ContentID=26943.

② American Library Association. Guidelines for library and information services to older adults[J]. Reference & user services quarterly, 2008, 48(2): 209-212.

具有国家意义的项目，如图书馆代际素养项目①。遗憾的是，该议案未获通过。虽未获通过，但其内容后被写入1990年版《图书馆服务与建设法》中②，彰显了图书馆开展代际项目的重要意义。

表 3-1　图书馆代际素养项目的 7 项要求

（1）新项目：地方公共图书馆只能将拨款资金用于创建和管理新的图书馆代际素养项目，不得将资金用于正在进行的其他同类项目
（2）多个地点：尽可能在其服务的整个地区开展代际素养项目
（3）课余时间：代际素养项目只能在课余时间开展
（4）聘用老年志愿者
（5）老年人的角色模式：通过举办活动和提供相关信息塑造积极的老年人角色，为参与项目的儿童树立榜样
（6）项目期限 1 年
（7）评估报告：应对示范项目及其对参与儿童带来的影响进行评估，并在规定期限内提交评估报告

资料来源：《图书馆代际素养法案》（*Intergenerational Library Literacy Act*）。

青少年指南文件方面，图书馆青少年服务协会（Young Adult Library Services Association，YALSA）于2013年发布了《图书馆青少年服务的未来：行动号召》（*The Future of Library Services for and with Teens：A Call to Action*），在“连接学习”部分指出，学校和公共图书馆作为连接学习中心，可以建立以发现青少年兴趣为中心的代际接触，馆员应努力帮助青少年与那些能够在学术、职业和个人追求方面提供支持和帮助的人建立联系，并指出青少年需要

① Congressgov. H. R. 2742：library services and construction act amendments of 1984[101st Congress（1989–1990）][EB/OL]. [2017-10-14]. https://www.congress.gov/bill/101st-congress/house-bill/957/text?r=24；Congressgov. H. R. 5486：intergenerational library literacy act[100th Congress（1987–1988）][EB/OL]. [2017-10-14]. https://www.congress.gov/bill/100th-congress/house-bill/5486/all-info?r=34.

② Congressgov. H. R. 2742：library services and construction act amendments of 1990[101st Congress（1989–1990）][EB/OL]. [2017-10-14]. https://www.congress.gov/bill/101st-congress/house-bill/2742?q=%7B%22search%22%3A%5B%22Library+Services+and+Construction+Act+amendments%22%5D%7D&r=6.

更多不“掌管”他们的成年人，如导师、教练或专家，需要与他们信任的成年人建立关系①；2014年《青少年服务活动指南》（*Teen Programming Guidelines*）指出，在开发以兴趣为基础、与发展相适应、支持连接学习的项目过程中，应“将青少年与导师、向导以及其他成年人榜样和教育工作者联系起来”，指出馆员在制定任务时，要考虑哪些任务更适合图书馆员，哪些更适合成年人志愿者、青少年志愿者等，即关注成年人志愿者对青少年服务的参与②。然而，尽管这两项指南文件都提及了青少年与成年人志愿者的接触和联系，但没有凸显老年人志愿者在青少年服务中的独特价值。

第二节 项目层面

美国公共图书馆的代际项目实践探索较多，且基本顺应了社会代际实践产生和发展的时代背景，内容上多注重解决老年人、儿童 / 青少年面临的一系列社会问题。

目前，美国可追溯的图书馆代际项目的最早实践为明尼苏达州的明尼阿波利斯公共图书馆招募老年人给儿童阅读，一起做手工和互动交流的项目：图书馆招募老年人每周在五个社区机构工作 15—20 个小时，与儿童一起阅读，协助儿童完成简单的手工制作，让儿童有事可做；与儿童交谈，并在必要时协助儿童图书馆员维持纪律。该项目在 1969 年的一份《有关〈美国老年人法案〉下的图书馆项目调查》中被提及，因其将老年人视为服务提供者而非服务接受者，从而与其他图书馆的老年服务区别开来，受到了《美国老年人法案》基金的资助①。

20 世纪 80 年代，逐渐深化的各类社会问题助推美国图书馆代际项目不断发展。图书馆为解决儿童课后无人看管、阅读水平低下和老年人增多及孤独、

① Young Adult Library Services Association. The future of library services for and with teens: a call to action[M]. Chicago: Young Adult Library Services Association, 2013: 8-10.

② Young Adult Library Services Association. Teen programming guidelines[J]. Young adult library services, 2015, 13(4): 4-12.

① REED E W. Survey of library programs under the older Americans act[J]. American library association, 1969(6): 37-39.

经济不稳定、家庭关系弱化等问题纷纷开展了系列代际项目，内容涉及代际阅读、故事分享、家庭作业辅导等活动。如 1980 年，加利福尼亚州南湾图书馆总分馆合作系统（South Bay Cooperative Library System）发起面向老年人和儿童的暑期代际阅读项目——“此时彼刻”（Now and Then），分享儿童与老年人之间的阅读和图书馆经历，鼓励儿童阅读。该项目得到了《图书馆服务与建设法》35000 美元的资金支持。由于效果很好，1981 年又获得《图书馆服务与建设法》额外九个月的资助①。同年，伊利诺伊州橡树草坪公共图书馆（Oak Lawn Public Library）发起祖父母与儿童故事分享项目，旨在通过分享和交流祖父母的故事，增强家庭关系②。1985 年，西大西洋棕榈滩县图书馆总分馆系统（West Atlantic Branch of the Palm Beach County Library System）从当地社区中招募了 25 名老年志愿者，为儿童提供作业辅导、图书选择等服务，深受儿童欢迎。这些儿童的父母大都因工作或有其他孩子需要照顾而无暇顾及学龄期的儿童③。1987 年，为缓解圣诞节期间的经济衰退，帮助刺激地方经济，伊利诺伊州佩津公共图书馆（Pekin Public Library）发起面向祖父母和孙子女的“分享魔法”（Share the Magic）代际项目，通过为一老一少两代人提供有趣的活动，为父母腾出购物的时间。图书馆在活动中发现，不同代的人互动带来的神奇效果以及图书馆在促进代际团结中的积极作用，故开始将代际项目尽可能地融入图书馆的日常活动规划。1995 年，美国图书馆协会给予佩津公共图书馆 1000 美元奖金以支持代际项目的持续开展，表扬其将向老年人提供大字本图书和居家传递的传统和常规服务扩展为富有创意的代际项目。1988 年，洛杉矶公共图书馆获得《图书馆服务与建设法》的基金资助，开展了“祖父母与图书”试点项目。该项目招募并培训 50 岁以上成年人志愿者，在课后或周末与婴幼儿、幼儿园至三年级、四至六年级儿童在图书馆内大声朗读，进行以书为中心的活动。据统计，1989 年，洛杉矶公共图书馆共招募并培训了 46 名老

① GREEN M V. Intergenerational programming in libraries: a manual based on the experiences of the south bay cooperative library system[M]. Scaramento: California State Library, 1981: 141.

② DOBREZ C K. Sharing and preserving family stories[J]. School library journal, 1987, 33(6): 40.

③ NYREN K. Florida retirees give help with homework & library use[J]. Library journal, 1985, 110(15), 22-23.

年志愿者，为 7061 名儿童累计阅读了 1966 个小时。此项目旨在将洛杉矶市内独自生活的老年人和放学后无人照顾且阅读水平低下的儿童聚集在一起，培训老年人为儿童阅读或聆听儿童大声朗读，以提高儿童阅读技能及对阅读的热爱，补充家庭阅读素养的空白，同时促进跨代的理解与欣赏。因该项目取得的巨大成功，《图书馆服务与建设法》又于 1989—1991 年对其进行了新一轮资助，“祖父母与图书”项目由此扩大到 30 余家分馆和中央图书馆，日渐制度化为图书馆的一项核心服务，成为全市范围内通过协调和培训老年人以增加儿童阅读丰富度的一种行之有效的方法。至 1991 年 6 月，共有 280 名老年志愿者为 43000 名儿童阅读[①]，“祖父母与图书”项目志愿者被亲切地称为“图书馆祖父母”（Library Grandparent）。1988 年，在了解到越来越多学龄儿童放学后独自走进公共图书馆后，美国图书馆与信息科学委员会与退休老年志愿者项目合作发起“图书馆代际援助计划”（Intergenerational Library Assistance Project），旨在让退休老年志愿者项目中的老年志愿者与学习成绩差、处于危险边缘的儿童一起参加课后图书馆计划，协助儿童完成家庭作业、阅读和手工活动。此项目选择了达拉斯、奥格登、洛杉矶和芝加哥的公共图书馆作为试点，如达拉斯莱特伍德分馆（Lakewood Branch Library）开展了老年人帮助“钥匙儿童”的项目，以提高儿童的阅读水平和图书馆技能；奥格登韦伯县公共图书馆（Weber County Public Library）开展了家庭作业课后帮助计划[②]。1995 年，在注意到成年人、青少年和儿童经常光顾图书馆，但彼此之间很少有机会交流之后，康涅狄格州斯特拉特福图书馆协会（Stratford Library Association）发起了“书籍搭建桥梁”代际阅读项目，招募老年人和青少年志愿者为 1—3 年级的儿童阅读，旨在通过为不同年龄群体提供一起阅读的机会，克服年龄障碍，同时向儿童展示图书和阅读的重要性[③]。

此阶段，依托于各图书馆代际项目的成功实践，有关代际项目的指南类文

① WADE M，PATRON S. Grandparents and books：trainer's manual[M]. Los Angeles：Los Angeles County Public Library，1991：1.

② PEARSON L R. NCLIS/RSVP pilot project to aid latchkey children[J]. American libraries，1988，19（9）：745-746.

③ SIMPSON M，BLOSVEREN B. Books build bridges：an intergenerational read-in[J]. Voice of youth advocates，1996，18（6）：351-356.

件也纷纷出现。如以加利福尼亚州南湾图书馆总分馆合作系统的“此时彼刻”阅读项目、洛杉矶公共图书馆的“祖父母与图书”阅读项目、伊利诺伊州佩津公共图书馆开展的系列代际项目、得克萨斯州的图书馆代际项目为依托，《图书馆代际项目：根据南湾图书馆总分馆合作系统经验编写的手册》（1981 年）、《祖父母与图书：培训者指南》（1991 年）、《生命光谱计划：将世代聚集在一起——支持社区代际计划的图书馆指南》（1992 年）、《学龄儿童和老年人一起在图书馆：得克萨斯图书馆代际项目手册》（1992 年）等相继出版。这些指南和手册介绍了所在馆代际项目的开展背景、具体内容、实施流程、资料清单、效果评估、注意事项及发展建议等，为其他图书馆开展代际项目提供了经验借鉴。1993 年，《代际规划：图书馆员操作手册》问世，该书详细介绍了图书馆代际项目的内涵，开展代际项目的原因、益处、类型、规划、评估[①]，为在更广泛范围内开展图书馆代际项目提供了明确指导。

进入 21 世纪以来，为解决隔代教养、数字鸿沟、种族多元化、移民融入、老年歧视、代际交流缺乏等诸多新型社会问题，美国公共图书馆开展了更加多元化的代际实践。据笔者于 2018 年 5—11 月对美国伊利诺伊州公共图书馆的调查显示，约 1/3 的图书馆开展了不同类型的代际活动或项目，这些活动涉及无血缘关系的老年人和年轻人、祖父母和孙子女间的代际阅读、故事会（story-time）、科技导师、故事分享（storytelling）、做手工、做游戏、家庭作业辅导、家谱追溯等多种类型，受益群体多为社区中处于弱势地位或所得到服务水平不足的老年人和年轻人，如贫困儿童、少数族裔儿童、移民儿童、阅读水平低下的儿童、疗养院老年人、退伍军人、数字贫困老年人、少数族裔家庭中的祖父母和孙子女等，彰显了图书馆的包容性和公平性。同时，代际项目还吸引了社区中热衷于志愿活动的更多健康老年人、儿童、初中生、高中生的广泛参与，盘活了社区中可以利用的闲置资源。此阶段，以洛杉矶公共图书馆为代表的图书馆也对其开展的代际项目进行了扩展和延伸。如为给更多人提供志愿服务机会，洛杉矶公共图书馆于 2014 年将“祖父母与图书”项目的志愿者年龄扩展到 18 岁以上，并将名称改为“故事讲述和阅读”（Story Telling and Reading,

① RUBIN R J. Intergenerational programming：a how-to-do-it manual for libraries[M]. New York：Neal-Schuman Publishers，1993.

STAR）项目。洛杉矶公共图书馆将“故事讲述和阅读”项目定义为“一个把来自不同文化、种族和社会经济背景的儿童和成年人聚集在一起，分享阅读乐趣的公共图书馆项目”。截至2020年1月，共有66家分馆开展了“故事讲述和阅读”项目，占总数量（73家）的90.4%。虽然“故事讲述和阅读”项目的志愿者不再仅限于老年人，但老年人的参与数量仍高于年轻人。参与儿童则为3—12岁，其中6—8岁（幼儿园至三年级）儿童成为最常参加“故事讲述和阅读”项目的群体。

此阶段，图书馆行业协会也加强了对代际项目的关注和倡议，代际项目逐渐由各馆单一实践走向行业发展层面。如针对移民和难民成为公共图书馆增长最快的用户群体这一现象，美国图书馆理事会（Americans for Libraries Council）分支机构——未来图书馆（Libraries for the Future，LFF）于2001年9月参与大都会人寿基金会“阅读美国计划”（Reading America Program）。该计划是一个基于图书馆的图书和电影讨论项目，面向青少年和成年人，特别是来自新移民社区和其他所享服务水平不足社区的青少年和成年人，旨在培养并增强青少年与父母、祖父母之间的理解和沟通，解决家庭和社区中的代际和跨文化冲突，帮助移民者和其他所享服务水平不足的人群成为图书馆的用户，提高其对公共图书馆的利用意识，帮助图书馆回应社区的变化需求[①]。在基金会的资助下，得克萨斯州达拉斯公共图书馆开展了面向非裔美国人、犹太和西班牙儿童和老年人的“同一个世界不同的声音”（One World，Many Voices）多民族代际项目；亚利桑那州菲尼克斯公共图书馆开展了面向英裔美国人以及美国本土、亚洲和拉丁美洲等地区青少年和美国本土老年人的“从保留地到城市：代际对话”（From the Reservation to the City：An Intergenerational Dialogue）口述史项目；亚利桑那州钱德勒公共图书馆开展了“发人深省”（Food for Thought）图书讨论项目；加利福尼亚州圣安娜公共图书馆开展了面向西班牙高中生和老年人的“诗歌写作和公众演讲”（Poetry-writing and Public-speaking）代际项目。

---

① Libraries for the Future，Americans for Libraries Council，Metlife Foundation. The reading america toolkit：how to plan and implement an intergenerational and intercultural reading and discussion program at your library[M]. New York：Libraries for the Future，Americans for Libraries Council，2005.

2002年，美国儿童图书馆服务协会（Association for Library Service to Children，ALSC）与乔治华盛顿大学老龄化、健康与人文中心合作，制订并发布了一份《老化和老年人的积极形象》（*Positive Portrayals of the Aging and Elderly*）儿童读物清单，旨在反对儿童读物中有关老化和老年人的消极形象，主张以一种积极的视角描绘老年人和老化过程。经过100多名图书馆馆员和70多位图书馆用户的评估，该清单于2004年12月发布。清单共收录了91份读物，出版年份从1976年跨越至2002年，适用于幼儿园至六年级儿童，24家图书馆将这份清单分发给图书馆工作人员、用户和美国儿童图书馆服务协会成员。美国儿童图书馆服务协会主席Gretchen Wronka表示，图书馆一直是多代人的家园，通过图书馆将年轻的用户与那些不包含刻板印象和年龄分歧观念的图书联系起来是有意义的①。

随着祖父母养育孙子女，特别是少数族裔家庭中祖父母养育孙子女现象的增多（据统计，2010年有51.7%的非洲裔美国儿童与祖父母同住②），2010年6月，美国图书馆协会黑人民权小组（ALA Black Caucus，BCALA）分支机构启动了面向祖父母—孙子女家庭的“阅读是伟大的！欢迎隔代家庭在图书馆讲述我们的故事”（Reading is Grand! Celebrating Grand-families Telling Our Stories @ Your Library）项目。作为一个通过分享故事向非洲裔美国儿童和家庭伸出援助之手的代际素养项目，其旨在通过朗读活动、讲故事、做手工、音乐、舞蹈和戏剧等培养儿童读写能力，促进儿童对阅读的终身热爱，发挥祖父母的智慧和经验让儿童学习独特的文化和家庭观念，帮助儿童成长为有价值的社会成员，加强祖父母和孙子女之间的文学素养和情感联系。美国图书馆协会黑人民权小组鼓励全美公共图书馆参与“阅读是伟大的”项目，并设计了一个工具包用以帮助各类型图书馆实施基于文学的家庭素养项目。工具包的活动建议包括：与当地老年人和学校合作，设计一项图书伙伴计划；举办一个带领祖父母图书馆一日游的图书活动；鼓励家庭参与故事分享活动；举办家庭族谱计划，

---

① American Library Association. New children’s book list counters negative stereotypes of elderly[EB/OL]. [2017-10-06]. http://www.ala.org/Template.cfm?Section=archive&template=/contentmanagement/contentdisplay.cfm&ContentID=86573.

② American Library Association. BCALA launches reading is grand! celebrating grand-families @ your library[EB/OL]. [2018-09-09]. http://www.ala.org/news/press-releases/2010/05/bcala-launches-reading-grand-celebrating-grand-families-your-library.

制作家庭树；开展与祖父母一起阅读图书的庆祝活动[①]。美国图书馆协会黑人民权小组为希望引入该计划的以非裔美国人文化为重点的图书馆和社区组织提供500美元的资金支持。2013—2018年共有23家图书馆和社区机构获得资助。

第三节 联盟和会议层面

专门面向老年人和年轻人的美国图书馆代际联盟和会议始于20世纪90年代。随着一系列代际项目的成功开展，公共图书馆逐渐意识到，单靠图书馆的力量不能使整个社区做出重大改变，于是开始注重借助与社区机构合作加强代际实践。如1992年，佩津公共图书馆举办了一场“将不同代的人聚集在一起”的代际研讨会，旨在探索将不同代的人聚集起来互利互惠的可行方式，设计一个用于开发全社区代际项目的框架模型，让社区意识到图书馆在代际项目中可充当的重要角色。1995年，佩津公共图书馆联合社区8所机构共同成立“佩津代际网络”（Pekin Intergenerational Network，PIN）联盟，致力于加强促进代际融合的长期伙伴关系，消除不同年龄群体间的刻板印象。具体服务内容包括为当地机构提供教育讲座、开展社区代际项目、为教师提供老年敏感性培训等。联盟受到伊利诺伊州立图书馆《图书馆服务与建设法》基金的资助，组织开展了系列社区代际活动，如帮助老年人打扫院子、图书馆支持隔代教养、老年人和儿童共进早餐等。2002年，联盟扩展到21个成员机构。

1993年，美国图书馆协会在素养和外展服务部（Office for Literacy and Outreach Services，OLOS）下设代际小组委员会（Intergenerational Subcommittee），旨在支持和发展互利互惠的图书馆代际项目，提供一个交流图书馆代际项目信息和想法的论坛[②]。1995年，图书馆儿童服务协会（Association for Library Service to Children，ALSC）与素养和外展服务部在芝

---

① American Library Association. Reading is grand! celebrating grand-families@your library[EB/OL]. [2017-12-11]. https://bcalareadingisgrand.weebly.com/uploads/4/3/6/7/4367030/readingisgrantoolkit.pdf.

② LIPPINCOTT K. 25 years of outreach: a bibliographic timeline of the American [EB/OL]. [2017-12-11]. https://files.eric.ed.gov/fulltext/ED396755.pdf.

加哥联合举办了“开启图书馆服务的新途径：代际项目”会议，与会者一同学习并讨论了图书馆代际项目及其重要性。与此同时，图书馆还积极响应白宫老龄会议。例如，在第三届白宫老龄会议召开之前，图书馆界发表了《图书馆：帮助提高老年女性的生活满意度》背景文件，描述了当前老年人的四个发展特点，提出了图书馆为老年人服务的 10 种途径，其中之一便是代际项目，即图书馆要发起、支持或与其他机构合作开展代际项目，特别是将老年人和年轻人组织在一起，探寻历史以及家庭和社区根源的项目[①]。第四届白宫老龄会议召开之前，图书馆界撰写了 7 份背景文件，其中之一便是“图书馆代际服务项目”，同样提及图书馆要发起、支持或与其他机构合作开展代际项目，包括家庭作业辅导、个人寻根、社区历史研究、口述史等项目[②]。图书馆开始向社会彰显自身在提供代际项目上的积极作用。同时，为在此次白宫老龄会议上产生影响，图书馆界于 1995 年 2 月召开“走向白宫老龄会议：确定面向老年人的图书馆和信息服务的重点和政策”会前会议，会议涉及代际项目相关内容：图书馆通过与其他机构和团体合作，提供能挖掘各年龄段才能和优势的项目，加强各代人的社会贡献价值；扩大代际项目，学习和复制“祖父母与图书”示范项目[③]。

进入 21 世纪以来，国际代际会议开始出现，公共图书馆在促进代际融合中的重要性日益凸显。2011 年 9 月，在国际社会关于阅读和代际对话对于消除社会沟通障碍和社群认知冲突问题达成共识的时代背景下，国际图联联合

---

① MATHEWS V. Libraries:aids to life satisfaction for older women:a 1981 White House Conference on the aging background paper[R]. Washington. White House Conference on Aging, 1981:71.

② National Commission on Libraries and Information Science,American Library Association,National Library Services for the Blind and Physically Handicapped of the Library of Congress. Toward the 1995 White House Conference on aging:priorities and policies for library and information services for older adults[M]. Washington:U. S. National Commission on Libraries & Information Science,1995:ix-xiii,181-204.

③ National Commission on Libraries and Information Science,American Library Association,National Library Services for the Blind and Physically Handicapped of the Library of Congress. Toward the 1995 White House Conference on aging:priorities and policies for library and information services for older adults[M]. Washington:U. S. National Commission on Libraries & Information Science,1995:xiii.

突尼斯图书馆和图书之友协会联合会（Tunisian Federation of the Associations of the Friends of Books and Libraries）在突尼斯哈马马特召开了“作为代际联系纽带的阅读：走向更加有凝聚力的社会”国际研讨会，成为第一次以专门会议形式强调图书馆代际服务的国际会议，具有标志性的影响。来自 16 个国家的 25 位与会者通过了《图书馆、阅读和代际对话的突尼斯宣言》，明确提出图书馆在创造终身读者的过程中发挥着至关重要的作用，图书馆应利用丰富的基础设施开展面向老年人和年轻人的代际项目，促进阅读、相互理解并照顾双方的利益，减少年龄隔离，建立有凝聚力的社区①。

图书馆、阅读和代际对话的突尼斯宣言

我们，突尼斯图书馆和图书之友协会联合会和国际图联的阅读素养部门，于 2011 年 9 月 21—23 日相约于突尼斯哈马马特，共同参与“作为代际联系纽带的阅读：走向更加有凝聚力的社会”国际研讨会，宣言如下：

图书馆在终身读者的创造中发挥着至关重要的作用；

图书馆免费向所有公民开放，并致力于促进社会包容；

图书馆是民主社会必不可少的一部分；

信息时代图书馆的重要性日益凸显；

图书馆为代际对话、代际团结、代际经验和项目提供空间；

图书馆丰富社区的文化生活；

学习是一项得益于阅读和信息获取的终身活动；

突尼斯图书馆和图书之友协会联合会和国际图联致力于尊重多元化、知识自由、信息和知识的自由获取、识字和阅读能力的提升。

因此我们倡议：

图书馆利用其丰富的基础设施，开展代际项目，把青年人和老年人组织起来，促进阅读、相互理解和照顾双方的利益；

图书馆为代际对话和代际学习提供机会和空间；

图书馆开展促进不同年龄群体联系的服务，例如：

① STRIČEVIĆ I，KSIB A. Intergenerational solidarity in libraries[M]. Berlin：De Gruyter Saur，2012：349-350.

● 老年人提供的面向婴儿、儿童和青少年的阅读活动；

● 老年人给年轻人讲故事，传递文化传统；

● 所有年龄段的成年人为孩子们提供家庭作业辅导；

● 年轻人给老年人提供信息技术培训，弥补文本一代（Texto Generation）和技术一代（Techno Generation）的数字鸿沟；

图书馆通过代际服务和代际项目积极减少年龄分隔和隔离，建立有凝聚力的社会。

突尼斯哈马马特

2011 年 9 月 23 日

2018 年 3 月，美国银风筝社区艺术机构（Silver Kite Community Arts）与华盛顿州金县图书馆总分馆系统（King County Library System）联合发起“图书馆代际项目：连接不同代的人建立健康社区”网络研讨会，与世界各地的图书馆员一同探讨代际关系的重要性，培训馆员技能以发挥图书馆在促进代际交流中的作用，提供将图书馆变为社区代际融合催化剂的想法和资源①。此次研讨会共包括四部分内容，分别为“代际关系的重要性”“探索代际结构、项目和代际活动”“图书馆空间中的代际连接——图书馆如何帮助培养代际关系”“创造图书馆代际项目计划”，有关代际项目的内涵、面向对象、发展缘由、意义价值、类型等被深入讨论。与会者一致认为，图书馆既是一个多代空间，又是非正式代际互动的共享空间，图书馆应充分发挥代际连接作用，通过开展代际项目培养积极的代际关系。

除专门性代际会议外，其他图书馆大会中也有关于图书馆代际项目的内容。如 2005 年举办的“变革设计：图书馆和生产性老龄化”全美图书馆馆长论坛中，代际内容成为提出的 5 项行动计划之一，即“馆员需开辟新的成年人服务方式，同时让老年人参与设计，促进代际交流”。在同年举办的“图书馆、终身学习、信息和老年人”论坛中，图书馆代际服务项目作为发展建议之一被提交到白宫老龄会议上，呼吁图书馆获得资助以保留和聘用老年人，启动鼓励

① OCLC. Intergenerational programs at the library：connecting generations for healthy communities[EB/OL]. [2018-03-30]. https://www.webjunction.org/events/webjunction/intergenerational-programs-at-the-library.html.

终身学习的代际示范项目[①]；在2013年举办的第79届世界图书馆与信息大会中，考虑到新的信息和学习环境带来文本一代和技术一代之间的信息差距而引起的代际分离，确定了“代际素养：基于文本的信息素养—技术素养”的分会主题[②]，以展示弥合这种差距的富有创新性和成效的图书馆项目。

① KLEIMAN A M, BOURDON C, ORANGE S M. Final report to White House Conference on aging: ALA/OLOS/RUSA White House Conference on aging task force[J]. Reference and user services quarterly, 2005, 45(2): 130-132.

② IFLA. Session 180: literacy and reading with information literacy[EB/OL]. [2018-03-06]. http://library.ifla.org/view/conferences/2013/2013-08-21/180.html.

第四章　美国公共图书馆代际项目的认知调查

第一节　调研内容及调研对象

一、调研内容

结合本书对“图书馆代际项目”的界定，本书将调研范围限定为：公共图书馆中专门面向祖父母和孙子女的代际项目，以及面向无血缘关系的老年人和年轻人的代际项目。其中，前者专门强调祖父母的参与，排除普遍强调家庭成员（主要为父母）而顺带有祖父母参与的项目；后者强调在无血缘关系的老年人和年轻人之间创设的有组织、有目的、有互动的项目，排除非正式的或无互动的多代项目，如自然吸引不同年龄群体的游戏活动、面向不同年龄群体但无互动的讲座或电影活动等。

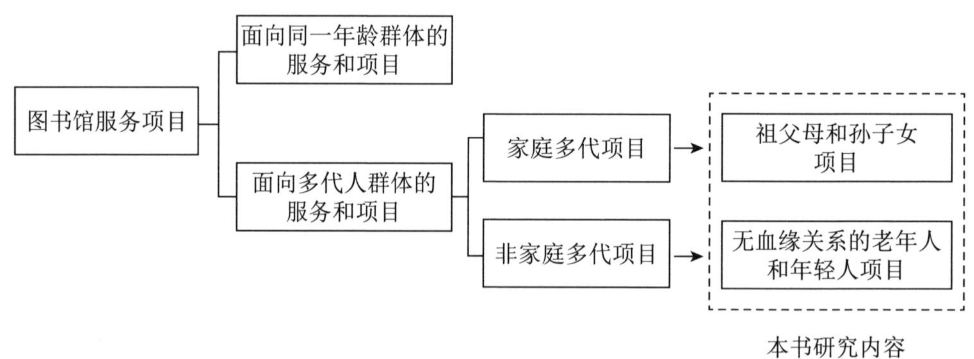

图 4–1　图书馆服务项目分类及本书的调研内容

二、调研对象

为全面了解美国图书馆领域及社会代际实践领域对图书馆开展代际项目的认知状况，本书将调研对象划分为三大类，分别为美国基层公共图书馆、图书馆行业机构、社会代际专家和代际组织。调研时间为 2018 年 5—11 月，调研方式包括邮件访谈、电话访谈、当面访谈等。

（1）针对美国公共图书馆的调查。对伊利诺伊州全部 645 个公共图书馆展开调研，以一州数据为样本，调研代际项目在美国公共图书馆中的普及程度及认知状况。共计 294 个（45.6%）图书馆回复。其中，85 个（28.9%）图书馆表示开展了代际项目或活动，且其中的 64 个同意接受后续调查；209 个（71.1%）图书馆表示尚未开展，其中有 169 个接受了访谈。

（2）针对美国图书馆行业机构的调查。为从宏观上了解美国图书馆行业协会对代际项目的认知和关注程度，本书采访了美国图书馆协会、国际图联、国会图书馆等行业协会人员，共有 4 人接受访谈。

（3）针对美国代际专家和代际组织的调查。为了解美国社会代际专家和代际组织对图书馆代际项目的认知和合作程度，本书采访了研究和倡导代际实践和代际项目的专家学者、综合性代际组织（美国代际联盟、代养祖父母项目、代际相聚等）与单一性代际组织（“经验团队”、“我读”扫盲委员会、终身艺术等）的相关人员，以及撰写和整理积极老龄化绘本图书的相关人员，共计访谈 16 人。

第二节　公共图书馆代际项目的认知状况

一、图书馆代际项目开展与否的原因

（一）未开展代际项目的原因

通过对美国未开展代际项目的图书馆有关“为什么不开展代际项目”，及已开展代际项目的图书馆、图书馆行业协会、代际专家和代际组织人员有关

“为什么仅有很少图书馆开展代际项目”的分析，笔者发现缺乏员工（及时间）、缺乏资金、对代际项目不熟悉、图书馆各部门分立是主要阻碍因素。此外，社区缺乏需求或兴趣，图书馆空间不足、对参与率和安全问题的担忧，已有社区机构开展相关项目，老年人和年轻人之间的刻板印象等也成为重要阻碍因素。

表 4–1　未开展代际项目的原因

	访谈对象			
未开展原因	未开展代际项目的图书馆	已开展代际项目图书馆	图书馆行业机构人员	代际专家、代际组织人员
缺乏人员（及时间）	√	√	√	√
缺乏资金	√	√	√	√
社区缺乏需求或兴趣	√	√		
缺乏空间	√			
对代际项目不熟悉	√	√		√
馆员不感兴趣	√			
参与率担忧	√	√		
部门分立	√	√		√
安全问题	√	√		
老年人和年轻人之间的刻板印象	√			
已有社区机构开展	√	√		

（1）图书馆缺乏员工（及时间）、缺乏资金。公共图书馆资金有限，很多图书馆往往只有一名工作人员，或馆员多为兼职人员，特别是在小型图书馆、农村图书馆中这一现象更为普遍。在资源紧张的条件下，图书馆只能将有限的资金和人员用于发展图书馆的核心服务，如面向学龄前儿童的早期阅读素养项目、面向青少年的STEAM项目①、面向儿童乃至各年龄群体的阅读活动等。同时，图书馆强调应以最有效的方式利用资源，因而，能够吸引多元人群的服务

① STEAM代表Science（科学）、Technology（技术）、Engineering（工程）、Arts（艺术）、Maths（数学）。STEAM教育是集科学、技术、工程、艺术、数学等领域于一体的综合教育。

和项目（多为家庭项目或无互动的多代项目）成为其服务大多数社区用户的更有效方式。对需要大量规划和协调的代际项目来说，其开展必然会侵占本已十分紧张的资源，挤压图书馆的核心服务和项目，因而未引起广泛关注。此外，许多开展代际项目的图书馆地处伊利诺伊州北部郊区（芝加哥郊区），这些地区往往比较富庶，而芝加哥城中和伊利诺伊州南部的广大乡村地区很少有图书馆开展代际项目，这在一定程度上验证了资金是影响图书馆开展代际项目与否的重要因素之一。

（2）图书馆对代际项目不熟悉。图书馆普遍缺乏对除家庭项目外的专门面向老年人和年轻人的代际项目的认识和了解。很多馆员表示从未听说过“代际项目”一词，尚未关注和接触这一项目类型，因而没有提供此类服务的意识；有的图书馆则表示最近才听说这一概念和发展趋势。由此可见，图书馆界对代际项目尚不熟悉，不了解代际项目可能带来的好处，缺乏开展代际项目的必要知识和能力，即不是不打算开展，而是还未考虑到或不知如何开展。这与社会代际项目和代际实践的发展和普及程度不无关系。

（3）图书馆各部门之间的独立和分离。这一点主要从对代际专家和代际组织的采访中获知。传统上，图书馆一般按读者的年龄划分不同的部门，工作人员被分配到特定的年龄组，并被配以特定的标签，如“儿童部门馆员”“青少年部门馆员”“成年人部门馆员”等，即图书馆倾向于重现生命阶段的固有年龄分层结构。这种分离带来各部门之间重叠服务机会的减少及馆员对自身角色的思维定式。馆员往往只考虑为其目标受众提供服务，很少有机会或不愿进行跨部门的交流与合作，进而很少将其他部门的服务对象纳入自身工作的考虑范围之中，很多馆员也未充分准备好与不同年龄群体的合作，代际项目因而被忽视。此外，图书馆的预算往往按部门划分，而各部门可能不想分享代际项目的资金。如兰辛公共图书馆（Lansing Public Library）的馆员表示：“目前没有提供代际项目的原因是成年人服务部门和青少年服务部门之间跨部门工作的逻辑不明。由谁来负责代际项目？由谁来规划并提供员工？如果一个部门承担了这个责任，是否会僭越另一个部门的服务？”

（4）社区缺乏需求或兴趣。大多数图书馆表示尚未发现老年人和年轻人融合发展的实际需求，具体表现为：没有来自社区和用户对代际项目的直接需求；社区对图书馆儿童项目的需求明显而对成年人项目没有太多需求；老年用户表达了与同龄人一起活动享受空闲时间的愿望，而不想继续与孙子女一起活动；图书馆用户中仅有很少的祖父母和孙子女一起参加活动等。同时，许多馆员表示，面向所有人的家庭项目和非家庭项目在满足社区需求方面效果良好，吸引了社区很多人的参与，自然地促进了不同年龄群体的有机整合。如在面向儿童的故事会活动中，作为孙子女照护者或养育者的祖父母自然会参与活动，因而没有必要为其提供专门的服务和资源。

（5）其他阻碍因素。空间不足的问题在小型图书馆中更加明显。小型图书馆一般只有一个小型的活动室，或没有专门的活动室，因而无法提供必要的空间条件。对代际项目参与率的担忧指图书馆担心没有足够的老年人和年轻人参与代际项目，因出于对参与率低或不确定的担忧而选择不进行尝试，这在小型社区中更为明显。对安全问题的担忧主要是基于图书馆或父母对陌生成年人与儿童接触的安全问题的担忧，如虐待或诱拐儿童 / 青少年、活动中不确定因素伤害到老年人等，因此图书馆一般不会招募成年人志愿者参与与儿童直接接触的工作。已有社区组织开展代际项目指图书馆出于不想与社区其他机构竞争、不想提供重复服务的想法而搁浅代际项目。老年人和年轻人之间的刻板印象指图书馆担心因存在于二者之间（特别是不同种族之间）的固有消极印象，很多人会害怕或不愿一起参与活动，如萨莉洛根公共图书馆（Sallie Logan Public Library）表示，所在社区中居住着许多白人老年人和有色人种学生，他们之间有着强烈的分歧和刻板印象，“如何让脾气暴躁的老妇人愿意与这些‘疯狂、不懂得尊重’的青少年一起参与代际项目，如何让青少年觉得和老年人闲逛很酷等成为不得不思考的问题”。

（二）开展代际项目的原因

在已开展代际项目的图书馆中，所开展的代际项目类型包括：面向无血缘关系老年人和年轻人间的代际阅读项目、代际故事项目、科技导师项目、故事分享 / 口述史项目、代际手工项目、代际游戏项目、家庭作业辅导项目等，面向祖父母和孙子女的隔代教养项目、做游戏和做手工项目、故事项目、故事分享项目、家谱项目、综合性项目等。

1. 无血缘关系的老年人和年轻人代际项目

美国开展无血缘关系的老年人和年轻代人代际项目的原因包括：

（1）社区需求之间、需求与资源间的有效对接。对开展了无血缘关系老年人和年轻人代际项目的图书馆来说，最普遍的原因并非源于社区老年人和年轻人相互接触的直接需求，更多是源于馆员发现社区中存在的问题或未满足的需求，并将这些待解决的问题或需求与社区中可利用的、丰富的资源（老年人或儿童 / 青少年）结合起来，利用其各自的经验、知识或青春活力等满足彼此，实现需求与需求、需求与资源的有效对接，进而更好地履行图书馆服务社区的使命和愿景，彰显图书馆作为社区资源搭建平台的重要角色。例如，在代际阅读项目中，儿童方面面临的问题主要包括：①父母双方工作造成许多儿童放学后无人照顾、无事可做，父母没有时间和精力关注儿童的阅读和成长；②社区中有很多贫困家庭或少数族裔家庭对图书馆和图书的接触有限，这些家庭的儿童往往阅读水平低下，亟须练习阅读和提高对阅读的热爱。老年人方面的问题主要包括：①老年人不断增多，许多老年人和退休人员独自生活，希望与他人进行有意义的接触；②老年人积极寻求志愿机会和与年轻人接触的机会，以实现自身价值和奉献社区的良好愿望。基于此，图书馆通过将老年人与年轻人联系在一起，一方面丰富儿童的日常和暑期生活，增加他们对图书馆和图书的积极接触，保持和提高其阅读水平，促进其早期阅读素养的发展；另一方面可减少老年人的孤独感，实现老年人回馈社区的愿望和需求。代际家庭作业辅导项目针对的是家庭和儿童有辅导作业的需求，这些需求或源于家庭没有经济能力支付专业辅导费用，或源于非英语语言家庭父母不懂英语而无法对孩子进行辅导。因而，图书馆通过招募老年人，特别是退休教师在课后对学生进行辅导，同时满足老年人学有所用的需求。科技导师项目的起源，一方面是老年人有着对新技术和社交媒体的迫切需求，但往往因馆员忙碌或老年人无力支付其他机构的高昂费用而无法得到满足；另一方面是中学生有着完成一定社区服务时间和学分的要求，经常向图书馆寻求志愿服务机会。因而，图书馆将二者结合起来，利用青少年所掌握的技术知识为老年人提供一对一帮助，实现需求和资源的有效对接。

（2）保存人类文化历史和记忆。图书馆通过让年轻人采访老年人有关过去的经历和记忆，或为年轻人提供向老年人学习编织等手工技能，防止历史、文化和技能的丢失，增加年轻人对老年人的尊敬和理解，同时体验老青共处的快乐。这主要表现在代际故事分享和代际手工项目中。

（3）将图书馆服务带入社区。主要指图书馆在社区机构中开展的代际项目。如威尔梅特公共图书馆（Wilmette Public Library）在当地老年生活社区开展的代际故事会项目是“图书馆带你到任何地方”（Libraries Take You Everywhere!）系列故事会项目的组成部分，图书馆与社区机构展开合作，将图书馆服务带入社区，同时帮助参与者了解所在社区的不同组成部分和不同成员，增强不同群体之间的交流和理解。

（4）其他机构代际实践的推动。指疗养院或老年中心开展的代际项目实践促使图书馆开展了类似项目。负责此类项目的馆员大都阅读了“代际学习中心”的有关实践，即将幼儿园建在疗养院或老年住宅中心的代际实践模式。在了解到老年人与儿童互动的积极效果之后，图书馆决定与疗养院或老年中心合作，将图书馆的特色项目和儿童带入老年机构，并将此类代际实践作为自身融入社区的一种积极方式。如格伦埃林公共图书馆（Glen Ellyn Public Library）和弗农地区公共图书馆（Vernon Area Public Library）在老年住宅区开展了代际故事项目，橡树公园公共图书馆（Oak Park Public Library）与当地老年社区合作开展了代际手工项目。

（5）社区组织或个人的要求。指社区机构要求图书馆为其用户开展相关活动或社区老年人主动要求开展代际活动。如莫顿公共图书馆（Morton Public Library）代际阅读项目起源于当地学校因暑期阅读空档而向图书馆寻求开展暑期阅读项目的要求；梧桐公共图书馆（Sycamore Public Library）口述史分享项目源于社区老兵对与年轻一代分享自身经历和战争故事的要求。

（6）图书馆所处地理位置。部分图书馆是出于对自身地理位置的分析，如皮马县公共图书馆（Pima County Public Library）同时靠近退休社区和年轻家庭社区，馆员认为代际项目是将老年人和年轻人结合起来提供特色服务的一种有效方式。

（7）馆员兴趣。有些代际项目单纯出于馆员对连接老年人与年轻人这两代人的兴趣和热情，他们一般有着与两类群体打交道的经验，认为将年轻人和年长的人联系在一起是重要且富有意义的，可以促进彼此之间的相互学习。有些馆员则注意到社区或图书馆内不同年龄用户之间缺乏交流，从而开展活动以促进二者之间有意义的联系、交流和学习。

2. 祖父母—孙子女代际项目

相比于开展无血缘关系老年人和年轻人代际项目的多元化原因，开展祖父母和孙子女代际项目的原因较为简单，最常见的原因是社区家庭结构的改变（隔代家庭、多代家庭的回升）和社区人口的变化（双职工父母、老年人口的不断增多），导致祖父母养育孙子女、父母工作时祖父母照护孙子女现象的不断增多。馆员注意到越来越多的祖父母陪同孙子女一起来图书馆，或借阅图书，或参加图书馆的讲故事、做手工等活动。因此，图书馆希望通过提供特殊的服务或项目，向祖父母表达感谢，让祖父母感受到欢迎并在一个面向同龄人的项目中更加舒适自在地参与活动，为祖父母之间的交流和经验分享提供机会；为祖父母和孙子女创设一个彼此享受的活动和空间，培养二者之间的亲密关系；满足社区所有类型家庭的需求，进而吸引更多用户走进图书馆。

二、图书馆有无必要开展代际项目

（一）基层图书馆层面

1. 无血缘关系的老年人和年轻人代际项目

关于是否有必要开展无血缘关系的老年人和年轻人代际项目，绝大多数未开展代际项目的图书馆表示不知有无必要，但普遍认为代际项目是一个很好的想法，少数图书馆表达了明确的“必要”或“不必要”倾向。在已开展代际项目的图书馆中，除少数图书馆仅将其列为一个好想法外，绝大多数图书馆均表示有必要开展。其中，代际项目的积极意义是其考虑的共同因素。同时，已开展代际项目的图书馆还从必要性角度进行了阐释。

代际项目开展的意义主要体现在其对老年人、年轻人、图书馆和社区带来的积极影响上。对老年人来说，代际项目可以让老年人因服务他人而感受到自身的价值；为社会上越来越多的老年人提供服务和回馈社区的创新方式；改变老年人生活中的固定活动模式，让其生活变得更加有意义；通过与孩子互动可以使老年人充满活力，保持活跃和年轻；拓宽只与同龄人交往而形成的狭隘世界观和兴趣取向；对不是照护者或与孙子女相距甚远的祖父母，帮助其建立代际联系，缓解孤独感；以创新和愉快的方式满足老年人的各类需求；通过与儿童共同参与适量的运动和回忆活动，促进老年人的身心健康，改善其记忆问题；帮助老年人正确了解儿童 / 青少年，消除其与年轻人接触的恐惧和对年轻人的刻板印象等。对儿童 / 青少年来说，代际项目可为那些缺失祖父母或老年人陪伴的儿童 / 青少年提供“祖父母”的积极形象和互动体验，增强儿童 / 青少年对老年人的关爱和同理心；有利于儿童/青少年学习语言、技能或文化历史等方面的知识和宝贵经验；可以使儿童/青少年重视老年人的价值，树立积极老龄化观念；帮助儿童/青少年提高与不同年龄群体交流的能力。对老年人和年轻人的共同益处体现在，促进二者关于阅读、故事、历史文化等的分享，为其增加快乐和不同的体验，打破代沟；促进二者相互理解和支持，培养其友谊并建立连接；促进相互学习和共同学习，拓宽不同代人的视角，增进对每一代人价值的认可；促进团队合作等。对图书馆的益处主要体现在创新图书馆服务方式，吸引更多年轻人和老年人走进图书馆，增进二者对图书馆内容和价值的了解；发挥图书馆在人与人之间的连接者角色和作用；以更有效的方式让图书馆服务走进社区，使其接触到原本不能到访图书馆的用户，增加图书馆的社区影响力；促进图书馆各部门之间及其与其他机构的合作；拓展图书馆的馆外空间；彰显图书馆的包容性理念等。对社区的益处主要体现在促进代际连接和社会团结，减少代沟、年龄歧视和技术鸿沟，保存可能遗失的历史文化遗产等。

代际项目开展的必要性主要体现在应对社会存在的问题和需求以及发挥图书馆的使命等方面。社会存在的多样化问题和需求为代际项目提出了必然要求，具体表现在：①地理分离等原因使得祖父母和孙子女居住在相距甚远的地方，彼此之间很少有机会接触和交流，这一方面造成老年人孤独，另一方面使很多孩子缺失了“祖父母”的重要角色和从老年人那里获得宝贵经验的机会；②新技术的发展使得年轻人与老年人之间的联系更加稀缺；③老年人和年轻人之间的刻板印象和年龄歧视日益加深，很多孩子缺乏对老年人的尊重；④社区老年人不断增多；⑤老年人有与社区相连接的需求，特别是那些丧偶或家人居住在其他地方的老年人；⑥老年人有回馈社区的强烈需求，希望与年轻人建立联系，分享自己的专业知识和经验；⑦新一代“‘婴儿潮’老年人”表现出与前几代老年人不同的特点，有必要为其提供代际项目。这些均体现了社会代际实践发展的宏观背景。图书馆的使命中通常包含“社区”一词，图书馆作为一个充满活力的信息、学习和发现中心为社区所有年龄群体服务，代际项目因兼具吸引力和针对跨年龄用户的特点可以很好地完成图书馆的使命。

有些图书馆表示，“必要”一词有些夸大或强烈，表示“图书馆可以做的有价值和重要事情的数量远远大于图书馆能够做的事情的数量”，但代际项目确实是一个连接老年人和年轻人的好想法，从而将其列入“可选”框中。他们认为是否有必要提供代际项目，或取决于社区和用户兴趣，即“向他们提供他们想要和需要的东西，而不仅仅是我们馆员认为好的东西”；或取决于图书馆的发展目标，即如果代际项目的实施有助于实现图书馆的战略目标或服务优先事项，促进图书馆以社区为中心理念的实现，且社区能从代际框架中获益，则可提供；或如果社区有人口基础或人口发生变化，如社区中有很多老年人和孩子或老年人增多，则可考虑提供；或如果图书馆有资源和能力提供代际项目，且不会减损图书馆核心任务工作，则可尝试开展。但同时图书馆也表达了对安全问题、参与率问题、自身是否可以比社区其他机构做得更好等问题的担忧。如布莱恩－班尼特图书馆（Bryan-Bennett Library）指出，学校或老年中心等社区组织可能会比图书馆更好地处理代际项目中的潜在问题，而图书馆因缺乏学校或老年中心的“忠实”用户群体、无法提供切实的激励措施等原因并不容易组织和管理此类项目。

认为没必要开展代际项目的图书馆主要是基于尚未关注到社区对此类项目的需求，或社区对此不感兴趣，或社区中老年人群体不多等原因。

2. 祖父母—孙子女代际项目

关于是否有必要开展祖父母—孙子女代际项目，绝大多数图书馆表示没有必要专门开展。原因主要包括：①面向儿童和家庭的项目已经吸引了许多祖父母和孙子女的参与，他们已是图书馆的常规用户，因而没必要提供专门项目，且专门项目没有显示出与一般项目的不同之处。②专门针对特定对象的项目“固然很酷”，但缺乏包容性，对于那些没有祖父母陪在身边的孩子，此类项目可能会使孩子边缘化，因而图书馆避免强调或排斥某一特定群体（如“祖父母—孙子女”或“父亲—孩子”）的语言，而选择通用性和开放性的语言，通过保持年龄分组灵活或提供面向所有人的一般项目，欢迎并吸引所有群体的参与。③那些养育或照顾孙子女的祖父母已与孙子女度过了很多时光，祖父母希望拥有更多自己的时间，希望图书馆开展更多与同龄人互动的项目，用于社交、学习和兴趣发展。④所在社区中没有开展此类项目的人口基础。⑤此项目没有证明自身对图书馆的运作有多重要。

少数图书馆认为有必要提供专门项目，原因包括：①随着越来越多的祖父母扮演养育或照护孙子女的重要角色，为其提供专门服务有一定的必要性，同时，代际项目可缓解因科技带来的家庭联系和交流的减少。②不同用户群体有着不同的工作方式和需求，尽管祖父母—孙子女的参与可视为常规家庭项目的一种，但面向祖父母这一特定家庭用户的代际项目，可让其在参加活动时更加感到受欢迎和舒适，突出和重视其养育或照顾孙子女的辛勤工作，以及来自他人的认可和感谢。③此类项目可吸引那些因身份特殊而不想参加常规家庭项目的祖父母和孙子女，并为祖父母提供与其他同样处境的祖父母相互联系和社交的渠道，满足祖父母们的特定需求，进而将图书馆视为一个主动创造交流机会并提高生活质量的地方。

（二）图书馆行业机构层面

通过访谈发现，图书馆行业人员大都不太知晓《图书馆老年服务指南》中有关老年人参与代际活动的要求，但普遍认为图书馆应提供代际项目。其观点与已开展代际项目的图书馆保持一致，即认为代际项目是实现图书馆学习目标、社区参与目标或娱乐目标的有效方式；大家庭数量和多代同住住房减少的国家和地区对代际项目提出了更为迫切和必然的需求，而图书馆是少数能够开展代际项目的机构之一；代际项目能缓解老年人的孤独和沮丧问题，促进代际交流；等等。

（三）代际专家和代际组织层面

绝大多数代际专家和代际组织人员普遍认为，图书馆是开展代际项目的良好场所。美国代际联盟、银风筝社区艺术机构等代际组织已与图书馆合作开展代际项目或为图书馆代际项目提供过相关培训，开展“经验团队”项目、“代养祖父母”项目的组织表示日后会考虑将图书馆作为放学后、周末或暑期代际项目的实践场所。此类人员主要从公共图书馆的优势出发进行考虑，这些优势具体体现在：图书馆作为活动空间提供者、拥有跨年龄的广泛用户群体、丰富的资源、“无年龄”的活动属性等（详见 78 页“图书馆开展代际项目的优势”）。

少数不认为图书馆是最佳代际活动场所的人员主要从老年人和年轻人代际关系的长期建立出发进行考虑。他们认为，学校是开展代际项目的最佳场所，因学校每天都有学生到场，这种日常互动让老年志愿者可与同一孩子在长期的项目中建立信任和良好的友谊，而信任的建立对参与者和代际项目至关重要。而在图书馆中，关系的建立取决于许多外部因素，如孩子没有交通工具、监护人没时间带孩子去图书馆、志愿者到达但孩子没有出现，等等，因而很难在二者之间形成情感联系。但这些人同时也表示，如果图书馆有长期固定的参与者，则可在孩子和老年人之间建立起积极的关系。同时，图书馆可在补充学校代际项目空缺方面发挥积极作用，如在暑期提供代际项目，充分利用学校空档和老年人志愿者仍寻求志愿机会的需求，开展针对学龄儿童和老年人的代际项目。

三、未来是否打算或持续开展代际项目

在被问及未来是否打算或持续开展代际项目时，绝大多数图书馆都持肯定态度。少数图书馆表达了不打算开展的意向。笔者对这些图书馆及其代际项目的询问和交流使很多图书馆意识到代际项目这一服务类型及其重要性，促进了儿童部门和成年人部门及馆长之间的对话，进而将其纳入图书馆的未来规划。

持肯定态度的图书馆主要围绕代际项目带来的积极效果和必要性，及未来继续探索的可行性和有利条件。其中，可行性包括：社区老年中心将搬迁或建在图书馆附近，地理位置临近提供了合作的可行性；社区内尚无其他组织开展代际项目为图书馆提供了可能性和必要性；馆员有兴趣和动力提供更多代际项目；过去代际项目的成功经验和价值为新项目提供了条件；代际项目很有趣；等等。同时，部分图书馆还表示在具备了某种必要条件或解决了某种存在的问题后便会考虑开展。其中，最主要的问题是对代际项目不了解，不知如何开展此类项目。此外，很多图书馆表示如果未来有足够的资金、人员、空间、时间、志愿者，则会积极考虑开展。有的则表示如果社区出现了此种需求或兴趣，或其符合图书馆项目目标，则会考虑开展。有的则基于社区正在形成的人口结构而打算开展，如阿冈昆地区公共图书馆（Algonquin Area Public Library）表示，所在社区以有孩子上学的年轻家庭居多，但最近几年社区出现了很多老年之家，有了开展代际项目的人群基础。有些图书馆未来不打算开展代际项目，其原因与前文未开展代际项目的原因基本一致。

四、图书馆适合开展的代际项目类型

有关图书馆适合开展的代际项目类型，各图书馆馆员、图书馆行业协会人员、代际专家和代际组织人员大都认为代际项目的类型没有任何限制，“任何

能将老年人和年轻人带入社区并为其提供与他人共处时光、促进理解和和谐关系的项目都是合适的代际项目”。同时，他们也提出了图书馆选择何种类型活动的依据，包括活动自身特点、图书馆已有的成功或流行的活动、社区和用户的需求、图书馆自身的能力和资源、馆员兴趣等。

（1）活动自身特点。对两代人同时具有吸引力的活动是关键，以引起双方参与者的兴趣。只有一方感兴趣，另一方不感兴趣的代际项目很难取得理想的效果。此外，简单的代际项目也是很多图书馆的选择，这些活动往往不需耗费很多资源和时间成本，易于组织，或对孩子和老年人没有太大的挑战和压力，易于吸引更多参与者而受到青睐，如讲故事、技术导师项目等。也有人员表示，开放式的代际艺术项目也是不错的选择。

（2）图书馆已有的成功或流行的活动类型。图书馆已有的成功或流行的活动类型分为两类，一类是图书馆中面向单一年龄群体或多代人的流行活动，二是图书馆已经开展的成功代际项目。伯克利公共图书馆（Berkeley Public Library）表示，“图书馆中任何可能的活动都有以代际方式实现的潜质，几乎每一个主题都可以成为代际项目”。一方面，图书馆可从已有的比较成功的、流行的、用户参与率高的活动入手，将单一年龄群体的项目改编或扩展成面向不同代人的项目（如果另一代同样感兴趣），或进一步发展本身能广泛吸引多代人的项目，如面向儿童 / 青少年的讲故事项目、图书讨论会，面向老年人的社区园艺项目、技术帮助项目、历史项目，能吸引不同年龄群体的象棋俱乐部、游戏、电影、音乐等多代项目。另一方面，图书馆可继续开展已成功的代际项目，或借鉴其他图书馆成功代际项目的经验。

（3）社区和用户的需求。每个社区都有不同的需求和特点，因此，图书馆要根据自身所服务社区和用户的需求决定选择何种类型的代际项目。通过调研发掘社区中比较急迫和重要的需求，从而有针对性地提供合适的代际项目类型。

（4）图书馆自身能力和资源。提供何种类型和规模的代际项目很大程度上取决于图书馆的大小、人员配置、空间、预算和资源情况。如图书馆是否有进行代际口述史项目的必要设备和空间、是否具备开展代际花园项目的户外空间、项目花费是否在预算可支配范围内、项目人员是否能建立对图书馆和社区资源有意义的联系等，图书馆要根据自身的能力和可用资源选择活动类型。

（5）馆员兴趣。馆员兴趣也是图书馆开展一项成功代际项目的重要因素。如果开展的代际项目同时是馆员感兴趣和熟悉的内容，那么馆员便会有足够的热情投身到代际项目的准备和实际运作中。

（6）其他。部分人员表达了选择活动类型的其他依据，包括：选择的代际项目类型应与图书馆的核心服务相关，要符合图书馆的使命和愿景；针对项目要实现的具体目标选择活动类型；选择能凸显图书馆特色活动而其他社区机构没有的项目；选择成本合理的活动；选择的活动类型不要复制社区其他组织的内容，而是填补其他项目的空白或通过合作以接触更多的受众等。

基于上述各类依据，科技导师项目成为馆员、图书馆行业协会人员、代际专家和代际组织人员提及最多的图书馆代际项目。其次为代际阅读项目、故事分享/口述史项目、艺术项目、社区花园项目、写信/写作项目、做手工项目等。其他提及的类型还包括：电影项目、烹饪/食谱交换项目、家谱项目、游戏项目、家庭作业辅导、文化项目、有关时事的对话、祖父母—孙子女活动等。这与图书馆实际开展的代际项目类型基本一致。

五、图书馆开展代际项目的障碍和优势

（一）图书馆开展代际项目的障碍

尚未开展过代际项目的图书馆提出了许多可能存在的障碍。其中，大多数障碍与其未开展代际项目的原因保持一致。不同之处在于，活动本身的开展和组织情况也成为面临的潜在问题，如很难协调儿童/青少年和老年人都适宜的时间，不知如何找到能够吸引不同年龄群体的活动主题，如何宣传以接触更广泛的用户等。

已开展过代际项目的图书馆普遍认为没有任何障碍。图书馆行业人员也表示，不应存在任何障碍，如果存在障碍，可能是因为馆员对代际项目知之甚少，而这“在很大程度上是由于图书馆界缺乏对代际项目的研究和了解，以及缺乏有关成功案例的广泛分享”。代际专家和代际组织人员普遍认为，图书馆及其馆员的传统刻板理念可能是阻碍代际项目开展的主要因素，如认为图书馆只是图书存储空间而非社区中心的传统理念，认为老年人不会也不愿参与活动，认为代际项目并非自身职责等。其他可能的障碍还包括资金问题、老年人和年轻人之间的偏见、老年人的健康状况等。

（二）图书馆开展代际项目的优势

图书馆馆员、图书馆协会人员、代际专家和代际组织人员普遍认为，图书馆在用户范围和用户群基础、公共空间属性、资源的丰富程度、活动的免费及跨年龄属性、人员支持等方面具有优势。

1. 用户范围和用户群基础

公共图书馆面向社区所有人开放，关注不同年龄群体的广泛需求和服务，积累了一定的老年人和年轻人用户基础，成为美国极少数能够吸引不同年龄群体和见证文化迭代的场所之一，这使得把所有人聚在一起变得更加容易，代际项目可以在图书馆自然而然地发生。而老年中心仅面向老年人，学校仅面向儿童/青少年，各自仅专注单一群体的需求及服务。老年中心可能没有意识到或准备好与儿童/青少年联系，学校可能无法接触到一群感兴趣且想参与活动的老年人，因而很难吸引其服务群体年龄范围之外的其他用户群体。此外，公共图书馆还可以接触到在家上学的学生或不会去老年中心的老年人，用户范围更加广泛，彰显了公共图书馆的开放性和包容性。

2. 公共空间属性

首先，作为社区的公共开放空间，不同年龄群体经常来图书馆借阅图书或参与活动，图书馆已成为各年龄成员熟悉和信赖的社区中心和聚会场所。而没有特殊原因，儿童/青少年一般不会光顾或很少光顾老年中心，一个老年人在没有预约或合理理由的情况下也无法走进学校。因此，老年中心和学校对其服务对象以外的群体来说比较陌生。同时，人们在图书馆中能随时看到各个年龄群体的人员，图书馆已成为不同年龄群体相遇和互动的自然场所，因此，不管处于何种年龄阶段或何种身份，在图书馆里都不会感到不安或格格不入，人们在这里感到舒适。如萨瑟兰公共图书馆（Sutherland Public Library）表示，“当人们听到‘图书馆’时，他们会想到一个欢迎每个人的地方，没有年龄或金钱门槛等的限制。而在提及老年中心或幼儿中心时，人们往往会有刻板印象。比如，当听到‘老年中心’时，使认为只有老年人才去那里；当听到‘幼儿中心’时，只会想到父母和幼儿，给代际项目笼罩上了一层神秘的面纱”。

其次，图书馆是鼓励学习、发展和终身成长的安全社区空间。作为学习中心，图书馆支持用户的自主学习、相互学习、终身学习，拥有开展代际学习和交流的良好环境。同时，图书馆大多拥有面向不同年龄群体的独立空间，又有时刻监督的工作人员，可随时确保到馆人员的安全，为所有用户提供一种强烈的安全感，特别是对于孩子和家长，他们总是将图书馆当作课后光顾的安全场所。因此，在图书馆开展代际项目会让原本担忧儿童与陌生成年人接触的家长放心，获得更多家长的支持。

最后，图书馆是一个氛围轻松的空间，不会给儿童、青少年、家长和老年人带来无形的压力，双方在图书馆里可以获得更多乐趣，图书馆因而更具吸引力。如格伦埃林公共图书馆表示，“学校期望学生表现得更好，因而学生会有一定程度的表现压力，同时对于那些没有完成学业的学生或有犯罪背景的家长，学校往往令人生畏，而老年中心也并不总是吸引人的”。

3. 丰富的资源

与其他机构相比，公共图书馆拥有代际项目所需的丰富阅读资源。一方面，在代际阅读项目中，丰富的馆藏资源可以轻松地将图书和阅读联系在一起，满足不同用户和项目的不同需求，如图书馆有适合不同代人共同喜欢的书籍，有包含不同语言文化的图书，从而可以支持代际阅读项目的顺利开展。同时，图书馆可在挑选和推荐包含积极老年人形象的图书中发挥重要作用。另一方面，在其他类型的代际项目中，图书馆可通过提供与该代际主题相关的图书予以支持。如在代际园艺项目中，可先开展一个阅读故事，或在活动中展示一批园艺主题的图书，供参与者一起浏览或借阅回家。此外，图书馆还有很多计算机等技术资源可供用户随时使用。

4. 免费活动

公共图书馆所提供的服务和内容都是免费的，因此，每个社区成员都有机会参加任何他们喜欢的图书馆项目，这尤其对那些低收入的老年人和贫困家庭儿童具有很大的吸引力。如马文纪念图书馆（Marvin Memorial Library）表示：“我们提供免费的图书、免费的活动和项目、免费的公共空间，他们不必担心为任何东西付钱。”而老年中心通常会收取一定的小额费用（5—10 美元），从而在一定程度上限制了部分人群的参与，凸显了图书馆的优势。

5. 广泛和跨年龄的活动基础

图书馆中有为各年龄群体和多代群体开展的多元服务和活动，即图书馆在阅读、讲故事、技术援助等方面有着悠久的传统和成功经验，且这些活动大都具有“跨年龄”的属性，非常适合不同代人的参与。这使得图书馆在创建代际项目和将两个年龄群体结合在一起时更加容易，无须增加有关时间、空间或人员配置方面的考虑。而老年中心、学校等机构有着较为特定的边界线，服务范围比图书馆要窄得多，因此在开展代际主题活动时没有图书馆所具备的优势条件。

6. 更多的开放时间

公共图书馆通常比其他机构拥有更长的开放时间。学校、老年中心一般只在白天开放，而图书馆在晚间和周末仍向公众开放。这一方面可吸引那些在工作日无法参与活动的家庭，另一方面可为项目的时间安排提供更多的选择，这对需要协调儿童 / 青少年和老年人参与时间以保证双方都能最大化参与的代际项目至关重要。

7. 人员支持

图书馆的工作人员大都非常友好和乐于助人，因此当在代际活动中有需要时，可随时向馆员寻求帮助。同时，图书馆往往拥有儿童馆员、青少年馆员、成年人馆员，他们对各自的服务对象拥有专业知识和用户了解。因此，当他们有机会合作时，就具备了服务不同年龄群体的知识和经验，进而可以很好地解决与不同年龄群体接触时可能出现的问题。

8. 其他优势

有些图书馆表达了自身开展代际项目的优势条件，如所在社区的人口构成中有很多老年人和年轻人群体或多代家庭；所在社区内老年人或青少年积极寻求志愿机会；图书馆与社区机构已建立了良好的伙伴关系；图书馆各部门有良好的合作意向；图书馆或社区中已有代际项目的成功经验；图书馆地理位置临近老年机构或学校；等等。

六、结语

目前美国公共图书馆中专门开展面向老年人和年轻人的代际项目的比例还比较低，不足三分之一的公共图书馆开展了不同类型、不同程度的代际项目或活动，这与前期文献调研的结果相一致。很多馆员表示从未听说过或刚听说“代际项目”，尚不知如何开展代际项目，可见，代际项目在美国图书馆界还未广泛流行，图书馆最主要的服务依然是面向单一年龄群体的服务和家庭服务。但相比于以前，开展代际项目的图书馆数量已有了很大提升，且不管是未开展还是已开展了代际项目的图书馆，在与笔者交流之后，绝大多数都表示未来会考虑开展代际项目。从一定程度上可以看出，图书馆并非有意不开展代际项目，更多原因可能与目前社会上代际项目和代际实践的发展和普及程度有关，即虽然代际项目自 1965 年便开始出现，但直到 21 世纪，代际项目和代际实践才开始逐渐得到联合国、代际机构及社会各界人士的广泛关注和积极推广，因此图书馆界对代际项目的不熟悉也在情理之中。随着老龄化社会的加速到来，社会各界对积极老龄化、代际实践、代际共融社区的不断推动，以及图书馆界成功的代际项目的不断显现，图书馆会更加了解代际项目的内涵和价值，从而提高代际项目开展的概率和意识。

关于是否有必要开展面向老年人和年轻人的代际项目，不同的图书馆有着不同的理念。普遍来说，图书馆一般认为没有必要开展面向祖父母—孙子女的专门项目，而对无血缘关系老年人和年轻人的代际项目，绝大多数图书馆持积极态度。图书馆行业协会、代际专家和代际组织层面也普遍认为图书馆是开展代际项目的良好场所。在代际项目类型层面，三方都普遍认为图书馆可以提供任何类型的代际项目。关键不是代际类型本身，而是代际项目的本质，即“代际项目应是连接不同人群、空间、领域和主题的桥梁”，代际项目只是连接不同代人的一种方式，而不是目的。何种类型的项目并不重要，重要的是项目是否能很好地连接起不同代人，并达到项目的预期目标和效果。因此，图书馆可根据社区和用户的需求、图书馆自身的能力和资源、馆员兴趣等选择那些能广泛吸引不同代人参与的活动类型，或在图书馆已经成功开展的项目中加入代际元素，以达到连接年老一代与年轻一代两代人的积极效果。

在阻碍图书馆开展代际项目的因素中，缺乏员工和资金是主要因素，但这也是阻碍图书馆开展其他任何项目的普遍因素，并不专门针对代际项目本身。抛开这些因素，其他图书馆比较担忧的问题包括：馆员缺乏对代际项目的了解和知识、图书馆各部门分立、社区缺乏对代际项目的需求和兴趣、参与率问题、陌生老年人和儿童 / 青少年接触的安全问题、图书馆空间不足、与社区其他机构的竞争问题、图书馆不感兴趣或不知如何有效连接起不同代人、非图书馆核心服务、馆员传统理念、老年人和年轻人之间的刻板印象、社区内老年人口或年轻人口不多等。然而，这些因素都可以通过增加对代际项目的了解、改变馆员传统观念、合理规划代际项目而得到有效解决。如已开展代际项目的图书馆表示，对老年人和年轻人之间直接接触和互动的需求并不是代际项目开展的主要原因，更主要的原因是充分调动社区内可利用的老年人和年经人资源来解决社区中存在的问题，满足之前未能满足的需求。因此，图书馆要转变观念，不应将图书馆仅限定在直接满足社区现有需求的服务模式中，而应创新思路，将社区中的需求与社区中可用资源进行积极对接，发挥图书馆作为资源提供者和关系构建者的双重角色。对于有关代际项目并非图书馆核心服务和优先事项的考虑，馆员不应仅仅关注代际项目本身，而应认识到代际项目作为一种实现图书馆核心使命、拓展图书馆核心服务的有效途径，可以促进不同代之间的积极连接。

相比于障碍，图书馆有着开展代际项目的诸多优势。具体包括跨年龄的用户基础和活动特点，中立、安全、值得信赖的公共空间和社交空间，支持代际项目的丰富图书和技术资源、广泛的活动基础和免费服务、更长的开放时间和更多的人员支持等。这些优势表明，图书馆是开展代际项目的理想场所。

第五章　美国公共图书馆代际项目的类型及案例分析

调研发现，美国公共图书馆所开展的代际项目类型多种多样。从大类上讲，公共图书馆代际项目包括无血缘关系的老年人和年轻人代际项目、祖父母和孙子女代际项目两种类型。其中，无血缘关系的老年人和年轻人代际项目包括代际阅读项目、代际故事会项目、科技导师项目、故事分享 / 口述史项目、代际手工项目、代际游戏项目、家庭作业辅导项目等，以代际阅读、科技导师、故事分享为主要类型。祖父母和孙子女代际项目包括游戏和手工项目、故事会项目、故事分享项目、家谱项目、综合性项目等，以游戏和手工、故事会项目为主要类型。

第一节　无血缘关系的老年人和年轻人代际项目

一、代际阅读项目

（一）代际阅读项目的内涵及模式

代际阅读项目是指将老年人和儿童 / 青少年组织起来，通过共同阅读或相互阅读的方式，照顾双方利益并增进彼此理解的一种阅读活动。根据阅读方式的不同，可将代际阅读进一步划分为儿童给健康老年人阅读、儿童 / 青少年给年老体弱者阅读、老年人给儿童阅读、老年人与儿童 / 青少年共同阅读四种类型。

1. 儿童给健康老年人阅读

此模式主要面向有阅读困难、阅读水平较低或喜爱阅读的学龄儿童，指图书馆招募社区中健康而活跃的老年人志愿者聆听儿童朗读图书或与儿童一起阅读，提供给儿童一种家庭之外的与他人分享的有趣的、有益的阅读体验，从而让儿童爱上阅读，享受阅读，提升阅读水平。

案例 5.1 莫顿公共图书馆“周一早间读者俱乐部”项目

20 世纪 90 年代早期，美国伊利诺伊州莫顿公共图书馆应当地莱蒂布朗学校的要求，发起了一项暑期代际阅读项目——“周一早间读者俱乐部”（Monday Morning Reader's Club），招募老年人志愿者聆听孩子们朗读图书[①]。该学校有一项名为 Grandbears 的代际阅读项目，于非假期期间招募老年人志愿者倾听学生们大声朗读。出于对学生因暑期放假不能持续阅读而造成暑期阅读能力下滑的担忧，学校便向莫顿公共图书馆发出请求，询问其是否愿意在暑期开展类似的代际阅读项目。

项目最初只面向贫困家庭中在阅读方面需要额外帮助的 1—3 年级儿童。之所以选择面向此类家庭的儿童，一是因为贫困家庭中的父母双方一般都工作，无法将孩子送来图书馆，孩子们往往单独在家，无人照顾，无事可做；二是这些家庭一般居住在离图书馆很远的贫困地区，去图书馆对他们来说太不容易。因此，为丰富贫困家庭儿童的暑期生活，减少其独自来图书馆的风险，由学校出资专门接送其来参与图书馆的代际阅读项目。其间，因学校资金不足无法支付校车和司机费用，项目被迫暂停了几年。而后经过图书馆的努力，项目又重新启动，并由最初的四所学校扩展到六所学校（四所公立学校、两所私立学校），面向对象也从贫困家庭儿童转向社区内所有有阅读障碍的儿童，目的是通过让孩子们向志愿者大声朗读，防止其阅读水平在暑期发生下滑并引导其更充分地体验图书馆。

莫顿公共图书馆要求每个学校推荐 15 名从“周一早间读者俱乐部”中最能获益的学生，即那些有阅读障碍的、低于正常阅读水平的学生。老师在推荐学生时，需同时附上学生的阅读水平等级[②]。每次活动开始前，图书馆便提前将标有不同阅读等级的图书放在不同的纸盒子里，方便老年人志愿者根据学生

---

① Village of Morton. Agenda regular meeting of the broad of trustees of the village of Morton, Illinois[EB/OL]. [2018-12-25]. https://www.morton-il.gov/wp-content/uploads/2018/03/Agenda-Packet-VB-03_05_2018.pdf.

② 美国小学流行的指导性阅读分级体系（Guided Reading Levels, GRL），该体系按照字母 A 到 Z 的顺序将英文读物分为 26 个级别：A 级为最低级别，表示读物难度最小；Z 级为最高级别，表示读物难度最大。

的阅读等级选择符合其阅读水平的图书。

图 5–1　每周活动开始前提前放置在活动室的不同阅读水平的儿童读物

注：图片于 2018 年 6 月 4 日拍摄于莫顿公共图书馆，经同意使用，后无特殊说明均为经同意使用。

图书馆通过当地的老年群体、教堂和其他社区组织，图书馆主页、脸书（Facebook）等新媒体，以及馆员个人询问等方式招募老年人志愿者，并对有兴趣参与的志愿者进行犯罪记录审查，防止有犯罪前科的成年人接触到儿童造成潜在危险，确保参与儿童的安全。

第一次活动开展时，志愿者被要求提前 15 分钟到达图书馆，接受一个简短的项目介绍和指导培训，分发“阅读伙伴小贴士”，指导其如何和小伙伴一起阅读。孩子们将写有自己名字和阅读等级的标签贴在胸前，方便老年人知晓儿童的阅读水平。然后，志愿者与儿童进行一对一匹配，挑选适合学生阅读水平的图书，去图书馆的任何角落聆听孩子们阅读一小时。每个儿童有自己的“图书日志”表，记录他们阅读的图书，每阅读完 7 本书便有资格获得一个奖品。阅读得越多，获得的奖品也越多，以激励孩子们的持续参与。每次活动共 90 分钟，后面半小时为馆员和孩子们的“俱乐部”时间，由馆员向儿童阅读故事书、谈论获得的奖品、与他们一起做文字游戏，共同感受阅读的快乐。

表 5-1 阅读伙伴小贴士

1. 了解你的小伙伴和他们喜欢做的事情，向他们简单介绍你自己。
2. 谈谈他们所选择图书的标题以及他们理解的故事内容，谈谈书中的图画。
3. 谈论这个故事可以帮助你了解孩子们是否理解了他们刚读到的内容。
4. 帮助孩子读出有困难的单词，如果他们仍然无法阅读，则直接向他们说出这个单词。
5. 如果孩子在一页书上无法读出 5 个或更多单词，那么这本书可能对他们而言太难了，试着退回一两个级别，看看是否有助于他们做得更好。如果书太简单，则提升级别。
6. 多休息，有些孩子是好动的，准许其放下书本在图书馆中走动。
7. 鼓励孩子并赞美他们的阅读能力或他们对故事的观察。
8. 享受和小书友共处的经历。

2018 年 6 月共有 40 个学生注册，7 月共有 52 个学生注册，每次活动约有 30 个学生和 30 个志愿者参与（因老年人志愿者不足，因而也招募了 6—7 名高中生志愿者），平均每个学生阅读了 30—40 本书，最多的阅读了 80 多本书，少的也阅读了十几本书。所有参与的儿童都可获得社区举办的暑期游泳派对门票。图书馆当天会给孩子们拍照，并在当地电视台和图书馆里展示，以便激励孩子们阅读。同时，莫顿公共图书馆还积极鼓励参与“周一早间读者俱乐部”的儿童报名注册一般暑期阅读项目，阅读到一定数量可来图书馆兑换奖励，以此激励孩子们在家持续阅读。

图 5-2 老年志愿者与阅读小伙伴进行一对一阅读

注：图片于 2018 年 6 月 11 日拍摄于莫顿公共图书馆。

图 5–3　馆员与儿童的"俱乐部"时间

注：图片于 2018 年 7 月 30 日拍摄于莫顿公共图书馆。

案例 5.2　格伦维尤公共图书馆"搭校车来阅读"项目

1988 年前后，美国伊利诺伊州格伦维尤公共图书馆（Glenview Public Library）注意到社区中少数族裔家庭对图书馆的接触极为有限，这些家庭的收入水平较低，儿童能够阅读的图书十分有限。为增加少数族裔儿童接触图书馆和书籍的机会，防止儿童暑期阅读水平下滑，格伦维尤公共图书馆青少年部门与当地学校合作发起了一项"搭校车来阅读"（Ride & Read）暑期阅读项目，招募成年人志愿者与少数族裔学生（主要为西班牙裔）进行一对一的阅读练习，由学校邀请学生并通过校车将其送到图书馆[①]。与莫顿公共图书馆"周一早间读者俱乐部"项目相同的是，该项目也与当地学校合作招募学生，不对外公开招募。不同的是，该项目融入图书馆的一般暑期阅读项目，即孩子们通常将图书借阅回家阅读，志愿者的角色主要是帮助孩子们选择其喜欢和合适他们的图书，在馆内仅与孩子进行部分阅读、做手工、交流孩子的阅读情况等，以提高孩子对图书馆的积极感知，促进阅读。

项目开始前，志愿者需要接受一个简短的培训，以了解项目的具体运作、

① Glenview Public Library. Ride & Read：a 15-year legacy[EB/OL]. [2018-12-25]. https://www.glenviewpl.org/ride-read.

如何帮孩子挑选图书、如何自助借书等。活动于每周二、三、四各举办一小时，每次（天）面向社区内不同学校的学生。参与的学生从幼儿园到八年级不等，但大多数为1—4年级且最需要阅读干预的学生，每次约有20人参与。每个学生都有自己的阅读卡片，记录学生的学校、年级、喜欢阅读的图书类型和主题（以方便志愿者选择图书）、阅读的数量或时长（以便馆员跟踪给予奖励，一般阅读到达300、600或900分钟时会给予不同的奖励，激励学生持续阅读）。每次约有8名志愿者参与，多数为退休老师或现任老师，也有高中生。参与学生和志愿者一般按照所说语言（如西班牙语、英语等）进行配对。

图5-4　老年志愿者与少数族裔儿童交流阅读近况

注：图片于2018年7月11日拍摄于格伦维尤公共图书馆。

“搭校车来阅读”项目不仅提高了少数族裔学生的阅读水平，还为那些很少或无法接触图书馆的儿童和家庭提供了进入图书馆并使用图书馆资源的有效途径，提高了图书馆暑期阅读活动的参与率和图书借阅率，有很多参与过此项目的儿童现已成为项目的志愿者。为服务整个校区，确保社区内所有学校都有平等参与的机会，格伦维尤公共图书馆于2018年将此项目扩展到社区内的所有学校。

案例5.3　亨特利地区公共图书馆“引人入胜的图书”项目

留意到社区中儿童有练习阅读的需求，以及社区内老年志愿者有志愿服务的需求，伊利诺伊州亨特利地区公共图书馆（Huntley Area Public Library）的青少年部门开展了一项代际阅读的全年项目——“引人入胜的图书”（Page Turners），招募老年人志愿者聆听儿童阅读或与儿童一起阅读[①]。此项目的前身为2003年图书馆开展的“图书伙伴”（Book Buddies）代际项目，后因参与者数量的减少而暂停。在社区老年志愿者的强烈要求下，图书馆于2011年5月重新启动了该项目，并将需要报名注册调整为无须注册、可随时到访（drop-in）的项目，取得了很好的效果。

图5–5 老年人志愿者聆听小读者阅读

注：图片于2018年10月17日拍摄于亨特利地区公共图书馆。

图书馆对志愿者进行前期面谈、背景审查和培训工作，培训内容涉及“五个单词原则”[②]、轮流阅读等。每次活动持续一小时（16：30—17：30），分三个小节，每个小节20分钟，按“先来先匹配”的原则对老年人和儿童进行一对一配对。每次活动开始前，儿童部门都会选择30本读物供儿童选择，参与

① Huntley Area Public Library. Page turners[EB/OL]. [2018-09-29]. https://huntley.libnet.info/event/851926.

② 五个单词原则，亦称为“五个手指法则”。为了确定一本书是否适合儿童阅读，可以随意翻开书中字较多的一页让儿童阅读，每碰到一个因不认识不理解而被迫中断的词，伸出一个手指。如果这一页只伸了0—1个手指，说明这本书对该儿童来说太简单；伸了2—3个手指说明这本书对他来说刚刚好；伸了4个，说明这本书有点难但可以挑战；如果伸了5个手指或5个手指不够用，说明这本书对该儿童来说太难了，应另选一本简单一点的书。

儿童也可以自带喜欢的图书阅读。儿童每参加完4次活动，便可选择由图书馆之友基金会（Friends Foundation）赞助的一本免费图书和小奖品。每次活动有5—12个儿童参加，参与儿童一般为幼儿园到二年级的初级读者；每次有4—5名老年志愿者参与，且多是已退休的教师。图书馆将此项目定位于帮助儿童练习阅读，而非对儿童进行阅读辅导，旨在通过与家庭之外的人一起阅读，为孩子提供一种有关阅读的不同途径和有趣经历，进而帮助其享受阅读并爱上阅读，而非单纯接受成年人导师的阅读指导。

2. 儿童/青少年给年老体弱者阅读

此模式主要面向不能到馆的年老体弱者，指图书馆招募喜欢阅读的儿童/青少年，与当地疗养院、老年中心等场所的老年人进行一对一阅读。此模式旨在创新图书馆融入社区的方式，丰富老年人的日常生活，减轻老年人的孤独感，同时为社区儿童/青少年提供练习阅读并与他人分享阅读的有益经历。

案例5.4 莫里森和玛丽威利图书馆“阅读伙伴”项目

2017年起，伊利诺伊州莫里森和玛丽威利图书馆（Morrison & Mary Wiley Library）在其青少年志愿者（5—12年级）与儿童（1—4年级）的跨年龄阅读项目基础上，于当地疗养院开展了一项“阅读伙伴”（Reading Buddies）暑期代际阅读项目。图书馆招募1—12年级学生于每周五上午与生活在疗养院里的老年居民进行一对一阅读[①]。这些老年人身体状况欠佳，大都需要轮椅等辅助设备，需要专门人员辅助日常生活。莫里森和玛丽威利图书馆向参与项目的儿童提供内容简短的故事书，参与项目的儿童也可以自带喜欢的图书。每次活动有5—6个老年人和5个儿童参与，参与儿童年龄一般为6—18岁。图书馆为所有参与项目的儿童提供游泳派对以奖励他们的积极参与和对阅读的热爱。

---

① Morrison & Mary Wiley Library. Calendar[EB/OL]. [2018-09-28]. http://www.elmwoodpubliclibrary.org/calendar.html.

图 5-6　儿童为疗养院老人阅读

注：图片于 2018 年 7 月 13 日拍摄于莫里森和玛丽威利图书馆。

“阅读伙伴”项目为不能到馆的老年人带来了与孩子接触的欢乐和互动机会，减轻了老年人的孤独感，丰富了单调的日常生活。对儿童来说，通过与老年人的互动和交流，减少了儿童对疗养院老人的恐惧，增加了儿童练习阅读并分享阅读的机会。

案例 5.5　赫希公共图书馆“代际阅读俱乐部”项目

2011—2013 年，宾夕法尼亚州赫希市的乡村草地退休社区（Country Meadows Retirement Community）、宾夕法尼亚州立大学医学院（Pennsylvania State College of Medicine）和赫希公共图书馆（Hershey Public Library）合作开展了一项暑期“代际阅读俱乐部”（Intergenerational Reading Club）项目，招募学龄儿童于每周一到周四晚上 6：00—7：00 去退休社区与老年居民开展一对一阅读。乡村草地退休社区中有很多老年人患有阿尔茨海默症。图书馆的职责包括每周为参与儿童提供注册登记和合适的图书，在无人员监督时派遣工作人员以确保活动顺利进行。

“代际阅读俱乐部”项目的理念是所有年龄段的人群都可以在彼此的一生

中相互学习。事实证明，该项目不仅为孩子们提供了夏季阅读的极好机会，提高了学龄儿童的阅读和识字水平，而且向老年人提供了为年轻一代的教育做出贡献的机会，促进了老年居民的社会互动，帮助其改善认知刺激（阿尔茨海默症）和生活质量，提升了图书馆与社区机构的良好伙伴关系[①]。

3. 老年人给儿童阅读

此模式主要面向学龄前儿童和低年级学龄儿童，指图书馆招募社区中健康而活跃的老年人志愿者为儿童阅读或与儿童一起阅读。此模式不仅为老年人提供了服务图书馆和回馈社区的机会，充分发挥老年人力资源潜能，而且通过老年人与儿童分享阅读的乐趣，培养儿童早期识字素养、情感技能发展以及对书籍和阅读的热爱，弥补家庭阅读素养空白。

案例 5.6　洛杉矶公共图书馆“故事讲述和阅读”项目

1987 年，加利福尼亚州洛杉矶公共图书馆的儿童服务部馆员同时注意到了社区中存在的两大需求：一是洛杉矶有近 1/3 的老年人和退休人员独自生活，他们希望与他人进行有意义的接触；二是洛杉矶有 20 余万儿童因父母双方工作等原因放学后无人照顾，被称为“钥匙儿童”（latchkey kids）。这些孩子往往阅读分数较低，亟须促进其对阅读的热爱。他们放学后经常光顾图书馆，将图书馆当作学校和家之间的安全场所。在此背景下，洛杉矶公共图书馆希望通过将这两代人聚集在一起，培训老年人给儿童阅读或倾听儿童朗读，分享阅读的快乐及对图书的热爱，补充家庭阅读素养空白，同时促进跨代的理解与欣赏[②]。

1988 年，洛杉矶公共图书馆获得《图书馆服务与建设法》资助，在 3 个文化多元化的社区分馆中发起“祖父母与图书”试点项目，招募并培训 50 岁以上成年人志愿者，于课后或周末同婴幼儿、幼儿园至三年级儿童、四至六年级儿童在图书馆内朗读，开展以书为中心的活动。据统计，1989 年全年，洛

① GEORGE D R, WAGLER G. Social learning and innovation: developing two shared-site intergenerational reading programs in Hershey, Pennsylvania[J]. Journal of intergenerational relationships, 2014, 12(1): 69-74.

② WADE M, PATRON S. Grandparents and books: trainer's manual[M]. Los Angeles: Los Angeles Public Library, 1991: 1.

杉矶公共图书馆共招募和培训了46名老年志愿者，累计向7061名儿童阅读了1966个小时。因项目取得的巨大成功，《图书馆服务与建设法》又于1989—1991年对其进行资助表彰，“祖父母与图书”项目由此扩大到洛杉矶公共图书馆的30余家分馆，日渐制度化为图书馆的一项核心服务[①]，成为全市范围内通过协调和培训老年人以增加儿童阅读丰富度的一种行之有效的方法。截至1991年6月，该项目共有280名老年志愿者向43000名儿童阅读[②]。“祖父母与图书”项目志愿者被亲切地称之为“图书馆祖父母”。

为给更多人提供志愿服务的机会，洛杉矶公共图书馆于2014年将“祖父母与图书”项目志愿者的年龄扩展到18岁以上，并将项目名称改为“故事讲述和阅读”（Story Telling And Reading，STAR）。洛杉矶公共图书馆将“故事讲述和阅读”项目定义为“一个把来自不同文化、种族和社会经济背景的儿童和成年人聚集在一起，分享阅读乐趣的公共图书馆项目”。洛杉矶图书馆基金会（Library Foundation of Los Angeles）每年为该项目提供3万美元的资助，用以赠送给儿童图书、召开培训班、开展答谢活动等。截至2018年2月，共有66家分馆开展了“故事讲述和阅读”项目，占分馆总数量（73家）的90.4%。虽然“故事讲述和阅读”项目的志愿者不再仅限于老年人，但老年人的参与数量仍高于年轻人。参与儿童则从3岁到12岁不等，其中6岁至8岁（一年级至三年级）的儿童成为最常参加“故事讲述和阅读”项目的群体。

洛杉矶公共图书馆对志愿者的基本要求为：喜欢阅读和孩子；年满18周岁；每周工作2小时，至少服务6个月；接受有关阅读技能的培训；接受背景审查和指纹识别[③]。对于符合基本要求的志愿者，图书馆会对其进行15分钟的面试，以确定志愿者是否适合该项目以及该项目是否满足志愿者的需求。面试内容包括：志愿参与“故事讲述和阅读”项目的原因；解释项目内容；阅读志愿者指南以规范志愿者行为，确保儿童安全；描述与儿童一起工作的经历；探

---

① WALTER V A. Felling needed, felling loved, build community: one generational reading program[M]//I STRIČEVIĆ I, KSIB A. Intergenerational solidarity in libraries. Berlin: De Gruyter Saur, 2012: 215-223.

② WADE M, PATRON S. Grandparents and books: trainer's manual[M]. Los Angeles: Los Angeles Public Library, 1991.

③ Los Angeles Public Library. STAR[EB/OL]. [2019-12-24]. https://www.lapl.org/kids/birth-5/star.

讨儿童图书馆员的角色功能及其在帮助志愿者成为图书馆积极成员中的作用；提醒志愿者，图书馆将对志愿者进行背景审查和指纹识别以保障儿童的安全。如果志愿者不适合“故事讲述和阅读”项目或对背景审查存在担忧，馆员可为其提供其他志愿机会。

表 5-2 “故事讲述和阅读”项目志愿者指南

1. “故事讲述和阅读”项目志愿者和儿童之间的所有接触必须在图书馆内进行。
2. “故事讲述和阅读”项目志愿者不得在馆外任何地方为儿童提供驾乘或与儿童散步。
3. “故事讲述和阅读”项目志愿者应按时到场，并填写注册志愿者登记记录。
4. 任何问题都应提交给儿童图书馆员，以便其帮助解决这些问题。
5. “故事讲述和阅读”项目志愿者不应与任何孩子讨论有关宗教、政治或性的问题。
6. “故事讲述和阅读”项目志愿者应向以儿童部门图书馆员或青少年服务部人员展示所有非图书馆资料以供批准。不得阅读他们或他人写给图书馆孩子的未发表的资料。
7. “故事讲述和阅读”项目志愿者在与孩子们一起工作时必须佩戴“故事讲述和阅读”项目标牌和服装，以便轻松识别。
8. “故事讲述和阅读”项目志愿者应意识到孩子的尊严和自我意识。孩子们被父母和老师教导不允许与非家庭成员接触。请尊重这一点，不要发起密切联系。
9. 有意退出“故事讲述和阅读”项目的志愿者应及时通知图书馆员。
10. “故事讲述和阅读”项目志愿者应咨询图书馆员，了解有关图书馆的具体规定。

符合要求的志愿者需进行 5 小时的培训，并接受指纹识别和背景审查，以确保与未成年人接触的成年人没有犯罪记录和虐待儿童的行为，保障儿童安全。为就近方便志愿者，洛杉矶公共图书馆每年在 6 个辖区分馆内轮流举办培训。培训旨在将特定技巧和方法传授给志愿者，确保志愿者阅读的高质量；观察和指导志愿者如何成为更好的读者和倾听者，提供阅读练习的机会和提高其对阅读材料的熟悉度；让志愿者为儿童的各种反应及与不同年龄群体接触做好准备；促进志愿者与馆员之间的联系；等等。培训内容包括：传达项目的理念，即分享阅读乐趣，而非教学辅导；与儿童一同大声阅读的技巧（如开展对话式阅读、使用木偶或绒布板让图书和故事变得生动以吸引孩子的参与等）；介绍婴幼儿、幼儿园至三年级儿童、四至六年级儿童的不同阅读特点及适合的图书类型；图书馆对公众的价值及“故事讲述和阅读”项目志愿者对图书馆的价值；等等。培训结束后，图书馆会邀请志愿者对培训内容进行评估，以便后续改进。之后，志愿者去所服务的分馆进行参观，了解项目相关馆藏信息，登记志愿阅读时间，继而开启与儿童的阅读之旅。此外，洛杉矶公共图书馆还对

各分馆馆员进行培训，向其介绍项目具体内容及强调“故事讲述和阅读”项目志愿者的价值，以便馆员做好充分准备，获取馆员对项目的认可和支持。

志愿者按照各自登记的时间来到分馆，穿戴“故事讲述和阅读”项目特定的服装和标牌，与乐于倾听的儿童开展一对一或小组阅读。每个图书馆都有一个专门书架供“故事讲述和阅读”项目志愿者使用，上面陈列着儿童最喜欢的图书或馆员推荐的图书。志愿者有时会使用木偶或绒布板吸引孩子的参与，并结合自身经历扩展故事内容。通常情况下，志愿者会选择自己喜爱的图画书给孩子阅读，儿童父母也经常参与其中。此外，经常有儿童主动要求向志愿者阅读。为激励儿童的持续参与，志愿者会赠送给参加过 3 次及以上活动的儿童一本图书作为奖励。因洛杉矶是一个包含多元文化的社区，故项目进行中馆员会将具有相同文化和语言背景的志愿者和儿童进行匹配，或通过鼓励志愿者学习儿童的语言，帮助孩子感到舒适和被认可，继而增强其身份认同及对跨文化的理解和交流。洛杉矶公共图书馆还会提供双语材料，让志愿者和儿童用自己喜欢和擅长的语言一起阅读，感受阅读的乐趣。

图 5–7　志愿者给孩子们阅读

注：图片来源于邮件传递，以下相同来源类型图片不再特别注明。

“故事讲述和阅读”项目有效提升了儿童的阅读兴趣和阅读技能，促进了代际理解和彼此欣赏。项目的一致性和连续性以及志愿者培训的高质量，使得多年来受益于该项目的儿童和志愿者的数量不断增多。2017 年，共有 201 名志愿者为 26234 名儿童朗读 10144 小时。为答谢和表彰志愿者，洛杉矶公共图书馆每年都会开展一系列活动，如：举办“答谢早午餐”，为志愿者提供美味的早午餐，称赞志愿者的出色工作，并憧憬下一年给孩子们阅读的活动；规划和举办志愿者答谢聚会，如 2019 年开展项目成立 30 周年庆祝纪念活动；在新志愿者的后续培训中邀请经验丰富的志愿者，分享他们的成功经验；举办年度表彰大会，为志愿者颁发表彰证书；等等。

图 5–8　“故事讲述和阅读”项目的志愿者

案例 5.7　史考基公共图书馆“读给我听”项目

2015 年 6 月起，伊利诺伊州史考基公共图书馆（Skokie Public Library）的儿童部与当地斯威夫特儿童早期护理机构（Swift Childcare Early Childhood, SCC）合作开展了一项“读给我听”（Read to Me）代际阅读项目①。图书馆招募成年人志愿者与早期儿童日托护理机构中 0—5 岁儿童一起阅读并分享图书，开展有关唱歌和交流的活动。该项目旨在通过一对一丰富的阅读和语言体验，培养儿童早期识字、社会情感技能，以及对图书和阅读的热爱，为儿童今后进

① YouTube. Read to me: nurturing early literacy through relationships[EB/OL]. [2019-03-12]. https://www.youtube.com/watch?v=xn_bFGe7d0g.

入幼儿园或小学做准备，促进代际联系，并拓展图书馆的服务群体。活动于每周一、三、四、五上午面向4—5岁儿童，有四名志愿者，其中三名为70岁以上老年人；每周一、三上午面向0—3岁婴幼儿，志愿者多为30—40岁成年人。

史考基公共图书馆在综合多种因素和需求的情况下发起该项目。第一，图书馆希望为志愿者提供参与社区活动的机会，到图书馆外服务，将图书馆服务带入社区。第二，图书馆每年都会去学前班开展讲故事活动，希望在此基础上开展一个更加长期且持续的项目，而非偶然的活动，凸显图书馆对社区的重要性和积极贡献。第三，儿童早期阅读素养战略是图书馆战略的重要组成部分，图书馆积极探索多种方式促进儿童早期阅读素养的发展，"读给我听"项目便是通过与社区儿童机构合作，帮助社区中的孩子为进入幼儿园及小学做准备，实现图书馆战略发展目标。第四，史考基地区的许多家庭比较贫困，父母双方往往都工作，没有时间和精力为孩子的幼儿园生活做准备。第五，史考基地区的文化和种族具有多元化特点，汇聚了30多种不同的母语，很多孩子因各种原因不能在家庭里体验丰富的语言经历。研究表明，早期丰富的语言经历对儿童日后学业和生活的成功非常重要。为此，史考基公共图书馆希望通过成年人志愿者与儿童进行一对一互动和交流，丰富儿童的阅读和语言体验，为其进入幼儿园做好准备。关于为何选在早期儿童日托护理机构开展而非图书馆馆内开展，首先是基于并非每一个在日托中心的儿童都是图书馆的成员或受众，有的早期儿童日托护理机构儿童不是社区成员，他们可以来图书馆里阅读，但往往不能借出图书，很多项目因需注册也不能参与；其次是基于部分家庭没有去图书馆的意识，去图书馆还没有变成一种习惯；最后是基于双职工父母没有时间陪孩子来图书馆。故图书馆希望主动走出去，向那些不会主动来图书馆或不能利用图书馆资源和服务的人群提供服务。

图书馆在馆内和3个早期儿童日托护理机构都放置了"读给我听"项目的专门绘本图书，共计449本，资金源于图书馆馆藏预算。考虑到社区内种族的多元化，图书馆特别致力于增加描述少数族裔（非裔、亚裔）及不同族裔共同存在（非裔、亚裔、白人等）的多元文化图书，借以促进少数族裔儿童对自我身份的认同，减少文化自卑，促进不同文化儿童之间的相互理解和互动。这类图书占"读给我听"总数量的16.9%（76本）。图书馆将每本书按照年龄（2岁以下、2岁、3—5岁）标注，每两个月轮换一次以保持定期更新，方便志愿者选择书籍。同时，志愿者也可直接从图书馆儿童馆藏中选择合适的图书。为简化流程，这些图书借出时不需登记，志愿者用完后放回图书馆即可。

图 5-9 早期儿童日托护理机构“读给我听”项目专用绘本馆藏

注：图片于 2018 年 10 月 1 日拍摄于斯威夫特儿童早期护理机构。

图 5-10 “读给我听”项目中的多元文化图书

注：图片于 2018 年 10 月 1 日拍摄于斯威夫特儿童早期护理机构。

对于感兴趣的成年人志愿者，需要对其进行各种疫苗接种，保证其身体健康，以便安全地与儿童互动。同时还需向政府社会服务机构——儿童和家庭服务部（Department of Children and Family Services）递交一份志愿者申请表格，以满足早期儿童日托护理机构相关规定要求。之后早期儿童日托护理机构对志愿者做犯罪背景审查。对于满足条件的志愿者，馆员再与其面谈并进行一小时培训，就项目的基本信息、开展方式、如何按年龄和颜色编码选择图书、如何与儿童进行一对一阅读、如何进行对话式阅读、如何开展手指游戏等展开介绍和指导。之后安排一名已参与项目的志愿者当作新志愿者的导师。通过观看导师如何为学龄前儿童阅读，新志愿者将对项目的具体运作有一个真正的感知。两周后，新志愿者便可以开始从事具体的阅读活动。

对于4—5岁儿童，每次志愿者到达早期儿童日托护理机构时，该机构的老师便会递交一份当日的阅读者名单，志愿者根据名单顺序与儿童进行一对一阅读。一般每个志愿者每次先分别为三四名儿童单独阅读，每个儿童可以选择自己喜欢的2—3本图书。之后，该志愿者给这三四名儿童读一本故事书。对于0—3岁儿童，志愿者主要与孩子们一起感知图书、聆听歌曲，帮助儿童培养对数字、颜色、动物等的早期识别。

史考基公共图书馆于2015—2016年对参与的儿童、志愿者、早期儿童日托护理机构老师做了访问调查，并对阅读过程中儿童的行为（如视觉眼神接触、微笑、发声等）进行了观察，发现更多的儿童开始享受图书，儿童对阅读的热爱和社会情感技能得到进一步提升，为之后的幼儿园生活做好了充分的准备。老年人也因为孩子的成长和早期儿童日托护理机构的老师的认可而感受到自身的价值，培养了与儿童的友谊，从而更加致力于此项活动。同时，志愿者和社区对图书馆的感知和认可度也不断提高，图书馆的馆藏资源也在不断丰富和发展。

图 5-11　一对一阅读（1）

注：图片于 2018 年 10 月 1 日拍摄于斯威夫特儿童早期护理机构。

图 5-12　一对一阅读（2）

注：图片于 2018 年 10 月 1 日拍摄于斯威夫特儿童早期护理机构。

图 5-13　小组故事会

注：图片于 2018 年 10 月 1 日拍摄于斯威夫特儿童早期护理机构。

（4）老年人与儿童 / 青少年共同阅读

此模式指图书馆组织老年人和儿童 / 青少年就共同感兴趣的图书展开阅读并进行深入交流和讨论的项目，如老年人和儿童、青少年的图书俱乐部、代际阅读和写作项目等。此模式旨在为老年人和儿童 / 青少年提供分享不同观点和见解、促进代际交流和彼此受益的机会，进而将图书馆打造成社区成员共同学习、共同探索、共同创造的互动交流场所。

案例 5.8　布鲁斯特女士图书馆“阅读计划”项目

马萨诸塞州布鲁斯特女士图书馆（Brewster Ladies' Library）有一群由老年人组成的、支持图书馆服务的志愿者小组。2013 年，该小组向儿童馆员表示想要在社区中参与代际主题相关的活动。在与老年人深入交谈之后，馆员发现这群老年人特别希望与年轻人坐下来好好地谈论一本书，故选定了能够好好阅读一本书的中学生而非幼儿园或一年级学生，以便老年人能够与孩子认真讨论阅读和图书的内容。馆员联系了当地瑙塞特中学（Nauset Middle School）并与其一起创建代际项目。考虑到当时八年级的学生正在阅读《给予者》（*The Giver*）这本图书——其讲述了一个年轻孩子和一位老年人在未来社会中一起工作的事情，具有代际主题内涵——故馆员和老师在此基础上开展了一项“阅读计划”（Project Read）项目，让社区中的老年人志愿者和中学生分别阅读同一本书，然后就图书内容展开讨论[①]。

布鲁斯特女士图书馆对老年人进行了背景审查以便老年人能够进入学校与学生一起交流讨论。每次活动前，老师会向馆员和老年人发布学生阅读任务，以便让老年人与学生的阅读保持同步，方便老年人为图书讨论做好准备。老年志愿者的数量不断增多，由最初的几人扩展至 15 人。参与的老年人大多为退休教师，参与的学生为四个班级的 60 名学生。图书馆馆员将一名老年人和 3—4 名学生组配在一起，老年人扮演导师和助手，与学生一起参与图书讨论并提出建议。继《给予者》之后，老年人与中学生又共同阅读了《阳光下的葡萄干》（*Raisin in the Sun*）。

“阅读计划”项目为学生提供了来自老年人的不同视角以及关于故事和生活的不同看法，老年人志愿者也对学生的聪明才智和从阅读中学到的东西印象深刻。同时，负责此项目的馆员也由对“代际”的一无所知发展到逐渐认知，增加了对代际项目的热情，开始持续开展代际活动，并广泛推动代际项目在其他图书馆中的开展。如 2015 年，馆员在代际聚集机构举办的“代际午餐、学习和网络”会议中介绍了“阅读计划”项目，分享项目成功经验以推广图书馆代际项目[②]。此外，在与代际聚集机构的交流与接触中，馆员了解到其对代际主题图书的迫切需求，着手编写了包含不同代人内容的代际读物，完成“十大代际图书清单”（Intergenerational Top Ten Book Lists），并在网站上进行展示[③]。2017 年，馆员在“一书一城”（One Book One Town）活动期间，开展了“代际图书讨论”（Intergenerational Book Discussion）阅读活动，让不同年龄群体的人共同阅读《狼谷》（*Wolf Hollow*），并为年轻读者和老年读者安排了两

① Bridges Together. Project READ：a literary-based intergenerational program[EB/OL].（2015-03-31）[2018-09-27]. https://www.bridgestogether.org/project-read-a-literary-based-intergenerational-program/.

② Bridges Together. Intergenerational lunch，learn and network event[EB/OL]. [2018-09-27]. https://www.bridgestogether.org/event-calendar/intergenerational-lunch-learn-and-network-event-2-2-2-2/.

③ Bridges Together. Intergenerational top ten book lists[EB/OL]. [2018-09-27]. https://www.bridgestogether.org/wp-content/uploads/2015/06/IG-Reading-List.pdf.

个小时的共同讨论。

表 5-3　十大代际图书清单

十大绘本书	1. *Nana in the City*（4—7 岁，Lauren Castillo） 2. *My Grandma's a Ninja*（4—8 岁，Todd Tarpley） 3. *The Farmer and the Clown*（4—7 岁，Marla Frazee） 4. *Grandpa Green*（5—9 岁，Lane Smith） 5. *Mrs. Katz and Tush*（3—7 岁，Patricia Polacco） 6. *My Hippie Grandmother*（4—8 岁，Reeve Lindbergh） 7. *Miss Tizzy*（4—8 岁，Libba Moore Gray） 8. *Abuela*（3—7 岁，Arthur Dorros） 9. *Mr. George Baker*（4—8 岁，Amy Hest） 10. *Grandma Drove the Garbage Truck*（4—8 岁，Katie Clark）
十大初中生读物	1. *The Giver*（Lois Lowry） 2. *Walk Two Moons*（Sharon Creech） 3. *The Secret Garden*（Francis Hodgson Burnette） 4. *The Evolution of Calpurnia Tate*（Jacqueline Kelly） 5. *Sunny Side Up*（Jennifer L Holm & Matthew Holm） 6. *The Fourteenth Goldfish*（Jennifer L Holm） 7. *One Crazy Summer*（Rita Williams Garcia） 8. *Seven Stories Up*（Laurel Snyder） 9. *Linnea in Monet's Garden*（Christina Bjork） 10. *The Witches*（Roald Dahl）
十大高中生读物	1. *The Book Thief*（Marcus Zusack） 2. *Matched*（Ally Condie） 3. *Howl's Moving Castle*（Diana Wynn Jones） 4. *The Marvels*（Brian Selznick） 5. *Some Day this Pain Will Be Useful to You*（Peter Cameron） 6. *Please Ignore Vera Dietz*（A.S. King） 7. *The Mother-Daughter Book Club*（Heather Vogel Frederick） 8. *Unbecoming*（Jenny Downham） 9. *Croak*（Gina Damico） 10. *The Secret Life of Bees*（Sue Monk Kidd）

资料来源：代际聚集（Bridges Together）机构网站。

案例 5.9　蒙罗维尔公共图书馆“代际图书俱乐部”项目

2017 年，宾夕法尼亚州蒙罗维尔公共图书馆（Monroeville Public Library）的青少年部门和流通部门合作发起了一项“代际图书俱乐部”（Intergenerational Book Club）项目，招募高中生和 55 岁以上老年人，共同阅读和讨论一本书。蒙罗维尔公共图书馆多年来一直希望提供更多的代际项目，将图书馆打造成社区成员一起学习、一起探索、共同创造和共同发现的良好场所。图书馆认为，代际项目提供了一个将社区成员聚集在一起的独特机会，这些成员平时可能不会相互交流和了解，图书馆希望通过代际项目为参与的每个个体提供独特的社区交流体验。考虑到图书俱乐部可以很好地面向不同群体，方便老年人和年轻人共同探索热门事件、自身经历并学习他人经验，故图书馆发起“代际图书俱乐部”项目。

“代际图书俱乐部”项目中的图书均由参与的老年人和青少年推荐和选择，这些图书或是一本青少年读物，或是一本合适的成年人读物。蒙罗维尔公共图书馆鼓励老年人和青少年关注那些反映当前热点事件和社会问题以及其他可以进行讨论的主题图书，讨论多种多样且充满活力的话题，“代际图书俱乐部”项目为老年人和青少年提供了不同视角的见解和观点，深受参与者欢迎。2017 年选择的两本书分别为讲述青年友谊的《蝴蝶的守护神》（*The Patron Saint of Butterflies*）和讲述成年人种族歧视的《细节无小事》（*Small Great Things*）；2018 年选择的书为挑战青少年刻板印象的《怀孕计划》（*The Pregnancy Project*）。

案例 5.10　巴特利特公共图书馆“跨越年龄的篇章”项目

2012 年，伊利诺伊州巴特利特公共图书馆（Bartlett Public Library）的一名青少年馆员组织开展了一个代际阅读和写作项目——“跨越年龄的篇章”（Pages across the Ages），招募 1—6 年级儿童（6—12 岁）和居住在退休社区中的老年人共同阅读及写作。该项目旨在让不同年代的社区成员通过信件分享自身对儿童文学作品的观点，同时改变儿童对老年人和衰老的消极看法[①]。参

① YouTube. Pages across the ages[EB/OL]. [2018-09-30]. https://www.youtube.com/watch?v=8kw3N1QYE30.

与儿童从馆员推荐的图书目录中选择想要阅读的图书，馆员将所选书籍的复本拿给老年人选择，将选择相同图书的儿童和老年人配对，双方就同一本书展开阅读并撰写一封信或画一张有关这本书的图画给彼此，描述彼此对同一本书的阅读感悟，馆员负责收集和传递信件。图书馆于每年举办一次线下见面会，邀请儿童及其父母一起去养老院与从未谋面的老年笔友见面，彼此拥抱、交谈、玩游戏、做手工，共度美好时光。

馆员推荐的图书目录中包括小说和绘本，其中不乏经典读物，如《绿山墙的安妮》(*Anne of Green Gables*)。馆员倾向于选择那些有大字印刷本的图书以便老年人阅读。有时参与儿童或老年人会提出书单外的图书请求。图书馆使用青少年服务部的项目预算购买多份图书复本，并将这些图书与流通馆藏分开，不显示在图书馆的公共馆藏目录。每季度约有6—10组笔友参与，有时同一组笔友会持续一年，有时因儿童或老年人的退出以及新成员的加入，笔友之间也具有较大的流动性。

“跨越年龄的篇章”项目获得了很大成功。馆员认为此项目最大的成就之一就是让图书馆的青少年服务馆员积极融入社区。对参与的儿童和老年人而言，他们都从分享信件的过程中获得了愉悦和满足，特别是对于那些祖父母不住在同一社区的儿童来说，项目为其提供了与老年人互动和交往的机会。此外，项目还吸引了很多退休社区之外的老年人的参与。遗憾的是，项目因耗费大量人力而暂停运行，馆员为确保在交换日期之前及时收回信件，需要在儿童和老年人之间来回拨打电话和发送电子邮件。参与一段时间后，有些儿童因忙于各类活动而不能及时完成信件，这令双方都感到沮丧。随着负责该项目的馆员离职，项目最终被终止。

（二）代际阅读项目的理念

1. 促进代际连接及代际关系的建立

不同于公共图书馆开展的青少年志愿者与儿童之间的跨年龄阅读项目，代际阅读项目通过连接生命历程两端的年龄群体——老年人和儿童/青少年，从更广泛的社会层面关注代际分享、交流和学习的必要性和重要性。如罗切斯特公共图书馆明确表示“阅读伙伴”项目发起的理念“仅仅是为了世代之间的连接”；蒙罗维尔公共图书馆表示，“代际图书俱乐部”的本质是“找到将社区成员聚集在一起相互交流的新方式，进一步团结我们的社区”；赫希公共图书馆将“所有年龄群体都能在彼此的一生中相互学习”“老年人和年轻人通过彼此分享知识和技能而受益匪浅”作为其代际阅读项目的开办理念。

同时，代际阅读项目强调基于代际有效连接发展代际积极关系，培养代际友谊。具体体现在代际阅读项目大多每周举行一次，活动中注重对老年人和儿童、青少年进行一对一匹配或小组匹配，鼓励后续活动中组配的老年人和儿童/青少年之间的持续交流与互动。通过一定时期内老年人和儿童/青少年的多次定期接触，增进彼此之间的理解和支持，培养起阅读伙伴之间的良好友谊和信任关系，进而促进对共同阅读的热爱和渴望，克服曾经存在的基于年龄的偏见和刻板印象。如史考基公共图书馆强调，“读给我听”项目的主要目标是让孩子为即将到来的幼儿园生活做好准备，促进早期识字和社会情感发展，以及对阅读和学习的热爱。而实现这些目标最重要、最基本的便是志愿者与儿童之间信任关系的建立。如果孩子不信任志愿者，那么他们便不想与志愿者一起阅读，这些目标将不会实现。所以，建立信任是首要目标，而后一切目标都会相继实现。

2. 享受共同阅读的快乐，而非阅读辅导

分享式阅读（shared book reading）是新西兰著名教育学家赫达维（Holdaway）于 1979 年首创的一种成年人与儿童互动式的早期阅读方法，以成年人和儿童共读一本图画书为主要形式，具体可以由成年人给儿童阅读，或儿童与成年人一起阅读，或成年人与儿童轮流阅读，或由儿童给成年人阅读①。分享式阅读不以学习为直接目的，强调在轻松愉快的氛围中共同享受阅读的乐趣②。作为分享式阅读的一种表现形式，代际阅读充分体现了分享式阅读的特点。代际阅读重点强调通过不同代的人一起阅读、分享阅读，提供给儿童与青少年一种家庭之外的与他人分享的、有趣的、有益的阅读体验。有研究表明，在共享阅读中创设积极的社会环境，有助于增强儿童对图书的兴趣，提高孩子的舒适感和

① 伍新春，李虹，舒华，等．拼音在儿童分享阅读中的作用[J]. 心理科学，2002(5):548-551，639.

② 李晓，李天钦．亲子分享阅读及其影响因素[J]. 心理技术与应用，2015(4):31-34.

对印刷媒介的熟悉以及对文本的理解，从而爱上阅读、享受阅读[①]。对于许多儿童/青少年来说，读书的唯一经历来自学校，因此阅读被其视为与教科书相关的负担性劳动，老师的评价给学生带来了很多无形的压力。而在代际阅读项目中，老年阅读伙伴往往是因为热爱阅读、喜欢儿童而参与项目，他们不担任阅读辅导者的角色，主要职责不是评判孩子的阅读和教导孩子如何阅读，而是聆听孩子们阅读，或与孩子们一起阅读、轮流阅读、探索阅读，就书中有意思的内容进行交流、分享观点和彼此经历，就孩子的阅读给予积极的鼓励和即时反馈，通过分享阅读的喜悦让孩子们认识到阅读是一种可以与家人和朋友分享的、有趣的、有益的体验，促使儿童将阅读作为生活中有意义和令人愉快的事情之一，同时培养和支持儿童的素养发展。图书馆相信，当孩子们开始真正享受阅读或听故事时，自然而然地就会有所收获。此外，代际阅读项目中也积极引入游戏元素和奖励机制，通过让孩子们与阅读伙伴一起玩识字游戏增强其阅读乐趣和识字能力，通过口头和物质奖励激发孩子的持续参与及对阅读的渴望。

如洛杉矶公共图书馆强调，无论是“祖父母与图书”项目还是“故事讲述和阅读”项目，其目的都是通过将来自不同文化、种族和社会经济背景的儿童和成年人聚集在一起，在图书馆中以一对一或小组阅读的方式，分享其各自对图书的热爱和阅读的乐趣，使阅读变得生动，让早期阅读素养的培养与发展过程变得有趣。重要的不是单词，甚至不是故事本身，而是一起阅读的经历[②]。尽管“祖父母与图书”项目和“故事讲述和阅读”项目是一个早期阅读素养项目，但其目的不是教孩子们阅读，而是通过提供志愿者与孩子们分享精彩图书和故事的互动机会，通过对话式阅读激发孩子的想象力，激励其学习阅读的愿望，同时教给他们重要的阅读技巧。亨特利地区公共图书馆重点向志愿者说明，“引人入胜的图书”项目之定位在于帮助儿童练习阅读，而不是辅导儿童阅读。该项目强调依照儿童的需求选择适宜的阅读方式，即如果儿童想要阅

---

① BUS A G. Joint caregiver-child storybook reading: a route to literacy development[M]// NEUMANN S B, DICKINSON D K. Handbook of early literacy research. New York: The Guilford Press, 2001: 179-191.

② Los Angeles Public Library. Story telling and reading (STAR) [M]. Los Angeles: Los Angeles Public Library, 2014: 1, 16.

读，则让他们阅读；如果儿童比较害羞或处于低年级无法有效阅读，则让志愿者阅读，并引入阅读技巧；或者通过“你读一页我读一页”的方式让志愿者和儿童轮流阅读，以一种有趣的方式提高儿童的阅读能力和对阅读的喜爱，增强儿童对阅读的良好体验，从而享受阅读而非接受阅读导师的指导。莫顿公共图书馆“周一早间读者俱乐部”项目面向的是有阅读障碍和诵读困难症的儿童，但项目负责人表示不能让此类儿童感受到是因为阅读水平低下而被选择参与，相反，要通过老年人的积极鼓励和选择不太难的书，通过“你读一页我读一页”或将完成一个识字游戏也算作阅读一本书的方式，通过有趣的游戏和相互玩乐，通过完成阅读时的奖品激励，降低此类儿童因阅读障碍带来的沮丧和羞耻感，增强其由阅读提升带来的自豪与自信，使其将参与此项目当作一件很酷的事情，在快乐中提升阅读技能，这与专门面向阅读困难儿童的暑期学校项目大不相同。

代际阅读项目不仅强调阅读给儿童带来的快乐，还同样强调老年人在阅读分享中获得的快乐。如史考基公共图书馆认为，“读给我听”项目成功的关键是志愿者同样享受与孩子互动的过程，增加老年人的快乐，从而促进其持续参与。斯特拉特福图书馆协会在“书籍搭建桥梁”活动中让老年人选择自己感兴趣的儿童读物，从而以一种饱满的热情与儿童一起分享阅读；在疗养院开展的代际阅读项目更是通过让儿童与老年人分享阅读，彼此互动，给老年人原本单调的生活增加了孩子环绕带来的喜悦和故事分享带来的快乐。此外，洛杉矶公共图书馆、亨特利地区图书馆还将满足社区需求、积极利用老年人资源作为其代际阅读项目的理念。

（三）代际阅读项目呈现的特点

1. 注重解决社区面临的需求和问题

代际阅读项目大都源于社区面临的需求或问题，即图书馆或基于老年人和儿童、青少年的双方需求，或基于老年人或儿童的单方需求，主动或被动开展代际阅读服务，发挥公共图书馆服务社区的重要使命和职责。这些社会问题和需求包括：解决因父母双方工作无法照顾儿童或无法将他们送到图书馆导致的儿童放学后无人照顾的社会问题，丰富儿童的日常生活，如莫顿公共图书馆、史考基公共图书馆；针对社区儿童阅读水平普遍偏低的问题，维持和提升儿童阅读水平，如亨特利地区公共图书馆、莫顿公共图书馆、格伦维尤公共图书馆；针对社区贫困家庭及少数族裔家庭儿童对图书馆及其资源接触较少这一问题，通过提供车辆将儿童带到图书馆或将项目带入社区等方式，增加其对图书馆及其资源的访问，促进社区公平，如格伦维尤公共图书馆、史考基公共图书馆；通过代际连接而满足社区成员自身价值实现和奉献社区良好愿望的需求，如亨特利地区公共图书馆。基于这些社区中有待解决的问题或需求，以及社区中可以利用的丰富资源，美国公共图书馆创新性地将老年人和儿童、青少年结合起来，搭建起代际联系和交流的平台，利用双方的经验、知识或青春活力满足彼此，实现社区中需求与需求、需求与资源的有效对接，彰显了图书馆作为社区资源平台搭建者的重要角色。

2. 侧重儿童早期阅读素养的发展

纵观美国公共图书馆开展的代际阅读项目，大都面向小学及以下儿童，以幼儿园至三年级的阅读初学者居多，关注儿童早期阅读素养的培育和发展。根据儿童的阅读状态，可将其进一步划分为：刚接触阅读的儿童（0—5 岁，如史考基公共图书馆、洛杉矶公共图书馆）、阅读困难和阅读水平低下的儿童（如莫顿公共图书馆、格伦维尤公共图书馆）、热爱阅读的儿童（如罗切斯特公共图书馆、在疗养院开展代际阅读的图书馆等）。

有研究表明，儿童阅读素养的培养越早越好。婴儿已经掌握了阅读所需的准备技能，3 岁婴幼儿的大脑发育已经达到 80%[①]。与阅读的早期接触对儿童的印刷文字意识、字母知识、语言意识等有着重要的影响。从小阅读的孩子长大后更有可能成为积极的读者，进而带来学业和生活的成功[②]。因此，图书馆通过给学龄前儿童匹配专门的阅读伙伴，让其尽早接触阅读，促进其早期识字和社会情感技能的发展，培养其对图书的感知和对阅读的渴望，积极帮助其为进入幼儿园或小学做好准备。对于有阅读困难和阅读水平低下的儿童，他们正处于学习阅读的关键时期，如果缺乏阅读陪伴和对阅读的积极引导，就会使其对阅读产生负面感知和排斥，进而带来早期阅读素养的缺失或不足，影响其一生的发展。研究表明，四年级还无法有效阅读的儿童从高中毕业的可能性是

---

① The Urban Child Institute. Baby's brain begins now: conception to age 3[EB/OL]. [2018-09-23]. http://www.urbanchildinstitute.org/why-0-3/baby-and-brain.

② National Association for the Education of Young Children. The word gap: the early years make the difference[EB/OL]. [2018-12-23]. http://www.naeyc.org/tyc/article/the-word-gap.

其他儿童的1/4[①]。美国“经验团队”代际志愿者导师项目表明，与老年人一起阅读的儿童与同龄人相比，其关键读写能力提高了近60%[②]，代际阅读已成为一种促进阅读的有效方式。因此，通过专门为阅读障碍儿童提供与志愿者一起阅读的经历和体验，能够以不带批判的、有趣和鼓励的方式让儿童接触阅读和学习如何阅读，体验阅读的快乐，从而爱上阅读。特别是对于那些因贫穷或地理位置无法接触到图书馆的贫困儿童或少数族裔儿童，这种阅读方式为其提供了更多的可能，使其受益良多。对于热爱阅读的儿童，代际阅读提供了一种与同家人、老师和自己阅读的不同体验。一对一阅读不仅激发了儿童对阅读分享和讨论的热情，提升了孩子的阅读技能，而且还培养并发展了儿童的社会情感技能和亲社会行为，增进了不同年龄群体之间的理解、交流和友谊。

3. 强调家庭外的一对一互动阅读

代际阅读项目强调将儿童和志愿者进行1∶1组配，通过积极的对话和互动交流促进分享阅读的体验，给予每个儿童独特的个人关注。对话式阅读（dialogic reading）是由美国心理学家怀特赫斯特（Whitehurst）教授等在分享阅读的基础上，于1988年开发的一种家长与孩子围绕绘本故事书展开有效交流和互动的亲子阅读形式[③]。它通过鼓励家长引出问题、提供反馈、扩展孩子的评论、让孩子重复等方式，改变了传统阅读中父母和孩子的角色，让孩子成为主要讲述者，而父母作为聆听者和引导者。实践证明，对话式阅读在促进孩子语言发展、阅读理解，鼓励儿童积极参与阅读体验等方面发挥了重要作用[④]。

在学校里，老师往往因学生众多而无法开展一对一阅读，进而很少有机会

---

① American association of retired people：experience corps[EB/OL]. [2018-01-02]. https://www.aarp.org/experience-corps/.

② GLASS T A，FREEDMAN M，CARLSON M C，et al. Experience corps：design of an intergenerational program to boost social capital and promote the health of an aging society[J]. Journal of urban health，2004，81（1）：94-105；PARISI J M，REBOK G W，CARLSON M C，et al. Can the wisdom of aging be activated and make a difference societally?[J]. Educational gerontology，2009，35（10）：867-879.

③ WHITEHURST G J，FALCO FL，LONIGAN C J，et al. Accelerating language development through picture book reading：replication and extension to a videotape training format[J]. Developmental psychology，1988，24（4）：552-559.

④ COHEN L E，KRAMER-VIDA L，FRYE N. Implementing dialogic reading with culturally，linguistically diverse preschool children[J]. NHSA dialog，2012，15（1）：135-141.

了解到每个儿童的阅读喜好和特点，也很少关注到群体阅读中特定学生的害羞、抵触等行为。然而，在与志愿者一对一的互动阅读中，志愿者可对儿童阅读中出现的读音和理解问题提供有针对性的帮助和鼓励，并在必要时将经验丰富的志愿者（如退休老师）匹配给“诵读困难症”的儿童。志愿者通过与儿童及时交流，了解儿童的阅读喜好和兴趣，及时回应孩子们的阅读问题和需求，启发其阅读。此外，通过同性匹配等方式可解决儿童的害羞和恐惧问题。通过在舒适的环境中与同性志愿者共同阅读，有利于发展儿童与志愿者的良好友谊和信任关系，激发儿童对阅读的分享和交流，促进儿童良好社交情感和社会行为的发展。

与亲子阅读相比，代际阅读项目通过为儿童匹配家庭之外的阅读伙伴，可解决父母因没时间或不会阅读而带来的儿童早期阅读的空白，帮助孩子尽早地接触阅读和享受阅读。对于那些因贫困而无法阅读或阅读有障碍的儿童，志愿者的帮助可以使其成为优秀的读者，改善其生活和学业状况，进而消除家庭贫困的恶性循环；对于那些以英语为第二语言的少数族裔儿童来说，与志愿者的交流和阅读可让其接触更多非母语读物，促进其语言发展。此外，代际阅读提供了一种没有父母评判的练习阅读的不同途径和经历，志愿者通过鼓励和有趣的方式与儿童分享阅读，使儿童认识到阅读是一件轻松和愉快的事情，进而享受阅读。此外，当儿童与陌生人一起阅读时，儿童会想给志愿者留下良好印象，从而表现出比与父母一起阅读时更好的行为，进一步激励自身阅读。如莫顿公共图书馆表示：“当一个陌生人说‘你很棒’的时候，往往对孩子们意味着更多！”

4. 参与老年人的特点及要求

除儿童、青少年阅读给年老体弱者模式外，其他三种代际阅读模式中参与的老年人多为健康、活跃型老年人，且以退休教师居多，同时兼有在职老师、儿科医生、儿童护工、退休馆员等。他们中的大多数已在代际阅读项目中多年担任志愿者，且很多为 70—90 岁的高龄老年人。其参与代际阅读项目的原因主要包括：想要回馈社区；不想荒废自己职业生涯中积累的知识和技能，希望将这些知识和技能与年轻一代分享；热爱孩子、热爱阅读、热爱图书馆，认为阅读对儿童很重要，想要和儿童分享自己儿时阅读的快乐经历；想要体验与儿童一起相处的经历；身体健康且有时间参与；想与他人进行积极的连接；相比成年人眼中的歧视，与儿童在一起时可以被正常对待等。如史考基公共图书馆有一位已经参与了 6 年“读给我听”项目的高龄老人鲍勃，他表示相比于成年人，他更喜欢与孩子们在一起，因为孩子不知道他身体上有什么问题，更容易将他当作普通的正常人——被孩子们亲切地称为“鲍勃爷爷”，这种感觉很棒[①]！巴特利特公共图书馆中一名 85 岁的老年志愿者表示，自己有很多孙子和曾孙，但仍然愿意参与“跨越年龄的篇章”项目，因为他认为该项目是一个与孩子接触并了解其生活的好机会；一位从事了 25 年志愿服务工作的退休教师表示，任何促进孩子阅读的事情他都想要支持[②]。而支持老年志愿者长期持续参与代际阅读项目的原因主要为：儿童在此类项目中的成长和收获使老年人感到有价值、有意义；获得馆员和合作机构工作人员的认可和欢迎；馆员给予志愿者充分的自主权。如史考基公共图书馆中一位老年志愿者表示，日托中心将自己的名字放到当天的课堂公告栏中，并邀请自己参与日托中心的日常活动和野外郊游，这种与孩子和老师之间的良好关系及得到的认可使得自己想要继续担任志愿者。

对志愿者的要求中，最普遍的是与孩子的安全问题有关的要求。除格伦维尤公共图书馆以及面向疗养院中老人的代际阅读项目外，其他图书馆都要求老年人同意接受背景审查，以确保其无犯罪记录，确保儿童的安全。这与 1993 年美国国会通过的《国家儿童保护法案》（*National Child Protection Act*）相符合，即“国家可以要求指定的合格实体联系国家授权机构，进行全国性的背景检查，以确定其是否曾被判犯有危及儿童安全福祉的罪行”[③]。同时，每次活动开展过程中，老年人都不准许将儿童带到馆外，只允许在馆内或合作机构内部与儿童一起阅读和进行娱乐活动，并接受馆员或合作机构人员的现场监督。此外，洛杉矶公共图书馆还通过让志愿者穿戴统一的服装和标牌，让儿童轻松识别“故事讲述和阅读”项目志愿者，以确保儿童安全。

---

① YouTube. Grandpa Bob[EB/OL]. [2018-09-27]. https://www.youtube.com/watch?v=b_UWFhu0nSA.

② Intergenerational penpals meet through Bartlett Library[EB/OL]. [2018-09-30]. https://www.dailyherald.com/article/20120716/news/707169930/.

③ Congressgov. Public Law 103-209, 103d Congress[EB/OL]. [2018-09-29]. https://www.gpo.gov/fdsys/pkg/STATUTE-107/pdf/STATUTE-107-Pg2490.pdf.

（四）各类型代际阅读项目之间的区别

儿童给健康老年人阅读、儿童 / 青少年给年老体弱者阅读、老年人给儿童阅读、老年人与儿童 / 青少年共同阅读四种类型代际阅读项目的共同点都是通过连接两代人，通过分享阅读和共同阅读，提供一种与家庭成员之外的群体互动和交流的特殊阅读体验，提升对阅读的热爱和代际相互理解与支持。

不同点主要表现在项目的面向对象、出发点和目的、所选图书、程序和效果等方面。面向对象上，除儿童 / 青少年给年老体弱者阅读代际阅读项目涉及的是年老体弱老年人外，其余三种模式大多为健康和活跃型老年人，而每种类型涉及的儿童 / 青少年群体则具有较大的差异性。针对不同的参与者，代际阅读的出发点和目的也各有侧重，进而造成所选图书的不同。如儿童给健康老年人阅读的代际阅读项目侧重于为老年人提供服务社区的机会，发挥老年人力资源的潜能，帮助和支持有阅读障碍的儿童，因而所选图书大多从儿童角度出发；儿童 / 青少年给年老体弱者阅读的项目侧重于缓解疗养院中老年人的孤独感，将图书馆服务带入社区，所选图书一般是儿童喜欢的图书或能激发老年人对有关过去记忆的图书；老年人给儿童阅读的项目在于通过充分利用老年人的时间和精力，让学龄前儿童尽早接触阅读，促进儿童早期阅读素养的培养，所选图书大多为儿童和老年人都喜欢的绘本；老年人与儿童 / 青少年共同阅读项目多是将具有独立阅读能力的儿童 / 青少年与老年人结合起来，分享彼此的观点和见解，所选图书多为适合学生阅读的读物，或包含老年人和年轻人关系的代际主题读物。

程序和效果上，因儿童 / 青少年给年老体弱者阅读代际阅读项目大都发生在当地疗养院，参与的老年人都住在疗养院中，疗养院对这些老年人很熟悉，且他们普遍因身体限制而无法正常移动，一般不会对儿童 / 青少年带来威胁，所以一般不需要对老年人进行背景审查。同时，老年人的身体局限限制了儿童、青少年与老年人之间的互动程度，老年人一般只静静倾听他们阅读。代际阅读和写作项目中，因儿童 / 青少年一般不同老年人见面（只在项目结束时让笔友们彼此见面，且有馆员参与），故也不对老年人做背景审查。其余类型的代际阅读项目一般都需要对老年人进行背景审查，以确保将儿童 / 青少年与没有犯罪记录和虐待儿童劣行的老年人匹配在一起，保障儿童 / 青少年的安全。又因这些老年人大都是健康和活跃型老年人，故这些老年人和儿童、青少年之间的互动性很强。

表 5-4　四种类型代际阅读项目之间的区别

	儿童给健康老人阅读	儿童 / 青少年给年老体弱者阅读	老人给儿童阅读	老年人与儿童 / 青少年共同阅读
儿童 / 青少年	多为幼儿园至三年级儿童（喜欢阅读或有阅读障碍）	多为小学儿童，也包含青少年（喜欢阅读且有独立阅读能力）	多为学龄前儿童（无独立阅读能力）	多为初中生和高中生
老年人	活跃型老年人	疗养院老年人	活跃型老年人	活跃型老年人
目的和出发点	分享阅读乐趣；发挥老年人力资源；维持和提升儿童阅读水平	分享阅读乐趣；缓解老年人孤独；促进图书馆服务融入社区	分享阅读乐趣；发挥老年人力资源；促进儿童早期阅读素养	分享阅读乐趣和彼此观点
涉及的图书类型	儿童喜欢的图书；适合儿童阅读水平的图书；共同喜欢的图书；祖父母—孙子女情节图书；经典读物	儿童喜欢的图书；激发老年人回忆的图书	儿童喜欢的图书；老年人喜欢的图书	代际主题图书；共同喜欢的图书；青少年读物
发生地	一般在馆内	一般在馆外	一般在馆内	一般在馆内
是否需审查	一般需审查	无需审查	一般需审查	一般需审查
互动程度	互动性强	互动性较弱	互动性强	互动性强

二、代际故事会项目

（一）代际故事会项目的内涵

代际故事会项目指将老年人纳入面向儿童（主要为学龄前儿童）的常规故事会活动，由馆员为儿童及家长、老年居民讲述图书中的故事，并通过歌曲、游戏、手工等活动促进儿童和老年人互动和交流的项目。代际故事会项目一般发生在当地社区的养老院、疗养院等护理机构中，面向的老年人多为身体和认知上有一定缺陷的年老体弱者。通过将儿童及其家长带入老年社区机构，与老年人一起参与听故事活动，在促进儿童早期阅读素养发展、激发老年人认知记忆的同时，为那些没有祖父母陪伴的儿童或没有孙子女拜访的老年人提供彼此接触和交流的机会，为多代人创设一个共同分享和相互学习的空间。图书馆在此类活动中实现了学龄前儿童服务和社区机构老年人服务的创新，增强了社区用户对图书馆的积极感知和热爱，促进图书馆有效融入社区。

案例 5.11　格伦埃林公共图书馆代际故事会项目

2018 年 3 月，伊利诺伊州格伦埃林公共图书馆的成年人部门的馆员和学龄前儿童馆员合作开展了一次代际故事会活动，招募儿童及家长去当地的一所老年住宅区，与老年居民共同参与一小时的听故事活动①。图书馆负责项目的前期规划和儿童招募。活动期间，学龄前馆员向儿童、家长和老年人讲述绘本故事，并通过引发参与式问题、互动歌曲、小游戏和适当运动促进儿童和老年人之间的互动，成年人部门的馆员负责监测参与者和老年住宅区项目负责人的反应，以便下次予以针对性改进。老年住宅区提供空间并向老年人宣传。

图 5-14　馆员向儿童、家长和老人讲绘本故事

注：图片于 2018 年 9 月 8 日拍摄于马瑟老年社区（Mather Palace）。

---

① Glen Ellyn Public Library. Intergenerational storytime at atria park of Glen Ellyn[EB/OL]. [2018-09-30]. http://gepl.evanced.info/signup/EventDetails?EventId=14786&backTo=Calendar&startDate=2018/09/01.

项目的发起源于成年人部门的馆员阅读了《养老院内的幼儿园》这篇文章，了解到代际学习中心中老年人和儿童互动的积极效果，便决定开展一个将社区老年人和儿童连接在一起的活动。在选择具体活动时，馆员想提供一个仅图书馆能提供而老年住宅区不会提供的活动，考虑到代际讲故事活动具备这一属性，且又不需耗费巨大的资源和时间成本，故决定开展代际讲故事项目。第一次活动由 9 名儿童及 24 名成年人（包括儿童的父母和老年住宅区的老年人）参与，他们彼此都玩得很开心，获得了很大满足。因此，馆员决定把这次活动扩展为一项常规的季度项目。鉴于第一次活动中老年人因视力、听力问题导致看不清、听不清，儿童与老年人互动程度低等问题，馆员在后续活动中进行了些许改变和调整，包括将剧院风格的座椅排列方式改变成半圆形座椅排列方式，馆员佩戴麦克风以便让老年人听得更加清楚，从而更充分地参与到活动中来。馆员通过"袜子匹配游戏"配对老年人和儿童，使其以"好朋友"的身份共享故事时间，让活动变得更加有趣，增强老年人和儿童之间的互动交流。

图 5–15　儿童与老年人进行游戏互动

注：图片于 2018 年 9 月 8 日拍摄于马瑟老年社区。

案例 5.12　威尔梅特公共图书馆的代际故事会及做手工项目

2017 年，伊利诺伊州威尔梅特公共图书馆在当地一所老年生活社区开展了一个代际讲故事活动。2018 年，图书馆青少年部发起了一项新的“图书馆带你到任何地方”暑期系列讲故事活动，将儿童和其父母带到社区的不同机构（如警察局、消防局、老年社区、历史博物馆、公园等）并开展讲故事活动，以期帮助参与者了解所在社区的不同组成部分和不同成员，为整个社区带去暑期阅读的乐趣。其中，在老年社区开展的便是代际故事会及做手工（Intergenerational Storytime and Craft）项目[①]。威尔梅特公共图书馆提供故事书和相关材料，老年社区提供活动空间，老年居民和儿童及其父母、馆员一起分享故事，做互动游戏并做手工。此次活动共有 25 名儿童、16 名父母、3 名老年人参加。老年人参与较少的原因包括：代际故事会及做手工活动时间与老年社区中的其他老年活动相冲突，许多老年人虽对活动感兴趣但不得不遗憾离场；活动设在偏僻的室内，很多老年人没能提前知晓，馆员希望下次将活动组织在大厅或院子里，以吸引更多老年人的参与。

图 5–16　馆员给儿童、家长和老人讲绘本故事

注：图片于 2018 年 7 月 11 日拍摄于马瑟老年社区。

① Wilmette Public Library. Off the shelf[EB/OL]. [2018-09-30]. file:///Users/apple/Downloads/offtheshelf_july18.pdf.

图 5–17　老年人、儿童和馆员间的互动

注：图片于 2018 年 7 月 11 日拍摄于马瑟老年社区。

（二）代际故事会项目的理念

1. 公共图书馆为社区所有成员服务

公共图书馆为社区所有年龄段成员提供服务是代际故事会项目最主要的理念。代际故事会项目所具有的跨年龄属性可以很好地完成图书馆的这一使命，成为图书馆覆盖更多群体用户的一种有效途径，特别是对于那些不方便外出的居家和机构中的老年人。有图书馆表示，在老年人不能外出的情境中将儿童和老年人聚集在一起，能够让图书馆为更多的人提供服务。代际故事会项目通过将学龄前儿童和不能到馆的老年人结合在一起，创新了图书馆的服务方式，切实提升了图书馆的服务水平。对儿童来说，代际故事会项目不仅能促进其早期阅读素养的发展，而且有利于其早期社交技能的培养；对老年人来说，通过将图书馆服务带到老年人身边，可拓展图书馆面向此类用户的单一大字本图书资料的借阅服务，提供老年人与儿童接触的积极互动服务，进而促进图书馆有效融入社区。如格伦埃林公共图书馆表示，代际故事会项目的理念便是将图书馆带到老年社区，为不能自由移动的老年人创设一种与孩子们一起参与故事的方式。

2. 促进代际连接及共享欢乐

居住在疗养院中的老年人一般有着一定的身体缺陷或认知缺陷，不能自由移动，生活单调无聊，缺乏子女和孙子女的拜访，十分孤独。现今社会中的儿童通常生活在远离父母幼年生活的地方，与祖父母的交流有限。代际故事会项目通过将这两类特殊人群聚集在一起，为那些没有子女和孙子女拜访的老年人和缺少祖父母陪伴的儿童提供了彼此接触和陪伴的机会，通过有趣的故事、互动歌曲、游戏和手工活动为多代人创设了一个积极互动、共享欢乐的活动和空间。同时，让儿童及其父母走进社区，还可帮助他们增加对社区不同机构和不同群体的了解，从而建立起不同代的人之间的联系。如威尔梅特公共图书馆表示，代际故事会及做手工项目旨在“帮助用户了解我们所在的社区。之所以选择老年社区是因为希望老年人、孩子和父母能有一次积极的共同学习、玩耍和探索的独特体验”。此外，格伦埃林公共图书馆还将儿童与老年人之间的重叠技能发展作为代际故事会项目的理念，即幼儿在技能发育过程中与早期至中期阶段的阿尔茨海默症老年人之间存在一定程度的技能培育重叠，这为开展幼儿和老年人一起参与和互动的活动提供了可能。

（三）代际故事会项目与代际阅读项目的区别

本质上讲，代际故事会项目和代际阅读项目都是通过图书来连接老年人和儿童的活动。不同的是，代际故事会项目更为简单，不需要馆员耗费大量的时间和精力，不需要对老年人进行背景审查和特殊培训。活动大多发生在馆外的社区老年机构，活动周期比较长，往往按照月度、季度和年度开展。

同时，因代际故事会项目本身的特点，其面向的儿童一般为 0—5 岁学龄前儿童。因此，相比于代际阅读项目中父母的不参与，代际故事会项目中的父母参与故事进程并担任一定的角色，如看护孩子，塑造良好的行为，鼓励孩子与老年人互动和交谈，并一同享受故事和歌曲。馆员也在活动过程中承担着项目主持和引导者的重要角色，而不是交由老年人和儿童自主进行。同时，由于学龄前儿童还未上学，因此在时间协调上更为方便，馆员只需要协调好与老年机构的时间便可，但也要注意避免与社区其他活动相冲突，以吸引更多人群参与。

此外，相比于代际阅读项目中老年人和儿童一对一带来的密切互动，代际故事会项目一般不将儿童和老年人专门匹配，加之儿童幼小及老年人身体和认知障碍等原因，二者之间的互动程度较低，但馆员仍可通过有吸引力的故事、引发式问题、做互动游戏、唱歌、做手工等方式，尽可能地创设适于老年人和儿童互动的环境，鼓励彼此间的积极互动和交流。

（四）代际故事会项目与常规故事会项目的区别

代际故事会项目可视作图书馆常规故事会项目的简单扩展，即将老年人纳入故事会活动，不同之处主要体现在开展动力、面向对象、举办地点和活动目的等方面。

开展动力上，图书馆的常规故事会项目大都基于图书馆发展儿童早期阅读素养的倡议，通过馆员对图书、歌曲、游戏等的有意选择，以支持儿童的学习成果；而代际故事会项目的发展动力侧重不同代的人共同参与的乐趣，在支持儿童学习成果的同时，关注代际积极互动。面向对象上，常规故事会项目倾向于针对特定年龄儿童及其家庭成员，如婴幼儿，父母和照顾者一般被要求陪同孩子一起参与，不携带孩子的成年人一般不能参与，是一个典型的家庭项目；而代际故事会项目同时面向孩子与社区老年人等非家庭成员，成年人可以在不携带孩子的情况下参与此类项目，与儿童平等参与，打破了传统上一般故事会项目被认为只面向儿童的观念。举办地点上，因面向的老年人存在身体局限，代际故事会项目一般发生在馆外的社区老年机构，以方便不能到馆的老年人，而常规故事会项目大都发生在馆内。活动目的上，常规故事会项目旨在促进儿童的早期阅读素养发展，为陪同的父母和照护者提供一种培养儿童早期阅读素养的范式，教授他们如何鼓励儿童早期阅读素养发展；而代际故事会项目在此之外，还鼓励孩子、父母和老年人之间的互动交流和联系，促进图书馆服务积极融入社区。

代际阅读项目中老年人给儿童阅读的项目与代际故事会项目都关注代际互动和交流，不同之处主要体现在项目主导人、项目开展动力、发展特点和活动目的等方面。主导人方面，发生在老年机构的代际故事会项目由馆员负责，馆员给儿童和老年人阅读故事内容（一对多），引导活动进展；而在老年人给儿童阅读的项目中，主导人为老年志愿者，一名老年志愿者给一名儿童或几名儿童阅读故事内容（一对一或小群体），馆员一般不参与活动的具体执行。开展动力上，代际故事会项目强调不同代的人一起参与活动并互动，但因老年人身体障碍限制造成互动程度比较低，儿童和老年人更多地与馆员进行互动；老年人阅读给儿童项目则更多起源于老年人和儿童之间共同阅读和分享阅读的快乐，由儿童和老年人直接互动，互动程度高。发展特点和活动目的方面，代际故事会项目旨在通过馆员的有意选择，促进儿童早期阅读素养和家长早期阅读素养培育方式的发展，创新图书馆老年人服务方式，促进图书馆有效融入社区；老年人给儿童阅读项目则以老年人志愿者和儿童的阅读兴趣为导向，自由选择图书内容，旨在通过一起阅读分享彼此对阅读的热爱。

表 5-5 三种图书馆故事会项目的比较

异同点	类型		
	常规故事会项目	代际故事会项目	代际阅读项目中老年人给儿童阅读的项目
主导人	由以儿童为服务对象的馆员驱动	由以儿童为服务对象的馆员驱动	老年志愿者驱动
面向对象	家庭成员	家庭成员 + 非家庭成员	家庭成员 + 非家庭成员
动力	基于图书馆培养儿童早期阅读素养发展的倡议	不同代的人参与的乐趣	分享阅读的乐趣
活动方式	一对多（“一”指馆员）	一对多（“一”指馆员）	一对一或小群体（第一个“一”指老年人志愿者）
互动方式	儿童与馆员互动	儿童、老年人与馆员互动	儿童直接与老年人互动
特点	有意选择，支持学习成果	有意选择，支持学习成果；关注代际互动	以志愿者和儿童兴趣为导向
举办地点	馆内	馆外	馆内 / 馆外
活动目的	培养儿童早期阅读素养； 向家长传授发展儿童早期阅读素养的方式；	培养儿童早期阅读素养； 向家长传授发展儿童早期阅读素养的方式； 创新图书馆老年人服务方式； 促进代际互动； 促进图书馆融入社区	培养儿童早期阅读素养； 分享不同代的人对阅读的热爱； 促进代际互动； 促进图书馆融入社区

三、科技导师项目

（一）科技导师项目的内涵及特点

科技导师项目指图书馆招募精通技术的年轻人志愿者（主要为中学生）为社区中需要技术帮助的老年人提供一对一技术辅导的项目，内容涉及如何使用互联网、电子邮件、文字处理软件以及智能设备、社交媒体、数码相机等。馆员根据老年人的技术需求和问题，将其与精通此类技能的志愿者进行一对一匹配。

图书馆发起此类项目的原因多源于社区中老年人对不断变化发展的新技术及其更新换代无法及时掌握，他们经常来图书馆向馆员寻求技术咨询，而图书馆没有足够的人员和时间为每一位老年人提供一对一帮助和支持。同时，青少年因需完成社区志愿服务时间主动向图书馆寻求志愿服务机会。在意识到两种需求之间的潜在联系和自身的局限性之后，图书馆便积极招募青少年志愿者帮助老年人解决技术相关的问题，借此缓解馆员陷入老年用户寻求技术帮助而无法脱身从事更多专业工作的困境。青少年的一对一关注和熟练技能可以快速响应老年人的技术需求，同时为精通技术的年轻人提供获得其毕业所需的志愿服务时间的机会。

对参与项目的青少年志愿者，馆员需对其进行一个简短的培训。培训内容主要涉及项目介绍、老年人常见的技术问题以及与老年人相处的技巧，较少涉及与技术有关的专门培训。这是因为一方面，馆员认为青少年通过学校学习以及个人对技术的浓厚兴趣，已经掌握了很多老年人需要的技能，知晓如何解决老年人面临的问题。另一方面，馆员不把青少年视为技术专家，而是希望如果遇到无法解决的问题，青少年可以尝试与老年人一起探索解决，即“我不知道该怎么做，让我们看看能否一起解决这个问题”，以此增加两个群体的互动合作和共同学习的体验，彰显参与双方的平等地位。培训中涉及的内容多为如何教授老年人以及与老年人交流和相处时的注意事项和小技巧，如对待老年人要有耐心、要尊重老年人、语言保持简单明了且术语应一致、教授内容为老年人可触及的话题等。

案例 5.13　怀特霍尔公共图书馆“科技开放日”项目

2010 年起，宾夕法尼亚州怀特霍尔公共图书馆（Whitehall Public Library）

开展了一项“科技开放日”（Tech Open House）代际项目[①]，招募高中生帮助老年人使用移动设备，处理相关技术问题。项目发起的原因是基于社区中有很多想要学习使用电子设备的老年人，以及当地的高中生需要完成30个小时的社区服务才能毕业的现实情况。怀特霍尔公共图书馆将老年人和年轻人的需求进行了有效匹配，以便老年人得到技术帮助的同时，让学生收获社区志愿服务时间。项目开始前高中生需接受30分钟的指导培训，培训内容包括老年人的学习方式及与老年人相处的技巧。项目让老年人和高中生有机会与原本很少接触的人群进行了积极且有意义的互动，帮助怀特霍尔公共图书馆吸引了原本不常走进图书馆的高中生用户。

表5-6　科技导师培训指南

	科技导师培训
老年人学习方式	1. 演示，然后让他们自己尝试 （1）让老年人向你展示问题所在； （2）给予口头指导； （3）将新信息与旧知识相结合。 2. 将学习过程与他们的个人经历联系起来 谈论他们对特定项目、服务或技能的兴趣，如在网上查找医疗信息、阅读电子书或接收照片。
培训提示	1. 注意他们的需求 询问他们是否舒适（如“您想要一个更舒适的椅子、咖啡或水吗？”）。 2. 平视对方 （1）以便他们可以与你进行眼神交流； （2）他们可以读你的嘴唇（如果需要的话）； （3）在“平等的基础上”保持互动。 3. 用清晰的声音说话 （1）不要喃喃自语； （2）说话的时候看着他们，不要把头转过去。 4. 给他们时间做出回应 （1）老年人和年轻人一样可以吸收新想法； （2）老年人的响应时间可能比较慢，给他们充足的时间回应。

资料来源：白厅公共图书馆提供。

---

① Whitehall Public Library. Classes & training[EB/OL]. [2018-10-01]. http://www.whitehallpubliclibrary.org/featured-events/computer-classes/.

案例 5.14 查尔斯顿卡内基公共图书馆“奶奶有 Gmail”项目

2013 年，伊利诺伊州查尔斯顿卡内基公共图书馆（Charleston Carnegie Public Library）成年人服务部门的馆员发起了“奶奶有 Gmail”（Grandma's Got Gmail）代际项目[①]，让东伊利诺伊大学的学生志愿者帮助解决社区老年人面临的技术问题。此项目旨在创设青年人和老年人互动的环境，将有兴趣学习如何使用技术的老年人与学生志愿者联系起来；帮助提高老年人的计算机和网络素养，使其能够更好地与朋友和家人保持联系，提高生活质量。

项目最先由当地的一所社区学校发起，后由查尔斯顿卡内基公共图书馆接管。不同于社区学校招募高中生为老年人提供帮助，图书馆在综合考虑高中生忙于课外活动、与老年人存在更大的年龄差、尚未独立等原因之后，最终决定选择大学生志愿者。查尔斯顿卡内基公共图书馆于每学期开展一次开放日活动，让东伊利诺伊大学的志愿者和感兴趣的老年人分别登记，并对大学生进行一个简单培训。培训内容包括：项目概况及意义；老年人常见的技术问题和需求，如上传照片到脸书、设置和使用邮箱账户、发送照片或附件、使用电子设备（如平板电脑、智能手机等）下载阅读图书馆数字资源等；与老年人接触和交流时的注意事项，如有耐心、保持术语前后一致（如“屏幕”和“显示器”不混用）以免让老年人困惑、让老年人控制键盘和鼠标、不能使用老年人的任何个人信息（如用户名和密码）、当老年人开始讲述自己的故事时尽量把他带回技术问题、保持简单、不要预设年老应该是什么样子、尊重老年人等。之后，馆员根据双方的技能需求和能力及其各自方便的时间进行一对一匹配，安排时间让他们在图书馆见面学习。

但随着时间的推移，原本运行良好的项目开始出现志愿者取消约定时间或整个学期没有志愿者参与等问题，查尔斯顿卡内基公共图书馆及时做出调整，不再对大学生和老年人进行一对一的专门匹配，而是在整个学期中安排四次固定的开放日，让志愿者和有需要的老年人于统一时间来图书馆见面，每次两小时。每次约有 10—15 个志愿者和 7—10 个老年人参与。

① Charleston Carnegie Public Library. Library calendar[EB/OL]. [2018-10-01]. http://charlestonlibrary.org/events.

图 5-18　大学生与老年人一起解决技术问题

注：图片于 2018 年 8 月 18 日拍摄于查尔斯顿卡内基公共图书馆。

案例 5.15　埃文斯顿公共图书馆的科技导师项目

2013 年起，伊利诺伊州埃文斯顿公共图书馆（Evanston Public Library）的社区参与馆员与当地一所高中的青少年科技俱乐部（Youth Technology Corp，YTC）结成伙伴关系，在低收入老年人聚集的社区中提供技术培训[①]。埃文斯顿公共图书馆不对学生提供任何正式的培训，只提供了一些如何与老年人接触的小技巧，包括要有耐心、做好他们完全不熟悉电脑的心理准备等。该项目成功将当地学生与社区中的老年人聚集在一起，彼此互动并分享故事，促进了和谐社区建设。对埃文斯顿公共图书馆而言，项目的优势在于创造性地履行了图书馆的使命，即“通过提供对文化、智力、科技和信息资源的开放获取，促进公民独立、自信，提升文化素养，将图书馆发展成为社区的核心”。

（二）科技导师项目的理念

1. 满足社区需求

科技导师项目的起源，一方面是老年人有着对新技术和社交媒体的大量需

① Evanston Public Library. Annual report 2013[EB/OL]. [2018-10-02]. https://www.cityofevanston.org/home/showdocument?id=1446.

求，这些老年人或从家庭成员那里获得作为礼物的新设备，或接手淘汰下来的旧设备，但家庭成员却没有向他们展示如何使用这些设备或在教授中很容易对他们的表现感到沮丧。因此，老年人在无力支付其他机构高昂培训费用的情况下，纷纷来到图书馆寻求免费的技术咨询服务。但图书馆往往因人员短缺或馆员忙碌等原因，无法满足老年人所需要的较长时间的一对一技术帮助；而中学生有着完成一定社区服务时间和学分的要求，经常向图书馆寻求志愿服务的机会，且青少年往往对技术很精通。来自两个年龄群体的需求同时存在，并且能恰好满足彼此的需求，图书馆便将两个年龄群体结合起来，利用青少年所掌握的技术知识为老年人提供一对一帮助，在满足老年人对技术帮助需求的同时，实现青少年获得社区服务时间的需求，促进需求和资源的有效对接，创新图书馆服务社区的方式。

2. 促进代际连接及相互学习

同代际阅读项目、代际故事会项目一样，科技导师项目依托技术将年轻一代和老年一代连接在一起，为平时很少接触和交流的两类群体提供了交互的机会，不仅减少了老年人和年轻人之间存在的数字鸿沟，而且缓解了代际不断加剧的情感分离和代际鸿沟。老年人在获得网络和计算机技能的同时，表达了对青少年熟练技能和丰富知识的赞赏，青少年志愿者也体验了与老年人相处的快乐。科技导师项目通过青少年和老年人之间有关技能和生活经验的分享，激发了彼此心中有关所有年龄段的人都很重要并且能够互相帮助的想法，促进了代际学习和终身学习。同时，这种学习强调非教学式学习，强调将青少年和老年人作为一个平等的团队，在轻松愉快的氛围中共同学习和分享，增加老年人与青少年之间的互动与合作。

（三）科技导师项目与馆员科技辅导的区别

除来自青少年志愿者的科技辅导外，美国公共图书馆一般都有专门的“预约馆员”（Book a Librarian）或专门课程来帮助老年人解决技术使用问题。依托青少年志愿者的科技导师项目并非要取代馆员的本职工作，而是旨在在图书馆资源或服务不足的情况下，充分利用并匹配社区中的潜在资源和实际需求，为有需要的用户搭建起资源连接的桥梁，创新图书馆服务的方式，弥补图书馆服务不足的缺陷。二者区别主要体现在服务时间、技能水平和范围、辅导形式等方面。

服务时间上，与馆员技术辅导相比，科技导师项目的服务时间更长，通常为 1—2 小时，从而可以给予老年人更多关注。而在馆员技术辅导中，老年人有时直接来咨询台寻求馆员帮助，但馆员因工作繁忙而不能总是有时间给予其关于如何使用新技术或解决技术问题的深入指导，同时增加了忽视其他寻求帮助的用户的风险。老年人有时会与馆员预约咨询时间以解决特定问题，但时间有限，如怀特霍尔公共图书馆将咨询时间限定为每次 30 分钟，且用户每月只能申请一次，这对使用科技吃力的老年人来说往往不够。而青少年的更长时间援助及志愿期间更专一的技术支持，使得他们能够很好地满足老年人的需求，缓解馆员工作压力，避免馆员陷入技术帮助的困境。

技术水平和范围上，相比馆员，青少年一般更加精通技术，知晓如何更好地解决技术问题，更熟悉技术指导和故障排除；而馆员则在图书馆内部的数据库使用、在线目录、特定应用程序（如如何使用 App 下载电子书）等方面有更多的了解。有的图书馆还表示，馆员和青少年的区别在于前者的技能涵盖更多学科领域，而后者则非常适合快速帮助和辅导实践。有的图书馆则表示，馆员和青少年的唯一区别在于成熟度，即馆员知道如何更好地处理问题，但这只是因为馆员有更多与公众接触的经验。

辅导形式上，青少年与老年人进行一对一的技术帮助（馆员的技术帮助形式有一对一的情况，也有一对多的情况），可以就老年人面临的技术问题进行深入的指导和探讨，同时促进代际积极对话和社区建设。此外，青少年与老年人一起有着不同于专业人员教学的很多优点，如倾向于使用比馆员更少的技术术语，更少的结构化或正式教学程序，与老年人的地位更加平等，这为双方创造了一种自由、轻松的学习氛围，比在群体环境中更容易学习到新知识——“老年人感觉正在与一个细心的孙子女一起学习，而不是一个匆忙的图书馆员”。青少年更倾向于与老年人分享有关学校和社区的故事，老年人因而更喜欢接受来自年轻人的帮助。

四、故事分享 / 口述史项目

（一）故事分享 / 口述史项目的内涵及特点

故事分享 / 口述史项目指的是图书馆将老年人和年轻人（主要为中学生）聚集在一起，分享老年人或彼此过去的故事和人生经历的项目，可进一步划分为日常的故事或经验分享项目、口述史项目等。故事分享 / 口述史项目大都围绕一个特定主题（如老兵故事、过去一天的故事、食谱、天气、宠物等）展开，促进社区中老年人和年轻人对共同事物或事件的分享和记忆，增进老年一代和年轻一代之间的更多互动、理解、欣赏与支持。如奇利科西公共图书馆（Chillicothe Public Library）的馆长表示，“发现或重新发现老年人和年轻人之间的相似之处，远比发现彼此间的差异更为重要”。

案例 5.16　卡本代尔公共图书馆“生命中的一天”项目

2014 年，伊利诺伊州卡本代尔公共图书馆（Carbondale Public Library）成功申请了以斯拉·杰克·济慈基金会（Ezra Jack Keats Foundation）500 美元的小额资助，与当地的男孩女孩俱乐部（Boys & Girls Club）、老年服务中心合作开展了一项基于故事分享制作绘本书的代际项目——“生命中的一天”（A Day in the Life）[①]。男孩女孩俱乐部协助动员青少年并将他们带到老年服务中心，老年服务中心动员老年人并提供活动空间。活动共包括三次青少年和老年人见面时间、两次图书发布会、一场图书展览。

第一次会面时，馆员阅读以斯拉·杰克·济慈的《宠物秀》（*Pet Show*）系列图书，这些图书的普遍特点是描绘了孩子生命中真实的一天，以帮助孩子和老年人描述属于他们自己的故事。而后进行破冰游戏，每个人介绍自己并描绘某一天发生的一件有趣或值得纪念的事情，借此打破陌生人之间的隔阂。而后孩子与老年人进行配对，由老年人讲述他们生活中一天发生的简单故事，孩子们用一两句话概括这些故事。馆员或志愿者使用相机为每组配对的孩子和老年人拍照。第二和第三次会面时，配对的孩子和老年人重新审视老年人的故事，创建拼贴画插图，并用简单的句子描述故事。图书馆提供白色纸张、剪刀、水彩画、纸形树木、云层以及打印在贴纸上的孩子和老年人头像，示意参与者将头像剪下来放置在风景中或为其画上身体，增加图书的趣味性。

制作结束后，图书馆添加上下文、标题、致谢等内容，制成《生命中的

① The Library as Incubator Project. Carbondale public library[EB/OL]. [2018-10-03]. http://www.libraryasincubatorproject.org/?tag=carbondale-public-library.

一天：孩子和老年人的故事分享》（*A Day in the Life*：*Kids and Seniors Share Stories*）一书，通过 LuLu 自出版网站印刷了 44 本图书，并在图书馆和老年中心举办两场图书发布会。孩子们和老年人各收到一本书并在图书馆观看图书展览，同时孩子们将签有自己名字的图书送给无法到馆的老年伙伴。图书馆将此书作为永久馆藏，以供随时借阅①。

"生命中的一天"项目取得了很大的成功，不仅创设了孩子和老年人互动分享的机会，而且拓展了社区居民与图书馆的关系。通过创作，孩子和老年人不再仅仅是图书馆资料的被动消费者，而成为活跃的内容创作者，获得家人和社区的赞赏和满满的成就感，当地的报纸和电视台对其进行了积极的报道。同时，该项目将馆员带入社区，让图书馆有机会在围墙之外进行以社区为中心的馆外延伸活动，通过合作共同开展单凭个体机构无法完成的特殊活动，增强了图书馆及社区机构的合作伙伴关系。

图 5-19　参加"生命中的一天"项目的儿童与老年人在老年中心分享故事

注：图片来源于图书馆孵化项目（Library Incubator Project）网站。

① The Library as Incubator Project. Print-ready interior[EB/OL]. [2018-10-03]. http://www.libraryasincubatorproject.org/wp-content/uploads/2015/01/A-Day-in-the-Life-book.pdf.

图 5-20　儿童收到制作完成的图书

注：图片来源于图书馆孵化项目（Library Incubator Project）网站。

图 5-21　《生命中的一天：孩子和老年人的故事分享》书中一组儿童和老年人的故事内容

注：图片来源于图书馆孵化项目（Library Incubator Project）网站。

案例 5.17　阿灵顿·海茨纪念图书馆“厨师召集令”活动

为给青少年提供不同于一般志愿服务的有意义的志愿机会，伊利诺伊州阿灵顿·海茨纪念图书馆（Arlington Heights Memorial Library）青少年服务部馆员与家谱部馆员于 2018 年暑期合作开展了一个基于故事分享而制作传统食谱的“厨师召集令”（Calling All Cooks）代际项目①。图书馆组建青少年志愿者小组去

① Arlington Heights Memorial Library. Senior center: calling all cooks[EB/OL]. [2018-10-03]. http://www.ahml. info/content/senior-center-calling-all-cooks.

当地老年中心采访老年人，收集传统食谱，探讨传承家庭食谱的重要性。

项目的前半段由馆员带领青少年进行有关与老年人交流和访谈的前期准备工作，主要包括让青少年观看如何进行口述历史访谈的视频，分发“口述史采访小技巧”和“采访问题”清单，与青少年进行实际访谈以练习访谈技巧。之后，青少年在老年中心与老年人见面。来自历史协会的工作人员向青少年和老年人讲解了有关围裙的历史、样式及其使用的介绍，展示了大量老式围裙、烹饪书和烹饪工具。之后1—2名青少年与1名老年人匹配并开展访谈，每位老年人介绍3—4个食谱。剩余的两周，馆员和青少年将收集的食谱整理成《阿灵顿·海茨传统食谱》(*Arlington Heights Heritage Cookbook*)一书，共计收录食谱24个，并在图书馆厨房中亲自烹饪这些食谱。《阿灵顿·海茨传统食谱》在老年中心和图书馆中分别留存。活动产生了积极的效果，许多内向的儿童在与老年人接触后，由之前的胆小害羞变得更加积极主动，不再害怕老年人，老年人也在与青少年的食谱交流和分享中获得了很多欢乐。

表5–7　口述史采访小技巧

口述史采访小技巧
1. 介绍 介绍自己，并告诉叙述者关于这个项目的信息。 2. 尊重叙述者 使用礼貌的语言和手势。 3. 不要打断对方 给讲述者留出时间回答你的问题。 4. 不要谈论你自己 采访应集中在叙述者及其故事上，避免炫耀自身知识。 5. 不要挑战叙述者 尊重叙述者，即使不同意他们所描述的内容也不要妄加评论。 6. 表现出兴趣 与叙述者进行目光接触，表明你在关注他们所说的话。 7. 问开放式问题 避免简单的“是”或“否”问题，除非要求一个具体的细节或澄清内容。 8. 会发生停顿 谈话中会发生停顿，而且这是正常的。 9. 如果离题了也没关系 如果交流中离题了也没有关系，这样可能会得到更多有趣的信息。 10. 表达感谢

资料来源：资料由阿灵顿·海茨纪念图书馆提供。

表 5–8　采访问题清单

1. 您今天带来了什么食谱？
2. 是什么原因让您选择了这个食谱？
3. 谁向您介绍了这个食谱？
4. 这个食谱是家庭传下来的还是您自己创作的？
5. 您是什么时候第一次听说、烹饪或品尝这道菜的？
6. 您自己做过这道菜吗？如果做过的话，您做了多少次？
7. 您对原来的做法做了哪些调整？有没有要特别说明的？
8. 您对这个食谱哪些深刻的印象？
9. 这道菜在您亲戚中受欢迎吗？您家里其他人做过这道菜吗？您现在还会做这道菜吗？
10. 这个食谱与哪些家庭或文化传统 / 节日有关？
11. 您是哪里人？您是在哪里长大的？
12. 您觉得您成长的地方影响了您的烹饪风格或口味吗？为什么？
13. 您是如何把您的食谱传给别人的？
14. 您喜欢烹饪吗？烹饪多长时间了？
15. 食物在您的成长过程中扮演了什么角色？

注：此表为本书作者根据访谈项目内容整理而成。

图 5–22　《阿灵顿 · 海茨传统食谱》封面

案例 5.18 盖尔·博登公共图书馆“退伍老兵历史”项目

2008年，伊利诺伊州盖尔·博登公共图书馆（Gail Borden Public Library）参与国会图书馆发起的“退伍老兵历史”（Veteran History）项目，在当地发起了一项退伍军人与高中生分享战争记忆和故事的代际口述史活动。图书馆与埃尔金学院（Elgin Academy）合作，将八年级学生与20名参加过战争的退伍军人进行配对，对他们的战争记忆进行访谈①。馆员收集了很多有关战争的信息、照片和信件，指导学生如何进行访谈；埃尔金学院的工作人员指导学生如何拍摄、扫描照片并编辑视频。这些访谈资料和视频被寄给国会图书馆。该项目将真人历史带到学生的课堂中，使学生获得了很难从电视或书籍中获得的历史现实，增加了学生对退伍老兵的理解，同时也为退伍老兵提供了一个分享自身故事和心理治疗的途径。值得一提的是，项目结束后，参与其中的一名退伍老兵于不久后去世，而该项目保存了他的珍贵的历史记忆。

2017年，盖尔·博登公共图书馆又发起了“退老军人之声”（Veterans Voices）项目，招募退伍军人志愿者在退伍军人节（11月11日）去埃尔金地区的学校与学生交流，旨在通过退伍军人谈论自己的军队经历及退伍军人节的意义，帮助学生更好地理解退伍军人节。2017年，图书馆共招募了16名退伍军人志愿者，到访了17所学校的90间教室，与5500名学生和教师进行了深入交谈。2018年，40名退伍军人在埃尔金地区的140多间教室里就退伍军人节发表演讲。大多数孩子都会向退伍军人寄送贺卡。

（二）故事分享项目的理念

1. 促进代际连接及相互理解

基于故事分享的代际项目侧重于通过建立老年人和年轻人之间的联系，促进代际理解和同理心，消除青少年和老年人之间因接触过少而带来的误解和刻板印象。如阿灵顿·海茨纪念图书馆表示，青少年更多地与同龄人接触，而很

① Gail Borden Public Library District. History of the library[EB/OL]. [2018-10-05]. https://www.gailborden.info/about-the-library/history-of-the-library/805-veterans-history-project-wins-2009-elgin-image-award.

少或不喜欢与祖父母或其他老年人接触。对他们来说，老年人显得有些“可怕”。图书馆希望通过构建两者积极互动的经历，通过更多的联系减少青少年对老年人的误解和恐惧，增加对老年人的理解和支持。盖尔·博登公共图书馆也表示，通过将青少年置身于退伍老兵的采访中，可以让青少年有机会接触那些平时不太可能接触的军人，进而增加对退伍军人经历的理解和尊重。伯克利公共图书馆则表示，其开展的“南伯克利故事”代际项目旨在消除老年人对青少年不良社会声誉的消极印象，即青少年经常被视为社区中的破坏者或麻烦制造者。与青少年接触较多的馆员表示，大多数青少年都是极具建设性的、聪明的、体贴的、关怀他人的、善良的、乐于助人的、有才华的。因此，图书馆希望改变老年人对青少年的刻板印象，促进老年人对青少年的积极认知和正面理解。

2. 重视并发挥老年人的价值

代际故事分享的另一个理念是尊重并发挥老年人价值，向年轻一代展示老年一代的丰富智慧和阅历，强调每个人都是有价值的。通过故事分享让年轻人从老年人那里学习经验与知识，增加年轻人对老年人经历、城市记忆、社会历史等方面的了解，促使年轻人认识到老年人是了解当地历史和社会变化的重要渠道和信息来源，促进年轻人对老年人及其故事和历史的尊重。

五、代际艺术创作与做手工项目

代际手工制作项目指图书馆开展的面向儿童、青少年和老年人的编织、艺术创作等手工活动。代际手工制作项目大都为多代项目，除儿童/青少年和老年人外，父母、艺术家、馆员等也常常参与到活动中来，使其成为一个包含年轻人、中年人和老年人的多代互动项目。此类项目的发起往往不是基于某种特定的需求，也没有明显的“谁服务谁”的倾向，因而互惠特点更为明显，即通过做手工等经验共享活动，体验一起合作、交流和学习的快乐。老年人和年轻人的地位在这一过程中更加平等。同时，手工活动过程中本身具有的交互属性使得代际手工制作项目具有很强的社交属性，凸显了图书馆作为“第三空间”的价值。

案例 5.19　橡树公园公共图书馆以做手工为主题的系列代际活动

2015 年秋季开始，伊利诺伊州橡树公园公共图书馆馆员发起了一项代际手工项目。他们邀请当地退休社区的老年居民来图书馆与三岁以上儿童及其照护者一起制作时令工艺品和卡片，然后一同步行至退休社区，将制作的工艺品和卡片分发给那里的老年居民（有些老年人因身体因素无法去图书馆）并与他们聊天。图书馆在观察到孩子们与老年人互动的积极效果后，将此项目发展成一个固定项目，每年围绕冬季寒假、情人节、地球日等开展2—3场主题活动。例如，2018年4月23日举办了“在橡树公园中与老年人一起制作地球日艺术品”（Earth Day Art with Seniors in Oak Park Arms）主题活动。通常情况下，有4—5名老年人来图书馆与孩子们一起做手工，孩子们被分到不同的组，并确保每个组中有一名老年人。活动最少时有4—5名孩子参与，最多时有30名孩子参与；平均每次可向30—35个居民分发卡片和手工作品。父母及其他照护者在项目中的角色主要是促进孩子和老年人之间的对话，并与老年人交谈。

案例5.20　温菲尔德公共图书馆学习编织的“工匠圈”项目

为防止编织技艺的丢失，培养儿童对编织的兴趣，伊利诺伊州温菲尔德公共图书馆（Winfield Public Library）青少年服务部馆员发起了一项“工匠圈”（Crafters Circle）编织项目，邀请8岁以上的年轻人和老年人一起学习和交流编织技巧。参与者多为6—70岁（尽管要求参与者年龄为8岁以上，但馆员并不排斥对此感兴趣的年龄更小的儿童），每月举办一次，每次有3—5名儿童/青少年和12—25名成年人（大部分是老年人）参与。老年人喜欢教授孩子编织方面的技巧，并在活动中积极展示和交流自己的编织作品。参与者一起分享甜点、饮品及生活中的任何事情，图书馆成为他们的一个社交空间。每三个月，馆员和参与者共同投票选择一家慈善机构捐赠编织的物品。多年来，该项目已制作并向全美各地捐赠了600多顶帽子、手套、毛毯等物品。温菲尔德公共图书馆还收集并保存了来自网络和参与老年人的大量针法资料，供参与者分享和学习。

案例5.21　阿勒格尼县图书馆协会基于艺术工坊的“共同创作”代际项目

宾夕法尼亚州的阿勒格尼县是美国第二大老年县区，在这里居住的许多老年人都独自生活，图书馆成为他们的重要社交场所。2006年暑期，阿勒格尼县图书馆协会（Allegheny County Library Association，ACLA）与当地的一家艺术机构合作，将安德鲁·贝恩纪念图书馆（Andrew Bayne Memorial Library）分馆作为试点，举办了一个为期六周的代际艺术试点项目——“共同创造”

（Create Together）。项目邀请老年人和年轻人参加艺术工坊和画廊展览活动，旨在通过一个共同学习和分享想法、技能和见解的论坛，提高青少年和老年人对彼此和社区艺术的看法，在不断加深对艺术认识的过程中增进参与者之间的信任和相互理解。

安德鲁·贝恩纪念图书馆联系当地的学校和社区机构招募3—6年级儿童和50岁以上老年人，对其进行一对一匹配。艺术机构负责招募并提供旗下的6名艺术家，开展了以雕塑、拼贴画、素描、织物、丙烯画和水彩画为主题的六次艺术课程。艺术工坊结束后，阿勒格尼县图书馆协会和图书馆共同举办了一场艺术品画廊展览，邀请项目参与者、艺术家及其家人、朋友，图书馆工作人员和董事会成员，社区成员等一同参观，为参与者提供一个额外的互动场所并表彰参与者。此次展览共展出参与者及艺术老师提交的60件艺术品。艺术家、年轻人和老年人在展览会上受到表彰，并被授予认可证书。

此次活动带来了积极的效果，老年人和年轻人从他们创作的内容出发开始互相交流，并在艺术制作过程中相互分享和学习。艺术这一共享的经验将不同代的人聚集在一起。老年人和年轻人在彼此交流中了解到双方所拥有的艺术才能、创造力和开放性，艺术家也积极融入社区生活之中，通过高质量协同实现了图书馆服务创新以及通过艺术表达实现社区参与和公共教育的使命和愿景，彰显了公共图书馆作为社区中心和第三空间的功能定位。

图 5–23　艺术家教授参与者制作艺术品

注：图片由阿勒格尼县图书馆协会提供。

图 5-24　老年人和儿童伙伴共同创作艺术品

注：图片由阿勒格尼县图书馆协会提供。

六、代际游戏项目

代际游戏项目指图书馆开展的让老年人与儿童 / 青少年一起玩游戏的项目，旨在通过任何人都喜欢的简单游戏将年轻人和老年人聚集在一起，创造彼此交流和了解的机会，分享一起互动的欢乐。在代际游戏中，“玩得开心”是图书馆发起者和参与者的共同期望。游戏通过轻松愉快的方式既吸引了年轻人的兴趣，又保持了老年人的专注，增强了老年人的活力。

美国公共图书馆开展的代际游戏活动中，专门规划的代际游戏偏少，而随机开展的跨代游戏较多，即图书馆原本面向某一群体的游戏活动意外地吸引了其他年龄群体的参与，这是由于游戏本身易于吸引大众的特质决定的。对于随机开展的跨代游戏，其项目的持续性很好；而对于规划的专门代际游戏，往往更偏向于一次性活动。同代际手工项目类似，代际游戏偏向于多代人的交流互动，凭借游戏的简单易上手及易于互动的社交属性凸显了图书馆作为社区第三空间的角色和功能。

案例 5.22　奥法伦公共图书馆“老年人与儿童的宾果野餐”活动

应当地一所老年生活机构的要求，伊利诺伊州奥法伦公共图书馆

（O’Fallon Public Library）青少年服务部门与其合作开展了一项“老年人与儿童的宾果野餐”（Seniors/Kids Bingo Picnic）活动，邀请社区老年人和儿童及其家庭一起玩宾果游戏并共进午餐①。图书馆和该老年生活机构联系了当地知名餐厅提供免费的午餐、甜点，并为游戏获奖者颁发免费图书、玩具等作为奖品。活动中的老年人和儿童很享受坐在一起的珍贵时光，在亲切友好的交流中增进了对彼此的了解。

七、家庭作业辅导项目

家庭作业辅导项目指图书馆招募老年人志愿者为需要作业辅导的儿童、青少年提供课后辅导的项目。这些儿童的家庭往往没有足够的经济能力支付专业辅导费用，或为非英语语言家庭——父母双方因不懂英语而无法对孩子进行辅导。因此，图书馆将社区中作业辅导的需求与社区中可以利用的老年人力资源结合起来，充分发挥老年人价值，实现图书馆满足社区需求的职责和使命。面向对象多为 1—8 年级的学生，志愿者多为退休教师。

家庭作业辅导项目使学生在需要帮助时获得了来自老年人的支持和鼓励，解决了学生作业辅导的需求，增强了他们对学业功课的信心。作业辅导结束后，老年人志愿者会与学生一起玩互动游戏。例如，在进行数学辅导时会一起探索有关数字的游戏，在游戏中学习数学和计算的相关技巧，达到“寓教于乐”的目的，激发学生的兴致和持续参与的热情。在辅导和一起玩乐的过程中，学生和老年人之间有了更为积极的互动交流，老年人获得了来自学生的感谢和“被需要”的感觉，增强了自身的价值感和认同感。同时，家庭作业辅导项目为那些因祖父母或孙子女不住在一起而缺少陪伴的儿童或老年人提供了交流和学习的机会，填补了因地理分离带来的情感空缺，加强了代际联系。学生和老年人在参与活动的同时，还会借阅图书，提高了图书馆人群的到访率和资源利用率。

---

① O’Fallon Public Library. Seniors/kids bingo picnic[EB/OL]. [2018-10-07]. https://ofpl.info/events/seniorskids-bingo-picnic.

案例 5.23　盖尔·博登公共图书馆的“作业英雄”项目

伊利诺伊州盖尔·博登公共图书馆注意到社区存在着作业辅导的需求。盖尔·博登社区有很多非英语家庭，这些家庭的家长因不会说英语而无法辅导孩子完成家庭作业，加之许多家庭没有经济能力支付家教服务，故图书馆青少年服务部门于 2016 年发起一项“作业英雄”（Homework Heroes）代际项目，招募老年人志愿者与 1—8 年级的学生进行一对一的作业辅导[①]。

图 5-25　老年志愿者辅导学生写作业

注：图片于 2018 年 10 月 1 日拍摄于盖尔·博登公共图书馆。

图 5-26　学生与老年志愿者一起玩数字游戏

注：图片于 2018 年 10 月 1 日拍摄于盖尔·博登公共图书馆。

项目于每学期周一和周三的下午 3:30—5:30 进行。作为一个无须预约的项目，每次有 1—5 名学生和 2 名退休志愿者参与，大部分涉及数学问题。对于需要额外辅导的学生，可与老年志愿者预约周二和周四的时间进行一对一深入辅导。作业完成后，志愿者还会与学生一起玩数字棋盘游戏。该项目为少数族裔家庭或经济困难家庭的学生提供了及时且必要的帮助，提高了学生的数学

① Gail Borden Public Library. Homework heroes[EB/OL]. [2018-10-07]. http://gailbweb.gailborden.info/evanced/lib/eventsignup.asp?ID=49597.

技能和自信，增加了儿童与老年人的积极互动和相互尊重。

第二节　祖父母和孙子女代际项目

除涉及代际阅读项目、代际游戏项目、代际手工项目、代际故事会项目、故事分享项目外，祖父母—孙子女代际项目还涵盖隔代教养项目、家谱项目等类型。其中，隔代教养项目是指图书馆为养育孙子女的祖父母家庭提供的专门服务项目，包括为祖父母及其孙子女提供必要的图书和信息资源，以及更多家庭相聚和休闲娱乐的时间、与相同处境家庭分享和交流的活动，以及空间以支持儿童早期阅读素养发展。家谱项目是指祖父母和孙子女一起追溯有关家庭历史的项目。

图书馆开展祖父母—孙子女代际项目的原因主要是基于社区变化了的人口和家庭结构带来图书馆用户结构的改变，即因父母缺失或父母双方都工作、日间照护成本升高等原因，美国有越来越多的祖父母逐渐承担起养育和照护孙子女的责任。越来越多的祖父母走进图书馆寻求育儿和隔代教养方面的信息和帮助。通过专门提供面向老年人及其孙子女的活动，图书馆希望将祖父母培育成儿童早期阅读素养的倡导者和践行者，让图书馆成为祖父母和孙子女一起享受活动、感受快乐并提升素养的社区场所，促进家庭中不同代的人之间可以建立更加亲密的联系，吸引更多祖父母和孙子女一起进入图书馆，享受在一起的美好时光，推动图书馆“作为活动场所”的空间构建。作为一种特殊类型的图书馆家庭项目，祖父母—孙子女项目具备家庭项目的一般特点，如注重培养儿童早期阅读素养和增加家庭成员的娱乐，形式上简单灵活。与一般家庭项目的不同之处主要体现在，祖父母可在此类专门面向他们的活动中与具有相似经历的祖父母交流和分享育儿经验，探讨如何解决面临的实际问题，同时此类项目会专门分享以祖父母—孙子女关系为焦点的图书、歌谣等，以支持那些由祖父母养育孙子女的家庭。

案例 5.24　罗塞尔公共图书馆“与祖父母玩游戏”项目

基于越来越多的祖父母担任孙子女的照护者角色及实现图书馆战略目标的

考虑，伊利诺伊州罗塞尔公共图书馆（Roselle Public Library）于2008年发起“与祖父母玩游戏”（Grandparents Got Game）项目。该项目邀请祖父母和孙子女一起来图书馆参加做手工活动，玩棋盘游戏、吃零食，为假期照看孙子女的祖父母或想与孙子女一起做活动的祖父母提供休闲玩乐的机会。对于祖父母不住在附近的孙子女，可邀请社区中的老年朋友一同参与。每次活动围绕特定的主题展开，如2018年暑期活动主题涉及“夏日”（制作遮阳帽、玩游戏、吃冰激凌）、“后院”（在石头上画画、DIY）、“探险”（制作魔杖、冠冕和龙）、“科技日”（基于图书馆提供的科技工具包进行探索）、“探索西部”（制作牛仔帽、装饰羽毛链）、“海底”（制作章鱼、美人鱼）、“探索外太空”（制作航天飞机、外星人）等，每次活动持续90分钟。参与儿童大多为3—9岁，每次有35—40名祖父母和儿童参与，祖父母和儿童在活动中共同度过了非常美好的时光。

表5-9　“与祖父母玩游戏”项目对图书馆战略的体现

图书馆相关战略	“与祖父母玩游戏”的体现
开发适合社区人口变化的馆藏	购买有关“隔代教养”“作为祖父母”的图书并及时更新，构建隔代教养核心馆藏。如《养育孙辈的101种隔代教养方式实用指南》（*Practical Guide to Grandparenting: 101 Ways to Nurture Your Grandchildren*）、《为孙子女设计的好主意！150种与孙辈娱乐、教育和享受的方式》（*Great Ideas for Grandkids!：150 Ways to Entertain，Educate，and Enjoy Your Grandchildren*）、《养育孙子女的祖父母》（*Grandparents Raising Grandchildren*）
将图书馆作为社区资源以支持和鼓励素养发展	与祖父母照护者联系，使他们重视儿童早期阅读素养，通过参与活动支持儿童素养发展
开发代际项目，作为吸引非图书馆用户的手段	提供包含多元主题内容的“与祖父母玩游戏”活动

资料来源：资料由罗塞尔图书馆提供。

图 5-27　祖父母与孙子女一起阅读

注：图片于 2018 年 6 月 13 日拍摄于罗塞尔公共图书馆。

图 5-28　祖父母与孙子女一起做手工

注：图片于 2018 年 6 月 13 日拍摄于罗塞尔公共图书馆。

每次活动中图书馆都会提供并展示相关图书，方便祖父母和孙子女借阅。展示的图书涉及与活动主题相关的图书、有关隔代教养的图书、包含祖父母形象的图画书等。图书馆会把每次活动的照片上传到网络上，并通过邮件发送给参与者，吸引大家持续参与。

图 5-29　“与祖父母玩游戏”中与活动主题相关的图书展示

注：图片于 2018 年 6 月 13 日拍摄于罗塞尔公共图书馆。

案例 5.25　达拉斯公共图书馆与南卡罗来纳州立图书馆“隔代家庭资源中心”项目

2003年，得克萨斯州达拉斯公共图书馆（Dallas Public Library）成年人服务馆在与达拉斯亲属关系网（Dallas Network，DCKN）的合作过程中发现了一类重要但服务不足的人群：养育孙子女的祖父母家庭。数据显示，在养育孙子女的祖父母数量上，得克萨斯州仅次于加利福尼亚州，共计40万人，而仅达拉斯地区就有2万余名祖父母承担着抚养孙子女的责任，且数量还在不断增加。在此背景下，达拉斯公共图书馆决定与达拉斯亲属关系网合作建设“祖父母抚养孙子女的馆藏资源”（Grandparents Raising Grandchildren Resource Collection，GRGRC），旨在将图书馆建设成为此类特殊群体的资源中心，为那些仍在全职工作的年轻祖父母和需要特殊帮助的年长祖父母提供全方位的信息资源和支持服务[①]。

第一个馆藏建于奥德里亚路分馆（Audelia Road Branch Library）。分馆将“祖父母抚养孙子女的馆藏资源”放置于青少年活动区域附近，以便让祖父母和孙子女彼此临近。“祖父母抚养孙子女的馆藏资源”包括与祖父母育儿相关的图书（涉及处理悲伤难过、生气和沮丧主题的图书；有关法律、医疗、住房、教育等的图书；家庭作业资源；等等）、以祖父母或非传统家庭为主题的英语和西班牙语儿童读物等，图书馆还会编制相关参考书目供祖父母及其孙子女选择。馆藏旁放置了一把专门留给祖父母的椅子（Grandparent’s Chair），以表明图书馆永远欢迎祖父母。分馆为祖父母和孙子女提供的项目包括为祖父母建立一个支持小组，开展计算机和互联网培训班，为孙子女提供特别的故事会或家庭作业帮助等。支持小组的作用是为相同处境的祖父母家庭提供一个交流和分享彼此间故事和情感的机会，如和他们谈论陪伴孙子女上学的困难，对老年照护者的社会刻板印象，以及与成年子女打交道的挫败感，帮助老年人有效获取其所需要的信息等。

① GOUGH S, FEEHAN P, LYONS D. Serving grandfamilies in libraries: a handbook and programming guide[M]. Lanham: Scarecrow Press, 2014: XII.

图 5-30　奥德里亚路分馆“祖父母抚养孙子女馆藏资源”

图 5-31　蒂姆贝格伦分馆“祖父母的椅子”

奥德里亚路分馆的“祖父母抚养孙子女的馆藏资源”项目取得了很大的成功，于 2005 年扩展到达拉斯公共图书馆的 13 家分馆，设有“祖父母抚养孙子女的馆藏资源”的分馆占全部分馆数量的 56.5%。该项目于 2010—2014 年扩展至南卡罗来纳州公共图书馆，“祖父母抚养孙子女的馆藏资源”被升级为“隔代家庭资源中心”（Grandfamily Resource Centers，GRC）。

南卡罗来纳州与达拉斯地区有着隔代教养的相似需求。2007 年，南卡罗来纳州有 10 万余名孩子生活在由祖父母抚养的家庭中，占总人口的 2%—5%，占儿童人口的9%。这些祖父母中有55%是非洲裔美国人，1%是西班牙裔/拉丁裔，42%是白人，72%的祖父母未满60岁，24%的祖父母生活在贫困之中。因此，南卡罗来纳州立图书馆（South Carolina State Library）以达拉斯公共图书馆“祖父母抚养孙子女的馆藏资源”为模型，在2010—2014年先后向12家公共图书馆提供种子资金，以建立“隔代家庭资源中心”并编制相关书目信息，旨在通过创设一个友好的阅读空间促进祖父母和孙子女的阅读活动，支持隔代教养家庭，从而为孙子辈争取一个更加美好的未来，并为全州范围内抚养孙子女的祖父母建立一个支持网络。图书馆强调，“隔代家庭资源中心”不只是一个资源的集合，更是一个为养育孙子女的祖父母提供信息和交流的中心。南卡罗来纳州立图书馆在后期资助中为三所图书馆添加了有关技术的学习内容，旨在向祖父母照护者和儿童介绍电子阅读和游戏设备，提高祖父母和孙子女的技术素养，改善和加强祖父母和孙子女之间的互动交流。例如，爱德华地区图书馆总分馆（Edgefield Regional Library System）让青少年和祖父母学习iPad Air应用程序和软件，以增进祖父母对孩子使用电子设备的了解，减少认知分歧。

案例5.26　芒特普罗斯佩克特公共图书馆的庆祝祖父母节活动

为庆祝9月的祖父母节，伊利诺伊州芒特普罗斯佩克特公共图书馆（Mount Prospect Public Library）开展了两次祖父母节庆祝活动，青少年服务部门邀请祖父母和孙子女（3—7岁）一起来图书馆听馆员讲读有关祖父母主题的故事书，如《当你拜访外公外婆》（*When You Visit Grandma & Grandpa*）、《一本关于外婆的书》（*The Grandma Book*）、《葡萄干与葡萄》（*Raisin and Grape*）、《爷爷奶奶终极指南》（*The Ultimate Guide to Grandmas & Grandpas*）、《奶奶/爷爷最擅长什么》（*What Grandmas Do Best/What Grandpas Do Best*）。之后，祖父母和孙子女一起唱歌、制作书签、吃零食、玩游戏等。图书馆为参与活动的祖父母和孙子女颁发大礼包，礼包包含记忆类游戏、球类游戏以及祖父母证书等，以便祖父母与孙子女一起开展家庭活动。

案例5.27　弗格森图书馆南端分馆“阅读是伟大的”活动

康涅狄格州弗格森图书馆南端分馆（Ferguson Library South End Branch）

地处一个多元化的社区，人口中18.96%是非洲裔美国人。尽管图书馆每周都有故事会活动，但很少有非裔美国人参与。如何让社区中非裔美国人及其子女一起来图书馆成为一个亟待解决的现实问题。2017年，图书馆获得美国图书馆协会黑人民权小组“阅读是伟大的！”项目资助，开展了一项面向非洲裔祖父母/老年人和孙子女的代际艺术和阅读项目，感谢非洲裔祖父母和老年人在儿童生活中发挥的重要作用和扮演的重要角色。活动中，祖父母/老年人和儿童一起进行有关绘画的艺术创作、阅读与祖父母主题有关的儿童图书，并就书中内容进行互动讨论。活动吸引了许多从未进馆的非洲裔和印度裔祖父母/老年人和儿童进入图书馆，并在一起度过了美好的时光。

表5-10 弗格森图书馆南端分馆为“阅读是伟大的”活动购买的非洲裔美国人文化的图书

图书名称	作者	数量
Brothers of the Knight（Picture Puffin Books）	Debbie Allen	2
Beautiful Blackbird（Coretta Scott King Illustrator Award Winner）	Asheley Bryan	4
The Colors of Us	Karen Katz	2
Max and the Tag-along Moon	Floyd Cooper	4
What a Wonderful Word（Jean Karl Books）	George David Weiss	2
Amazing Grace（Reading Rainbow Books）	Mary Hoffman	2
The Hundred Penny Box（Picture Puffin Books）	Sharon Bell Mathis	2
Grandfather and I	Helen E. Buckley	2
Grandpa's Face	Eloise Greenfield	2
The Granddaughter Necklace	Sharon Dennis Wyeth	2
No Mirrors in My Nana's House：*Musical CD and Book*	Ysaye M. Barnwell	2
My Nana and Me	Irene Smalls	2

资料来源：资料由弗格森图书馆南端分馆提供。

图 5-32　祖父母与孩子一起绘画

注：图片由弗格森图书馆南端分馆提供。

图 5-33　祖父母给孩子们阅读

注：图片由弗格森图书馆南端分馆提供。

案例 5.28　福田代尔公共图书馆“探索你的家庭历史”活动

2017 年 6 月，伊利诺伊州福田代尔公共图书馆（Fountaindale Public Library District）的儿童服务部开展了一次“探索你的家庭历史”（Explore Your Family History）家谱项目，邀请 3—5 年级学生和祖父母一起来图书馆，追溯家庭历史并制作家庭徽章。成人服务部馆员向参与者介绍了可用于家谱研究的各类数据库及相关资源，儿童服务部馆员向参与者展示如何填写家谱，并分享了追溯家族历史的经历。

祖父母—孙子女代际项目与无血缘关系的老年人和年轻人代际项目相比，在活动流程、活动类型、持续性和影响力等方面呈现出一定的差异。活动流程方面，祖父母—孙子女代际项目因属于家庭项目，不需要考虑与陌生人接触的安全性问题，因而形式上更加简单。活动类型方面，祖父母—孙子女项目多以代际游戏项目、代际手工项目、代际故事会项目为主，每类项目中涉及的活动多种多样，阅读、故事分享、音乐等活动穿插其中。祖父母—孙子女项目通过丰富多彩的有趣活动为祖父母和孙子女提供愉快的分享体验，而无血缘关系老年人和年轻人代际项目多以代际阅读项目、科技导师项目、故事分享项目为主，主题鲜明，旨在通过共同感兴趣的活动搭建老年人和年轻人之间的沟通桥梁。持续性方面，很多祖父母—孙子女项目通常围绕祖父母节或节假日展开，因而往往是一次性的活动，缺乏持续性；而无血缘关系的代际项目多为固定每周、季度、年度的持续性项目。影响层面，无血缘关系的老年人和年轻人代际项目强调视老年人和年轻人为社会发展中的重要资源而非负担，从更广泛的社会层面关注代际分享、交流和学习的必要性和重要性。不同代的人利用其各自的知识、技能和经验为彼此乃至社会服务，强调积极的公民建设和积极老龄化。祖父母—孙子女活动作为一类家庭项目，主要关注家庭层面，主要影响家庭成员之间的情感和关系发展，增加家庭成员在一起共度美好欢乐的时光，感谢和表彰祖父母在孙子女生活中扮演的重要角色，并为那些有需要的祖父母提供必要的支持和帮助，增强祖父母和孙子女对图书馆的认知和依赖。但祖父母—孙子女代际项目在充分利用社会人力资源、挑战年轻人和老年人之间的负面刻板印象、培育积极老龄化观念方面的效果有限。

祖父母—孙子女代际项目产生的影响主要体现在两个方面。一方面，图书馆通过多样化的活动加强了祖父母和孙子女之间的交流和互动，进而建立起更加紧密的家庭关系。通过开展对祖父母和孙子女双方都有吸引力的游戏、茶话会、故事会、家谱、阅读等活动，图书馆创设了一个基于祖父母和孙子女之间特殊关系的共享空间，激发祖父母和孙子女一起参与活动的乐趣，建立起祖父母和孙子女之间的家庭纽带，培育发展祖父母和孙子女之间更为紧密和舒适的隔代关系。另一方面，承认和表彰祖父母在孙子女生活中扮演的重要角色，通过专门活动为照护或养育孙子女的祖父母家庭提供了必要的支持和帮助，让图书馆成为隔代教养家庭的信息搜寻和分享交流的中心，从而实现图书馆服务社区、助力社区建设的职责和使命，具体表现在以下几个方面：一是对儿童早期阅读素养培养的支持，此类项目为祖父母提供了如何培养孩子早期阅读素养发展的方法、工具和信息，以便祖父母在照护或养育孙子女时，能让孩子同其他家庭中的孩子一样尽早接触到有助于早期阅读素养培育的图书和活动，为孩子的健康发展提供良好基础。二是那些负主要照护或养育责任的祖父母往往只有很低的收入，较少接触高质量信息资源，图书馆开展的代际活动向他们提供了有关如何养育和照护孙子女的必要的信息资源，以及与具有同样处境祖父母联系和社交的渠道。如达拉斯公共图书馆和南卡罗来纳州立图书馆的隔代教养项目建立了“祖父母互助小组”，为祖父母们提供了一个信息交流的中心。祖父母们很高兴与具有相同处境的祖父母见面交谈，这让他们能够在一个安全的环境中讨论照护或养育孙子女面临的问题并交换意见，提出问题而不被评判，获得支持并感到舒适，构建起祖父母照护者之间的关系网络。这些代际项目通过专门邀请祖父母参与，强调了祖父母在孙辈中扮演的重要角色，以此表达对祖父母的感谢，提升祖父母对自我价值的认可，使其感到受欢迎从而自在舒适地参与项目。同时，祖父母在活动中表现出的热情、活力和智慧也有助于增加儿童对祖父母的了解和欣赏，促进儿童对老年人和老化的积极认知。

对图书馆来说，专门面向祖父母—孙子女的活动吸引了很多从未到馆或很少到馆的社区用户的参与，特别是非洲裔、印度裔等少数族裔中的祖父母和孙子女。图书馆成为欢迎祖父母及其孙子女光临的社区机构之一，激励祖父母和孙子女在规划活动时将图书馆当作满足需求、进行社区参与、获取信息资源、提升儿童早期阅读素养以及与相同处境家庭交流互动的重要场所。同时，祖父母—孙子女代际项目通过简单的方式实现了图书馆原有家庭项目的拓展，促进了图书馆有关隔代教养、祖父母—孙子女关系、不同文化背景等馆藏资源的丰富和发展，增加了图书馆资源的利用率和社区成员对图书馆的了解和认知，实现了图书馆根据社区人口变化不断完善馆藏、鼓励不同群体的素养发展、服务和支持各类家庭（少数族裔家庭、隔代教养家庭等）的发展战略，增加了图书馆在社区中的曝光度和认知度。

第六章　美国公共图书馆代际项目的特征分析

第一节　代际项目的核心理念

图书馆代际项目的基本理念是通过一系列有组织的活动，有效连接起老年人和儿童、青少年等年轻人群体。这其中，有的代际项目是直接出于增加不同代的人交流的目的，有的则是将代际项目作为一种解决需求和服务社区的有效方式和途径。然而，不管何种类型的代际项目，其核心理念都是将老年人和年轻人看作彼此及社区中的重要资源，通过共同的经历和有意义的接触，发挥老年人和年轻人在知识、技能、经验和活力等方面的优势，在合作、互动和交流中发展互惠关系，进而消除不同代的人之间长期存在的年龄歧视、刻板印象和竞争冲突，加强社会和家庭中不同代的人之间的联系，促进代际对话和社会团结。代际项目不仅仅是一项服务，参与代际项目的人获得的是与他人在一起及与他人联系的经验，这可以帮助参与者建立起情感联系，并收获支持、信任和陪伴。

各类型代际项目在代际连接的目的和期望上各有侧重，在代际关系形成的密切程度上也存在不同。如无血缘关系的老年人和年轻人的代际阅读项目侧重于通过一对一的持续活动促进老年人和儿童、青少年之间的关系发展，使其在融洽的关系中共享一同阅读的快乐；代际故事会项目因参与者多为学龄前儿童和年老体弱者，更多关注不同代的人的人在一起的快乐；科技导师项目侧重于老年人和年轻人就计算机和网络技术而展开的相互学习；故事分享项目侧重于通过分享老年人和年轻人之间的故事，增加代际理解和支持；代际手工项目和代际游戏项目因活动本身具备的娱乐属性侧重于代际合作和互动的快乐，代际手工项目因涉及传统文化和技能的传承而发挥了代际学习的作用；家庭作业辅导项目侧重于年轻人向老年人的积极学习；祖父母—孙子女代际项目多是通过专门活动为二者提供更多共度美好时光的机会，进而促进更紧密的家庭关系。

代际连接和互利互惠的核心理念强调两个方面，一是以价值为基础（asset based），二是快乐式分享而非教导式分享。

首先，图书馆代际项目建立在老年人和年轻人各自拥有且能彼此服务的积极资源基础之上，以价值而非问题为基础。传统上，社会政策和实践的方法通常是将某事物识别为问题，然后尝试解决这些问题。在该理念指导下，老年人和儿童 / 青少年通常被视为社会上两个脆弱的问题群体，需要社会和公众的帮助而非去帮助别人，因而被排斥在主流活动之外。而代际实践是基于价值的，并非简单地将老年人和儿童 / 青少年当成社会上的脆弱群体或亟待解决的问题和负担，而是将其视作拥有巨大潜能、同样可以帮助他人并为社会做出贡献的积极成员，提倡所有年龄群体都有重要的价值可以提供和分享，如老年人丰富的知识、技能和人生经验，儿童 / 青少年在科技技能、青春活力方面的优势，等等。图书馆借助代际项目帮助老年人和年轻人发现自身的能力和优势，进而在合作中共同分享和提供各自的才能和创造力，彰显每个人的价值并共同创造有价值的内容，促进代际学习和终身学习，建立起联系、理解、尊重与支持系统。

其次，图书馆代际项目强调不同代的人在分享和交流时的快乐，而非传统意义上的教导式分享，更多关注过程而非结果。传统社会和家庭在涉及长辈对晚辈的活动中，一般是由长辈教授给晚辈有关人生和学习技能（如阅读技能、语言素养等）的知识，更加关注结果而非过程。而代际项目更关注老年人和年轻人在一起互动的过程和乐趣，关注代际有意义的联系和交流，从而在情感和社交中彼此受益，即代际项目是一种以娱乐和共享文化为中心的项目类型。例如，代际阅读项目强调通过让不同代的人之间一起阅读，提供给孩子和老年人一种家庭之外的与他人分享的、有趣的、有益的阅读体验，从而帮助其享受阅读、爱上阅读，分享阅读的快乐，而非接受阅读辅导；科技导师项目虽然重在解决老年人存在的技术问题，但同样强调玩得开心和关系的建立，在轻松愉快和平等的氛围中交流和学习，故事分享和口述史项目亦是如此；代际故事会项目、代际手工项目、代际游戏项目则是通过娱乐和有意义的活动连接不同代的人，促进彼此之间快乐的分享和关系的建立，从而创设一个积极的、共同经历的、共享欢乐的活动和空间，将图书馆打造成一个不同代的人共同学习、共同探索、共同创造和共同发展的场所。

第二节　代际项目的运作特点

图书馆各类型代际项目除各自所具有的独特特点外，还呈现出一些共同的特征，如均强调参与者之间的平等与互惠、给予参与者充分的自主权、注重与不同部门和机构间的合作、发起部门多为儿童/青少年部门而非成年人服务部门等。

一、强调参与者之间的平等与互惠

按照“谁服务谁”的方式，可将图书馆代际项目划分为三种类型：①老年人服务于儿童/青少年，如老年人作为儿童的阅读伙伴倾听儿童阅读或为儿童阅读、老年人为学生提供作业辅导；②儿童/青少年服务于老年人，如儿童/青少年为年老体弱者阅读、青少年帮助解决老年人面临的技术问题；③老年人与儿童/青少年一起参与学习和娱乐活动，如二者共同参与图书俱乐部、享受故事时间、进行故事分享、做手工、玩游戏、追溯家庭历史等活动。

然而，不管何种类型的代际项目，即使是在有一方为明确“服务提供者”的类型中，老年人和儿童/青少年在活动中的地位都是平等的，都被给予了同样多的关注和期待。图书馆在宣传代际项目时，并不强调“谁服务谁”，而是更多地将其描绘为老年人和年轻人“一起”“共同”完成事情：一起分享阅读、一起倾听故事、一起解决面临的技术问题、一起分享故事、一起做手工、一起玩游戏、一起体验交流和学习的乐趣。代际项目通过一对一（或小组）、面对面的方式创造了老年人和年轻人之间的平等伙伴关系，强调在平等的基础上进行互动和学习，培养二者之间的积极友谊。佩津公共图书馆的馆长表示，“代际项目最好的部分就是让每个人都喜欢对方，将对方仅仅当作有着共同兴趣的人，而不是年轻人或老年人”。这种“忽略”差异而强调共性的代际项目可以让老年人和年轻人基于共同的兴趣、爱好或需求，以一种更加平等的身份进行合作、互动和交流，在轻松愉快的氛围中共同学习、彼此分享。

同时，这种平等的代际关系促进了老年人和年轻人之间的互利互惠和双向学习。在以老年人为主要服务者的项目中，不仅儿童获得了老年人的经验和知识、帮助，老年人也获得了儿童的陪伴和对自己价值的肯定；在以儿童 / 青少年为主要服务者的项目中，不仅老年人解决了必要的技术问题和缓解了孤独感，儿童 / 青少年也从老年人那里了解了有关过去的历史和文化；在儿童 / 青少年和老年人一起学习和娱乐的项目中，二者都获得了无限的快乐和丰富的体验。在代际项目中，每个世代都能感受到其他世代的能力和优势，在与其他年龄成员的交流中受益匪浅，进而相互尊重和相互理解。因此，互利互惠成为图书馆代际项目一个很重要的特点，彰显了图书馆代际项目的核心价值。

二、给予参与者充分的自主权

代际项目可视为被动项目（passive programming）的一种。所谓被动项目，指的是那些需要很少或甚至不需要图书馆的额外工作、资金和监督，只需进行简单的设置便可开展的项目，近年来逐渐在图书馆界流行开来。除代际故事会项目中有馆员的积极参与外，其他代际项目中馆员的作用主要集中在项目前的准备阶段，即招募一群有兴趣参与的老年人和年轻人，准备好活动所需的相关资料、设备和材料。一旦活动开始，图书馆便会赋予老年人和儿童 / 青少年充分的自主权，让他们在合作和互动中承担大部分的工作，真正管理和掌控活动的进展。如在代际阅读项目中，儿童 / 青少年可以与志愿者一起选择想要阅读的图书，志愿者可以根据儿童的阅读状况选择由儿童阅读，或由志愿者阅读，或轮流阅读。史考基公共图书馆在完成志愿者培训后，完全交由志愿者去日托中心为儿童阅读，挑选儿童喜欢的图书，馆员不参与每次具体的阅读活动。在科技导师项目中，图书馆一般将权力下放给青少年志愿者团队，让其负责具体项目的运作，与老年人共同决定想要学习和分享的内容。故事分享项目、代际手工项目、代际游戏项目、隔代教养项目、家谱项目更是充分发挥老年人和年轻人的能动性，利用馆员所提供的物质材料，一起决定娱乐的方式和想要创造的内容。馆员在活动过程中更多的只是负责巡视和监督活动状况，在需要的时候向参与者提供必要的帮助，确保活动中儿童的安全以及活动的正常运行。

这种由参与双方主导的项目建立在参与者所拥有的技能和能力基础上，是图书馆代际项目核心理念的具体表现。图书馆充分肯定并尊重参与双方所拥有的价值和能力，通过赋权让参与者在项目制定和实施过程中发挥积极的能动作用，让他们感受到被重视、被认可、有价值，从而进一步提高参与者的信心、积极性和热情，促进更多参与者的长期参与。

三、注重与不同部门和机构间的合作

代际项目的重点是“不同代的人的”，即老年人和年轻人之间的，部门和机构间的合作是代际项目内涵的具体体现。长期以来，社会政策和机构设置大多以年龄为基础进行划分，如老年中心、学校、图书馆的儿童部门 / 青少年部门 / 成年人部门等，造成各机构或部门仅对一个年龄群体的信息和需求有比较明确的了解，而对其他龄群体普遍缺乏关注。因此，相比于只关注一类年龄群体的服务项目，关注两个及以上年龄群体的代际项目更加强调部门和机构间的合作。故图书馆在规划和运行代际项目时，大都主动寻求馆内各部门间或与馆外各机构之间的合作，广泛吸纳社区资源，共同推进代际项目的开展，促进服务不同代的人的工作人员协同努力，为代际项目的发展创造更多的可能。同时，合作有利于促进图书馆各部门间以及与社区机构间良好伙伴关系的建立，打破部门或机构间的分离，从更广泛的社区层面加强对代际项目的关注与参与。

馆内合作主要表现在儿童部门与青少年部门，儿童部门 / 青少年部门与成年人部门、流通部门或外展部门或社区参与部门等的合作，主要作用包括交叉推广活动以招募老年人和儿童 / 青少年参与者、提供合适的图书资源、合作开启和监督项目等。馆外合作的机构主要为面向老年人和年轻人的特定机构和团体，如学校、儿童日托中心、男孩女孩俱乐部、老年中心、疗养院、老兵组织、退休人员协会等。有些图书馆也主动寻求与“代际聚集”、“代养祖父母”项目等专门开展代际项目的机构合作。此外，合作机构还包括图书馆之友、教堂、艺术机构、餐厅等，十分广泛。馆外合作伙伴的作用主要表现为帮助招募和扩展老年和年轻参与者、提供资金、提供图书和奖品等实物资助、提供儿童或老年人到馆的交通工具、辅助图书馆代际项目的实施、提供代际知识和经验培训、提供宣传推广平台等。

四、儿童部门和青少年部门为主要发起部门

在图书馆的相关政策、指南文件和文献研究中，代际项目大都是从老年人服务的视角展开，而在具体实践中，代际项目更多的是由儿童部门或青少年部门发起的，成年人部门开展的代际项目只占很少的一部分。究其原因，可能与图书馆成年人（老年人）服务的发展程度、儿童部门 / 青少年部门与成年人部门的工作性质有关。

美国公共图书馆提供了大量面向儿童的早期阅读素养项目，而很少专门提供面向老年人的服务，有的图书馆甚至没有成年人服务部门，如皮马县公共图书馆、布罗德维尤公共图书馆。因此，老年人服务的不充分在一定程度上导致成年人部门对代际项目的更少关注。随着人口老龄化的不断加剧，未来图书馆的老年人服务势必会发生明显变化，来自老年服务中的代际项目也有望获得更多关注。同时，很多儿童 / 青少年往往在成年人的陪伴下来到图书馆，儿童 / 青少年服务部门在开展项目时也常常会邀请孩子和家长 / 看护人一起参与，帮助家庭成员学习培养儿童素养发展的技能。可以说，儿童 / 青少年服务部门的馆员每天都在服务所有年龄群体的成员。因此，对他们来说，开展将不同年龄群体结合在一起的项目就更加简单和自然。同时，儿童 / 青少年服务部门的馆员普遍发现并认同成年人在儿童/青少年生活中扮演着关键性的角色，是儿童/青少年成长的最佳榜样，因而馆员通常很愿意将成年人作为一项资源加以利用，为孩子们树立更多积极的榜样。因此，儿童 / 青少年与成年人接触的需求使得代际项目成为一件有意义的事情，从而让儿童 / 青少年服务部门的馆员更乐意接触和提供此类项目。而成年人部门的项目中很少包括儿童 / 青少年，由此造成很多成年人部门的馆员害怕与儿童 / 青少年接触，觉得他们吵闹、不懂得尊重他人。这种心理上的抗拒使得成年人部门的馆员很少有机会看到将老年人和儿童 / 青少年结合在一起的需求和价值。

五、其他特点

各类型图书馆代际项目其他共同点包括：举办时间上，大都集中在暑期、课后或周末、节假日（如秋冬假期、春假、祖父母节等）。资金来源上，很多

代际项目因所需要的资源和材料直接来源于图书馆的原有资源和项目，如图书馆已经拥有的可用于代际项目的图书资源，代际手工项目和代际游戏项目中的道具来源于一般手工项目和游戏项目；其他需要额外投入的代际项目在资金来源方面又较为广泛，包括图书馆预算、LSCA/IMLS/AIA 等的资金支持、外部合作机构的资助和支持等。面向对象上，公共图书馆代际项目中的年轻人更多为学龄前儿童、小学生、中学生和高中生，而很少涉及大学生群体，凸显了公共图书馆代际项目在对象主体上的独特性和侧重点。

第三节　代际项目的运行障碍

运行障碍指图书馆代际项目开展时出现和需要解决的问题，以及阻碍代际项目持续开展的因素，往往因图书馆所面临内外部条件的不同而呈现出较大的差异。阻碍图书馆代际项目开展的障碍大致包括：年轻人和老年人参与者的招募问题、后勤问题（日程安排、交通问题、天气等）、图书馆自身条件（资金、空间、人员配置等）、宣传推广问题、合作中的挑战、老年人和年轻人之间的固有偏见、老年人健康问题、活动主题的选择等。其中，招募到足够且同等数量的老年人和年轻人参与者以及协调适合老年人和年轻人共同参与的时间是图书馆代际项目面临的两个最主要障碍。

一、参与者的招募问题

招募到足够且同等数量的老年人和年轻人参与者对代际项目至关重要，因为代际项目的理想目标是提供一对一的服务和关注，发展代际关系，促进代际更紧密的联系和理解。然而，在任何代际项目中，老年人和儿童 / 青少年的"切实"参与都是难以保障的，各图书馆时常面临招募不到足够的参与者、参与者数量不对等、参与者数量波动比较大、无法确定活动当天有无参与者或有多少参与者出现等问题，这给代际项目的开展带来了很大的风险和不确定性。如洛杉矶公共图书馆的"故事讲述和阅读"项目中，活动当天有时只有很少的孩子出现，甚至没有孩子出现，老年人志愿者会因此感到失望。莫顿公共图书馆的"周一早间读者俱乐部"项目也由每场活动 30—40 名儿童参与下降至 20—30 人，馆员对此表示遗憾和失望。威尔梅特公共图书馆的“跨越年龄篇章”阅读和写作项目最终因社区老年人和儿童各自忙碌、无法持续参与而取消，其代际故事会项目中只有 3 名老年人参与，而参与儿童为 25 名，无法进行一对一或小规模的互动。格伦赛德公共图书馆（Glenside Public Library）同样因为老年志愿者的不足而取消了“图书伙伴”项目。在科技导师项目和故事分享项目中，参与的老年人往往比青少年志愿者多，老年人因此感到沮丧，如何吸引更多青少年参与成为馆员们关注的重要问题。面向祖父母和孙子女的代际项目有时也会因暑期祖父母暂时“撤离”或祖父母不住在儿童附近等原因而无法进行。因此，如何吸引更多的老年人和儿童 / 青少年参与，并保持其参与的持续性成为代际项目需要解决的关键问题。

造成老年人和年轻人参与率低或参与数量不对等的原因是多方面的，如前期活动的宣传推广不够，没有接触到足够的老年人或儿童 / 青少年；老年人或儿童 / 青少年缺乏对活动主题的兴趣；老年人或儿童 / 青少年各自忙碌，没有时间参与；活动开展的时间不适合双方，无法在这一时间同时参与；祖父母与孙子女不住在一起或邻近区域，参与不便。很多代际项目都是随时到访、无须预约的项目，图书馆的想法是不想让参与者和志愿者感到强制性，而是根据自己的时间随时到访，以此吸引更多人参与，但这一方式也带来了参与者的不确定性，图书馆无从得知每次活动有无或有多少参与者到来。

二、日程安排问题

代际项目涉及两代人，两类群体都有繁忙的时间和各自的活动安排，因而很难找到不同代的人都能参与的最佳活动时间。除学龄前儿童外，大多数儿童 / 青少年在非寒暑假期间的白天都需要上课或忙于各种课外活动，空闲时间多为下午放学后和晚上，而老年人则喜欢在白天活动。因此，在一方有空的时候，另一方往往不在图书馆。假期中，老年人和儿童 / 青少年往往会因度假、参加各种社区活动等原因无法正常出席。双方的日程冲突使得找到适合双方的时间具有很大的挑战性，馆员需要付出更多的努力。如布鲁斯特女士图书馆表示，协调学校时间，继而再协调老年志愿者的时间成为整个代际“阅读计划”活动中耗时最久的一部分。斯特特拉福图书馆本想在第一次活动成功后将“书籍搭建桥梁”发展为一个每年开展的常规项目，但最终因不好协调老年人志愿者、青少年志愿者和儿童志愿者的参与时间而被迫取消。查尔斯顿卡内基图书馆将日程安排冲突视为“奶奶有 Gmail”项目的最大挑战，其花费了馆员大量的精力。霍华德县图书馆总分馆系统表示，对“科技站点”项目的需求全年都有，有些老年人希望活动能在冬季假期或全年持续开展，但考虑到学生繁忙的学校生活，活动只能在每年暑期进行；伯克利公共图书馆的“南伯克利故事”项目同样也只安排在夏季青少年和老年人都方便参与的时间。

三、交通问题

交通障碍是部分图书馆代际项目面临的关键问题，特别是对老年人而言。许多老年人没有到图书馆的交通工具，这使得许多对代际项目感兴趣的老年人无法参与其中，而由图书馆组织接送耗时且昂贵。此外，尽管儿童一般都由父母开车送到图书馆或指定地点，但贫困家庭中的儿童往往因父母双方都工作而没有时间将其送到图书馆，使得代际项目无法顺利进行。如马库姆公共图书馆“领养疗养院”阅读项目因疗养院居民没有交通工具来图书馆而取消；草原天空公共图书馆也因处于农村地区，没有方便老年人和孩子到达的大众交通工具而宣布科技导师项目失败；罗切斯特公共图书馆则因老年中心无法将老年人送到图书馆而打算将“阅读伙伴”项目直接开设在老年中心。图书馆在解决交通障碍时的惯常做法包括：利用老年中心的大巴将老年人送到图书馆；在各地分馆或公共交通站点附近安排培训，让老年人在就近的分馆中参与项目；鼓励老年人拼车；与学校合作，利用校车接送学生；等等。

四、空间问题

对于小型图书馆来说，空间问题往往是其代际项目开展的障碍。如赫希公共图书馆表示，图书馆没有专门的地方让老年人和孩子一起阅读，因而“代际阅读俱乐部”被安排在馆内大厅，由此产生了噪声和座位不足等问题。东汉普顿图书馆表示“青少年科技时间”遇到的唯一障碍就是寻找青少年志愿者和老年人见面的地方。这一方面是因为图书馆政策要求青少年空间不允许陌生成年人进入，另一方面在馆内进行科技辅导会因产生噪声而接到其他用户的投诉，因此，图书馆希望未来开设一个专门的计算机实验室，以消除空间方面的障碍。此外，空间涉及的另一个问题是无障碍空间设计。如盖尔·博登公共图书馆表示，代际项目需要无障碍的空间、带扶手的椅子、有助听器的房间等，因南埃尔金分馆的设计便于进出（对老年人来说步行更少，对婴儿车来说进出方便），而成为代际项目开展的场馆。图书馆应对空间问题的常见做法包括：限制活动的参与规模、在馆外场所或社区机构中开展代际项目等。

五、资金问题

尽管很多代际项目主要依靠志愿者，或材料直接来源于图书馆的原有资源和项目，并不需要额外资金或只需要很少的资金投入，但活动中所需的费用和资源支持不得不予以考虑。特别是以手工项目为代表的代际项目，往往需要购买很多原材料，因此对资金提出了一定的要求。且实践中发现，该类型代际项目的发起往往受惠于一笔项目资助，资助结束后，项目也随之取消。图书馆往往缺乏持续的资金用于维持项目的长期开展。

六、宣传推广问题

宣传推广问题指图书馆对代际项目的宣传无法让更多的公众知晓图书馆所开展的代际项目，这一方面源于老年人和年轻人使用不同的平台了解社区的活动，因而图书馆在宣传时耗时耗力；另一方面则源于老年人和年轻人无法及时关注到项目信息，从而错过了代际项目开展的时间。

七、合作中的挑战

寻找合适的合作伙伴和有效沟通是部分图书馆在开展代际项目时面临的障碍。如库尔特维尔公共图书馆（Coulterville Public Library）代际阅读项目被暂停的原因是疗养院工作人员不够支持；卡本代尔公共图书馆表示，在与男孩女孩俱乐部、老年服务中心合作开展“生命中的一天”故事分享和绘本书制作项目时存在着有效沟通和持续沟通的问题；阿灵顿公共图书馆表示，在寻找合适的老年生活辅助机构和学校方面遇到了一些挑战：并非每个老年机构或学校都有兴趣参与故事分享项目，因而招募到的参与者数量有限。

八、其他障碍

图书馆代际项目开展中面临的其他障碍还包括：选择老年人和儿童 / 青少

年共同感兴趣的活动，老年人的健康问题，老年人和年轻人之间的偏见或社交恐惧，图书馆代际项目与社区其他活动时间冲突，天气因素，老年人和年轻人互动程度低，儿童/青少年的父母不支持其参加等。其中，老年人的健康问题是指对那些涉及年老体弱者的代际项目，老年人的身体状况（如听力、视力和移动障碍）往往会成为其有效参与的障碍，进而影响他们与年轻人的沟通和互动效果。

第四节　代际项目的关键因素

尽管图书馆开展的代际项目在主题类型、目标受众、参与程度等方面各不相同，但它们存在着一些得以成功的共同元素。按照其重要程度，可划分为最关键因素、次关键因素和一般因素。

一、最关键因素

最关键因素是指那些被大多数图书馆提及的因素，包括选择能吸引双方参与者的活动主题、有序的组织和规划、有效的宣传推广、良好的合作伙伴关系、馆员的兴趣和热情、致力于项目的志愿者等。

（一）选择能吸引双方参与者的活动主题

选择一个既能吸引老年人又能吸引年轻人参与的活动主题被大多数图书馆认为是代际项目成功的关键，而那些仅能吸引一个年龄群体而另一年龄群体不感兴趣，或仅仅按照馆员的个人意愿选择的活动通常会导致参与人数的稀少或参与双方数量的不对等，从而达不到代际项目预期的效果。为此，各图书馆在选择和开展代际项目时，往往或直接选择那些老年人和年轻人都感兴趣的活动，如做手工、做游戏、故事分享，或将这些有趣的元素添加到其他代际项目中，以增进项目的乐趣和双方的持续参与。如代际阅读项目中，将阅读变得有趣是各图书馆坚持的首要原则，除老年人和儿童/青少年以平等愉快的方式分享阅读外，图书馆还通过将游戏和阅读结合在一起，使参与者将阅读当作一个有趣味性和娱乐性的活动，鼓励其持续参与；代际故事会项目中，馆员通过准备和利用具有广泛吸引力的材料，如木偶玩具等手工作品吸引儿童/青少年和老年人的积极参与和互动；家庭作业辅导项目中老年志愿者和学生也通常在作业完成后玩相关的数字游戏等，达到“寓教于乐”的目的。

（二）有序的组织和规划

简单地将老年人与年轻人聚集在一起并不一定能产生预期的效果，有序的组织和规划对代际项目而言尤为重要。在图书馆的各类代际项目中，那些成功且持续多年的代际项目往往都有着详细和完整的规划，有归纳完善的各类指南和流程文件，如洛杉矶公共图书馆、莫顿公共图书馆、史考基公共图书馆等。这其中的规划重点包括有致力于代际项目的工作人员、设定明确的项目目标和合适的项目时间。有一名或多名负责代际项目的工作人员是活动得以顺利开展和运行的基础；图书馆要为代际项目设定明确的预期目标，以便选择合适的活动以达成项目目标；规划需提前几个月进行，以便在充足的时间下面向特定群体或机构招募到足够的儿童 / 青少年和老年人，保证参与双方数量的基本平衡。此外，选择适合双方参与的时间对招募到数量相当的老年人和儿童 / 青少年至关重要，各图书馆大都根据所在社区老年人和年轻人的活动安排及可用时间来协调，以方便老年人、青少年和儿童的积极参与。

（三）有效的宣传推广

任何一个新项目的启动和成功运行都需要进行积极和广泛的宣传，广大公众甚至是馆员都对之不甚熟悉的代际项目更是如此。同时，因代际项目面向的是信息接收方式不尽相同的年轻人和老年人两个群体，其宣传推广变得尤其困难。准确定位老年人和年轻人用户，并通过合适的途径让其知晓活动，成为成功招募到更多老年人和年轻人参与者的关键。有效营销的关键包括：提前规划足够的时间用以宣传推广；根据老年人和年轻人查询和接受信息的特点以不同途径进行宣传推广，如社交媒体、图书馆网站、口耳相传、去当地学校或老年机构进行宣传等。

（四）良好的合作伙伴关系

得到服务老年人或年轻人群体的不同部门、系统或机构的积极合作和支持也是图书馆代际项目成功的关键。具体表现在学校、老年中心等机构人员支持图书馆在其机构内对代际项目的宣传推广和工作开展，热情地提供必要的帮助；获得儿童部门或成年人部门的积极支持和配合；合作对象认可和重视代际项目的价值和与图书馆合作的意义；在进度上始终保持一致；等等。广泛和有效地合作能避免图书馆单一机构或馆员开展项目的局限和困难，多个机构或多个工作人员的参与是让项目招募到特定人员并确保其参与的一个有效方式，同时在提供项目所需的资金或物质资助等方面发挥着重要作用。

（五）馆员的兴趣和热情

热情的工作人员是代际项目开启和持续运行的关键。图书馆的代际项目大都是由对代际项目饱含热情的儿童 / 青少年服务部或成年人部门的馆员单独或合作发起的，或由图书馆选择那些对连接不同代的人感兴趣的馆员负责。这些馆员或能及时而敏锐地观察到社区需求和潜在资源之间的可能连接；或拥有连接不同代人的主动意识，认可代际连接的价值并说服他人认可代际项目的价值；或喜欢与老年人、年轻人一起工作；或对图书馆作为积极社区中心的角色以及公民对图书馆运作的积极参与予以重视；或通过自身努力激励他人参与代际项目，从而发起代际活动，并在活动中致力于促进代际积极互动和关系建立。南湾图书馆总分馆合作系统工作人员表示，在馆员对代际想法充满热情的图书馆内，代际项目最为成功。

（六）致力于项目的志愿者

相比于运行障碍中对双方参与者的强调，无血缘关系代际项目的成功更强调参与者中的志愿者一方，特别是在代际阅读项目、家庭作业辅导项目、代际编织等传承项目中的老年人志愿者，科技导师和故事分享项目中的青少年志愿者；等等。即在主要由一方服务另一方的代际项目中，可靠的志愿者往往是代际活动顺利运行的关键因素。代际项目的精神和动力因热情、魅力和忠诚的志愿者的存在而大大加强。以代际阅读为例，莫顿公共图书馆、格伦维尤公共图书馆、亨特利公共图书馆、史考基公共图书馆、洛杉矶公共图书馆等的阅读项目之所以能长时间持续运行，很重要的一个因素是有一群长期致力于代际项目的志愿者。这些图书馆所在的社区中往往有很多老年人，特别是亨特利公共图书馆和布鲁斯特女士图书馆，前者所在社区中拥有约 10000 名老年人，后者所在地区中 75% 的人口都是退休老年人。这些老年人积极寻求志愿机会，热爱阅读，热爱儿童，在看到自己对儿童的阅读和成长带来的积极影响后，更加懂得代际项目开展的价值意义，从而能长期坚持志愿服务。志愿者的长期参与培养了其与儿童的深厚友谊，激发了儿童对阅读的交流和分享，志愿者因而也更加了解儿童的阅读特点和喜好，从而得以更有针对性地选择读物，进一步激发儿童对阅读的喜爱和渴望。以史考基公共图书馆为例，其“读给我听”项目中的一名老年志愿者每次与儿童一对一阅读后，都会询问儿童下次希望阅读的内容，并去图书馆寻找相应的书籍，孩子们因此更加期待下一次的阅读。针对一名非洲裔美国儿童发现书中只有金发碧眼公主，自己永远不可能成为公主而表现出的自卑和失落，该志愿者专门挑选了一本讲述黑人公主的图书，以此打破孩子的自卑，提升孩子对自己身份的积极认知。同时，这些长期致力于项目的志愿者也缓解了图书馆在招募新志愿者时的负担，并通过口耳相传的方式将项目传播给更多感兴趣的志愿者。

二、次关键因素

次关键因素指那些被部分图书馆提及的因素，包括获得领导者的支持、满足参与者的需求、招募到年轻的参与者、拥有可用和合适的空间、认可和激励参与者等。

（一）获得领导者的支持

获得上级对代际项目的理解与支持有助于激发馆员对代际项目的热情，减少代际项目开展的阻力，确保项目顺利进行。这些领导一般思想比较开放，愿意接受新事物，支持馆员开展一切有利于社区和用户的活动，认可代际连接及志愿者为图书馆和社区带来的价值，并在积极推广和宣传代际项目中发挥了重要作用。相反，那些较少承认志愿者价值、固守传统理念的领导大都不支持代际项目想法的落实，如梅萨公共图书馆的馆员曾想招募青少年志愿者为老年人提供数字技术服务帮助，但因馆长的不支持而被搁浅。馆长表示，如果青少年可以提供此类服务，那么图书馆便没有必要招聘付费的图书馆员。殊不知，利用社区志愿者协助开展工作可以让馆员拥有更多的时间和精力为社区提供更多有价值的服务。

（二）满足参与者的需求

代际项目是否能满足社区用户的需求是部分图书馆决定是否开展此类项目的重要因素之一。如爱芬翰公共图书馆因老年人有对技术帮助的需求和青少年有对志愿者学分的需求而开展了“连接代际”科技导师项目，后因社区没有了此种需求而暂停。代际项目应与一类或两类参与群体的需求相关，馆员要对老年人或年轻人的实际需求和期望保持敏感，并根据群体的需求为其量身定制活动内容，让代际项目成为解决他们需求的一种有效方式。

（三）招募到年轻的参与者

与运行障碍中对参与者双方招募的强调不同，这里主要是对儿童 / 青少年参与者的强调。即相比于老年人因退休拥有更多闲暇时间而能参与代际项目，儿童 / 青少年往往因繁忙的学业和课后活动不能参与或不想参与，从而造成代际项目因缺失一方，或参与双方数量不平等而使老年人感到沮丧，进而阻碍代际项目的持续进行。因此，能够吸引到更多孩子参与无疑成为代际项目成功的重要因素之一。

（四）拥有可用和合适的空间

是否拥有可用的空间对许多小型图书馆来说至关重要。同时，活动空间是否舒服和可信赖、空间的位置是否能让更多群体注意到也很重要。例如，在老年中心开展的代际故事会项目中，威尔梅特公共图书馆将活动放置在老年中心的一个会议室中。因会议室地处老年中心比较偏僻的位置而只能让少数几个老年人看到，导致项目只有 3 名老年人参与。格伦埃林公共图书馆将活动放置在老年中心大厅，吸引了来来往往的 21 名老年人参与。

（五）认可和激励参与者

对代际项目参与者的感谢、认可、激励和欣赏是留住参与者并确保其长期参与的重要因素之一。奇利科西公共图书馆表示，“创造一个让所有参与者都感到受重视并能听到其声音的环境是代际项目价值的重要体现”。图书馆常见的认可和激励措施包括：给予儿童图书、小礼品等物质奖励；对青少年和老年人的口头或书面认可，如认证证书、报纸网站宣传；对两代人共同创造的内容（如口述史视频和资料、图书和手工作品）的推广展示；等等。

三、一般因素

一般因素指那些对某个或几个图书馆重要而没有被其他图书馆提及的因素，或那些在某种特定类型的代际项目中被强调的因素，主要包括：工作人员有与老年人和年轻人群体相处或工作的经验；馆员勇于尝试新的项目和服务；社区同时间内没有其他的活动竞争；良好的天气状况；与老年人和年轻人积极有效的沟通；图书馆对代际项目持续开展的承诺；将项目设置成随时到访、无须注册的形式，方便参与者按照自己的日程安排参与；获得儿童 / 青少年父母的积极配合；提供零食；让参与者参与到代际项目的规划中；图书馆重视老年人价值，对老龄化持积极态度；代际项目切合实际；青少年知晓如何与老年人互动交流；将项目发展成一项常规项目；项目应该是免费的；项目应该是小规模或易管理的；有适合儿童阅读水平的图书（代际阅读）；确保每个人都有参与的机会（代际故事会项目）；青少年多加练习访谈技巧（故事分享）；图书馆与用户的良好关系（祖父母—孙子女项目），等等。

此外，在被问及“若未来继续开展代际项目所希望做出的改变”时，馆员的回答包括：多途径宣传以接触和吸引更多老年人和年轻人参与；提前进行项目规划；与用户对象交流，了解他们的想法和意见；答谢和认可志愿者，保持其持续参与；安排适合儿童 / 青少年和老年人能聚在一起的时间；积极寻求与社区机构的合作，找出参与者的共同兴趣；加强图书馆各部门之间的合作，并明确项目主要负责人；培训馆员，使其有能力应对两个年龄群体；让活动尽可能简单和引人入胜；在单一用户成功项目的基础上，探索其他年龄群体是否对该活动同样感兴趣，从而扩展年龄范围；等等。这些答复从间接角度表明了一项代际项目想要成功所需考虑的因素。

第五节　代际项目的价值与意义

一、对儿童、青少年的影响

图书馆代际项目对儿童 / 青少年的影响主要体现在关系发展、技能提升、亲社会行为培育和对图书馆的热爱等层面。

1. 促进与老年人关系的发展

无血缘关系的老年人和年轻人代际项目将彼此不熟悉的老年人和儿童 / 青少年聚在一起，通过彼此分享建立起积极的联系，给予必要和及时的支持与陪伴。这种分享与交流为双方带来了一次有意义的人生体验，激发了代际对话和学习。持续性的代际项目通过一对一或一对多的互动交流增加了代际理解和支持，培养了儿童 / 青少年与老年人的良好友谊和信任关系，年轻人减少了对老年人的恐惧，增加了对老年人的理解和尊重，同时也获得了老年人的赞美和认可。祖父母和孙子女项目则通过创设一个基于其特殊关系的共享活动和空间，建立和发展了更为紧密和舒适的家庭关系。

2. 促进技能发展

通过参与不同主题的代际项目，儿童 / 青少年在阅读技能、语言技能、写作技能、计算机技能、访谈和倾听技能、创作和动手能力、数学能力、社会交往能力等方面表现出了积极变化。如在代际阅读项目中，通过老年志愿者为学龄前儿童大声朗读，使儿童尽早接触早期识字和阅读素养的培养，有利于儿童在阅读过程中学习和模仿志愿者的良好阅读行为，学习如何阅读；通过对话式阅读，以开放式的提问激发孩子对故事的讨论和语言表达，提高其阅读理解能力和语言技能，为其进入幼儿园做好充分准备。对于学龄儿童，与老年人分享阅读的经历为其提供了更多练习阅读的机会。老年人能及时对儿童阅读过程中出现的读音和理解问题提供有针对性的帮助和鼓励。在暑期，代际阅读项目有效避免孩子因暑期不阅读而带来的阅读水平下滑问题，维持和提升孩子的阅读技能。对于以英语作为第二语言的少数族裔儿童和移民儿童，通过鼓励老年人和儿童之间的对话，可以使儿童接触到更多母语和非母语的图书，为练习母语和英语提供了更多机会，促进其语言表达能力的提高。科技导师项目进一步提高了青少年志愿者的计算机技能，且有许多青少年将此作为一种积极的学习和生活经验写进简历用以申请大学或相关职业。代际故事分享项目教授孩子有关访谈和拍摄的技巧，提高其倾听的能力。代际手工项目提升了老年人和年轻人的动手能力，促进彼此之间在手工制作、编织手法、艺术创作等方面的天赋、技能和经验的分享和学习。家庭作业辅导项目使孩子在需要帮助时获得来自老年人的支持和鼓励，解决作业辅导的需求，从而对自己的学业更有信心。各类型代际项目都通过为老年人和儿童 / 青少年提供平时少有的接触和交流机会及给予有关“如何与老年人接触”的培训，帮助儿童 / 青少年克服与陌生人交流的恐惧，增强了人际交往能力。

3. 培养亲社会行为和对图书馆的热爱

代际项目为因地理位置偏远而甚少有机会见到祖父母的儿童 / 青少年提供了与社区“祖父母”接触的机会，弥补了其情感上的缺失。在与老年人特别是年老体弱者的真实接触和交流过程中，孩子们发现老年人并非那么可怕，老年机构也并非难以触及的地方，从而克服了与老年人接触的紧张、害羞、焦虑和恐惧心理，变得更加自信和从容。同时，代际项目培养了孩子们诸如分享、帮助、合作、理解、友善、同情、耐心的亲社会行为，帮助其更加懂得承认、尊重和欣赏老年人的人生经历和重要价值，更加积极主动地与老年人沟通和互动。老年人情感问题的解决和技术应用方面的进步也让青少年感到骄傲和自豪，提升了对自我价值的认同。此外，代际项目还增加了儿童 / 青少年对图书和图书馆的热爱。特别是在代际阅读项目中，老年人的陪伴及对图书和阅读的热爱为孩子们树立了积极的榜样，向孩子们展示了图书的重要性。特别是对于有阅读障碍的儿童，代际阅读的效果更为明显，通过表扬和奖励让这些儿童感到自豪而非因不能很好阅读而感到羞耻，从而爱上阅读并将阅读作为终身热爱的事情贯彻实施。而对那些因贫困、地理位置、身体状况等原因不能到馆的儿童或图书馆对其很少有吸引力的青少年，代际项目通过提供交通工具、将服务带到社区、提供有意义的志愿服务等途径吸引了这些群体的广泛参与，增加了他们对图书馆资源和服务的更多接触及与图书馆的有效连接，促进了其对图书馆的积极感知。此外，部分少数族裔儿童在与同族裔老年人交流和分享的过程中，增进了对自身文化和身份的积极认同。

二、对老年人的影响

图书馆代际项目对老年人的影响主要体现在关系发展、价值感的提升、健康发展、提升计算机和相关阅读技能等层面。

1. 促进与年轻人关系的发展

在代际项目中，老年人在与年轻人的互动交流中获得了愉快的活动体验及来自年轻人的理解、认可和欣赏，同时形成对儿童 / 青少年更为全面而积极的认知，赞美和认可年轻人的优秀品质、技术水平和创造能力，克服了与年轻人接触的恐惧，培养和发展了与年轻人的积极联系和友谊。此外，代际项目还发展了老年人与图书馆和社区机构间的良好关系。老年人在图书馆内或馆外机构中的参与和奉献，获得了来自馆员和合作机构的认可和感谢，进而促进老年人积极融入社区生活，重新成为社区大家庭的一部分。

2. 减少孤独，提升自我价值

代际项目将喜爱儿童但很少有机会接触儿童的老年人，以及孤独的老年人与儿童连接起来，让老年人体验与儿童在一起相处快乐和喜悦，减少孤独感。

如代际故事会项目将幼小可爱的儿童和多样化的活动带到疗养院老人身边，丰富了老年居民的日常生活，让老年人重新振作并保持活力。对健康的老年人来说，代际项目为其提供了为年轻一代的生活、学习及社区做出贡献的机会，加之年轻人在代际项目中的成长及其对老年人价值的认可和赞美让老年人感受到了被重视和被需要的感觉，增强了老年人的自我价值感和成就感。在祖父母—孙子女项目中，通过专门邀请祖父母参与，强调祖父母在孙辈中扮演的重要角色和作用，以此表达对祖父母的感谢，增加了祖父母对自我价值的认可。

3. 促进健康发展

代际项目让老年人感受到了来自儿童 / 青少年的热情和活力，从而激发了老年人保持活跃的热情，重塑年轻心态。疗养院中的老人一般存在着认知和身体功能方面的缺陷，与孩子的接触和对话可激发老年人对过去的回忆和讨论，帮助其重拾记忆，刺激认知发展，缓解痴呆症。有时适当的运动（如在代际故事会项目中随着韵律与儿童一起摇摆、进行适当的伸展运动，或通过简单的游戏进行肢体运动，或在做手工的过程中进行简单的动手操作等）在一定程度上能够增加老年人锻炼和活动身体的机会，进而促进健康。对退伍军人来说，与他人分享战争经历可作为一种治疗和宣泄的途径，在一定程度上缓解因长期无人倾诉而带来的情感和精神压力。

4. 提升计算机和相关阅读技能

科技导师项目通过为老年人提供免费的一对一高质量的技术帮助，让老年人在一种轻松的氛围中获得了愉快的学习体验，提高计算机和网络素养，从而更容易实现他们在教育、社会和娱乐方面的技术需求，如学习使用社交媒体或电子邮件以保持与家人和朋友的联系、分享照片等，提高生活满意度和生活质量。代际阅读项目中，馆员对老年人进行有关阅读技巧、儿童阅读特点、图书馆等方面的介绍和培训，增加了老年人对图书馆馆藏，不同类型图书特点，不同年龄儿童阅读特点、阅读技巧和阅读方式等的学习和了解，丰富了老年人对图书馆和儿童的了解，为老年人提供了持续学习的机会。

三、对图书馆的影响

1. 扩大了图书馆的服务群体，特别是服务不充分的人群

代际项目被认为是接触社区中未受服务或服务不足人群的一种创新方式。

一方面，贫困家庭儿童、少数族裔家庭儿童因父母双方忙于工作不能将其送到图书馆、因居住在离图书馆很远的地方无法独自到馆、作为非社区成员不能享受图书馆的大部分服务等原因，对图书馆的接触十分有限；另一方面，以疗养院为主要活动范围的老年人，往往因交通和健康问题无法到达图书馆。图书馆通过与社区机构合作，或提供专门车辆将儿童接送到图书馆，或将服务带入儿童或老年人所在机构，让这些群体接触图书馆的服务和活动，扩大了图书馆的服务受众。祖父母—孙子女项目同样吸引了很多从未到馆或很少到馆的社区用户，特别是少数族裔（非洲裔、印度裔等）的祖父母和孙子女。

2. 创新了图书馆面向儿童 / 青少年和老年人的服务方式

代际项目将来自不同群体的需求及可利用资源相互匹配，超越了传统上图书馆更多利用自身资源满足社区需求、活动限于单一年龄群、用户多为服务接受者的服务方式，通过社区群体间的合作互助、跨年龄群体服务、用户为服务提供者和内容创造者的方式，更好地解决了社区成员所面临的问题，发挥了图书馆作为资源和关系构建者的双重角色。

3. 创新了图书馆志愿服务方式，丰富了图书馆的志愿者资源

无血缘关系的老年人和年轻人代际项目通过为儿童 / 青少年提供一种与老年人接触的有趣志愿方式，吸引了更多儿童 / 青少年来到图书馆，如科技导师项目吸引了原本很少光顾图书馆的中学生、高中生和大学生的来访，扩展了图书馆的志愿群体。此外，代际阅读项目、代际手工项目、家庭作业辅导项目吸引了很多此前很少到馆甚至从未到馆的社区老年人的参与，为老年人提供了利用自身优势和技能回馈社区的志愿机会，使图书馆成为一个充满活力的社区中心。

4. 促进了图书馆各部门间及与社区机构间的广泛合作

代际项目面向两类不同年龄群体的属性打破了图书馆各部门相互分离及社区各机构相互孤立的状态，以协同方式为社区成员提供更有价值和包容性的服务。代际项目通过将图书馆服务带入社区，在围墙之外进行以社区为中心的馆外延伸活动，既很好地宣传了图书馆，延展了图书馆的服务空间，又为合作机构带去了免费的服务，培养了与社区机构的良好关系，提升了图书馆在社区中的知名度和影响力。

5. 促进了图书馆馆藏资源的利用与完善

许多参与代际项目的儿童和老年人在项目开展前后都会浏览并借阅图书馆

的图书，提高了馆藏资源的利用率和借阅率。在完善馆藏方面，莫顿公共图书馆、史考基公共图书馆都额外购买了代际阅读所需的专门图书，建立了不同阅读层次、多元文化背景的专门馆藏。故事分享和手工项目中创作的绘本、食谱、数字化视频资料及来自老年人的编织资料等成为永久馆藏，丰富和扩展了图书馆的特色资源和数字资源，用于更多用户的借阅、分享和使用。祖父母—孙子女项目则促进了有关隔代教养、祖父母—孙子女关系等资源的丰富和发展，增加了祖父母和孙子女对图书馆资源的了解和使用。

6. 增加了馆员的相关知识，提升了工作满意度，引发了馆员的更多兴趣和热情

对第一次接触代际项目的馆员来说，代际项目的开展增加了其对代际项目内涵及意义的丰富认知，帮助其克服了与青少年或老年人接触的恐惧，并使其开始考虑更多包含老年人和年轻人的代际项目。如克莱顿公共图书馆馆员表示，自己在经历了“金色好牧羊人阅读志愿者”（Golden Good Shepherd Reading Volunteers）项目的成功之后，对老年人有了更多的了解和认识，消除了与老年人接触的恐惧，更愿意开展面向老年人的服务和项目。

四、对社区的影响

对社区的影响主要体现在无血缘关系的老年人和年轻人代际项目中。图书馆通过有吸引力的活动促进了社区内很少有机会接触的老年一代和年轻一代之间的积极交流和关系发展，促进代际团结。二者基于共同的目标或兴趣从事共同的活动，既在双方的互动和交流中增加了对彼此共同点和代际相似性的认识，又增加了对双方之间差异的理解和尊重，同时消除了不同群体因过分强调差异而带来的相互抵触，打破了老年人和年轻人因年龄而产生的歧视、刻板印象和代际冲突，进而促进了终身学习和积极老龄化观念的不断发展。此外，老年人和年轻人之间的积极交流和分享还在一定程度上促进了社区成员对不同文化背景群体的理解和支持，这对尊重文化多样性、建立更加包容和有凝聚力的社会具有重要意义。老年人和年轻人之间有关新技术和传统历史文化的分享缩小了不断加剧的数字鸿沟，促进了历史和文化传统的传承和保存。

表 6-1　图书馆代际项目对儿童 / 青少年、老年人、图书馆、社区产生的影响

受益对象	产生的影响
儿童 / 青少年	愉快的体验； 丰富日常生活和人生阅历； 增强自尊和自信； 维持和提高阅读技能； 丰富语言发展技能； 提高写作技能； 提高倾听和访谈技巧； 提高创造能力和动手能力； 提高数学技能； 提高社会交往能力； 增加身份认同； 增强自我价值和成就感； 提升计算机技能，获得教学经历和工作经验； 获得老年人的支持、认可与赞美； 发展亲社会行为，如尊重老年人，对老年人友善、耐心和富有同理心； 增加对老年人的理解和赞美； 减少了与老年人相处时的害羞和恐惧； 增加了与老年人的互动和友谊； 增加了与图书馆的连接
老年人	愉快的体验； 增强自我价值感和自尊； 丰富日常生活和退休时光，提高生活质量； 促进分享与记忆； 促进健康； 保持活力； 了解有关与孩子共同阅读的技能和知识； 提升计算机技能； 增加有关隔代教养和早期阅读素养培养的知识； 增进对孩子的了解； 增加了与孩子的互动并增进了友谊； 减少孤独感； 增加了对文化和种族多样性的理解； 增加了与图书馆和社区机构的连接； 重新融入家庭和社区生活

续表

受益对象	产生的影响
图书馆	扩展图书馆的用户群体，特别是服务不足或接触不足的用户，如贫穷儿童、少数族裔儿童、移民儿童、健康或疗养院老人、青少年群体、隔代教养家庭等； 增加图书馆各部门之间的协调合作，打破部门分离； 增加图书馆与社区机构之间的合作； 创新图书馆为儿童、青少年和老年人的服务方式； 创新图书馆志愿者的服务方式； 丰富图书馆的志愿者资源； 促进馆藏资源的完善，提升资源利用率； 增加员工对代际知识的了解和工作满意度； 扩展图书馆服务空间； 培养儿童 / 青少年和老年人对图书馆的热爱和支持； 实现图书馆服务社区的使命； 促进图书馆融入社区，提升社区知名度
社区	促进代际联系和团结； 提高社区凝聚力； 促进公民参与和志愿服务； 加强文化多样性，增加包容性； 提升年轻人和老年人的正面形象，打破年龄歧视和刻板印象； 缩小数字鸿沟； 保存和传承历史文化传统； 促进社会公平； 促进终身学习

第七章　公共图书馆促进代际融合的发展策略

通过前期文献回顾、脉络梳理、认知和实践调查，我们发现目前美国公共图书馆的代际实践还处于早期发展阶段，代际理念还未得到图书馆行业协会和各基层图书馆的广泛关注与传播，图书馆界普遍缺乏对代际项目和代际实践的认知和了解，尚未充分认识到自身在促进代际融合中的巨大优势和价值，由此导致图书馆代际项目数量稀少、代际研究内容不丰富。许多馆员甚至对代际项目持严重的抵触和害怕情绪，担心因涉及两类不同群体而增加工作的复杂程度和额外负担，担心陌生老年人与儿童、青少年接触可能引发的安全问题。克服这些问题和担忧、提高图书馆积极性的有效方法便是向有关人员提供代际项目和代际理念的相关信息和知识。只有当其对代际项目的成功模式、重要性、可能性以及与图书馆目标之间的关系有一个全方位的认识和了解之后，才会积极主动地提供此类项目。

美国作为较早关注代际项目及实践的国家，其公共图书馆的代际实践特点在一定程度上反映了目前大多数公共图书馆的发展现状，故可以美国为基础提出公共图书馆促进代际融合的路径和策略。本书认为，当务之急便是将代际理念引入各国公共图书馆领域，通过积极宣传以促进图书馆行业协会和基层图书馆对代际项目和代际实践的理解与关注，树立起重塑代际关系、促进代际融合的服务理念，增强对代际学习和交流的重视。在此基础上，促进公共图书馆代际融合实践在政策、馆藏、空间、项目等方面的多元发展。

第一节　加强教育、培训与研究

教育、培训与研究是普及代际理念、推广代际项目、分享代际实践经验的有效途径，可为图书馆促进代际融合的实践提供必要的理论基础与支持指导。尤其要重视和发挥图书馆行业协会对促进代际融合、开展代际项目的关注和倡议，从而为更广泛的代际实践和项目的开展提供必要的支持和动力条件。

教育和培训层面，可通过在现有的图书馆学课程体系中加入代际模块（如在有关公共图书馆服务、老年人服务、儿童/青少年服务的课程中融入代际视角，即在儿童/青少年服务课程中加入老年人成分，在老年人服务课程中加入年轻人内容，或开设专门的代际课程），或通过在馆员的再培训中纳入有关老年人和儿童/青少年服务的交叉培训和代际内容等，从而向学生和馆员传播代际理念，提升学生和馆员服务不同年龄群体、进行跨部门合作和服务融合的意识、兴趣和热情，增强其与不同代的人一起工作和开展代际项目的知识和能力。教育和培训中增加的内容可包括：不同年龄群体的特点及需求；服务两类及以上不同年龄群体的知识和技巧；各年龄群体之间存在的年龄歧视和刻板印象，以及相互依存和互利互惠、人人都能有所贡献的积极理念；图书馆用户的代际多样性价值及促进代际融合的优势和必要性；代际项目内涵、类型、具体操作、效果等方面的知识。

教育和培训过程中要注重关注并改善学生和馆员存在的刻板印象和传统观念，例如：认为图书馆只是书籍存储空间而非社区中心；部门和职位分隔造成馆员只愿服务一个年龄群体的理念；对老年人不愿参与社会活动的刻板印象；缺乏资金而无法开展代际项目；认为社区和用户无直接代际交流需求而不开展代际项目；代际项目非图书馆核心服务或优先事项；等等。因此，需要教育和培训学生和馆员有关图书馆作为社区中心和社区空间的重要价值；宣传跨部门合作和服务不同群体的理念，提高成年人服务部门开展代际项目的意识；强调老年人和年轻人可作为社会贡献成员的作用和价值，年龄无关紧要，重要的是一同参与学习的体验，打破对于老年人的歧视；理解代际项目的实质是用户群体间的互帮互助，并不需要很多额外的资金投入，并非增加额外的负担，而是实现图书馆核心价值、帮助图书馆更好地完成核心服务的一种有效和创新的途径；转变单一看待社区需求的视角，通过社区需求与资源的有效对接创新图书馆需求满足的方式。

针对目前各国图书馆界尚缺乏专门和多元化代际研究的现状，要积极拓宽研究视角，加强促进代际融合的深入研究。具体包括：加强对社会学、教育学等领域有关代际实践和代际政策的研究工作，借鉴并在全国范围内传播和分享代际项目内涵、必要性、重要性、关键及障碍、评估等方面的信息，掌握代际实践最新进展，积极引入和普及代际理念，明确图书馆在促进代际融合中的角色和作用；开展有关图书馆促进代际融合、提供代际项目的必要性、重要性及所具备的优势和障碍的研究，鼓励和支持更多图书馆将代际项目纳入服务计划；探索图书馆儿童服务、青少年服务和老年人服务的融合路径，开展基于不同用户群体的共同兴趣或需求的合作研究；加强对图书馆典型代际实践案例的研究和评估工作，就如何实施代际项目、实施过程中的相关经验、产生的影响提供现实依据和经验借鉴，推动和支持代际项目最佳实践；开展图书馆代际服务与图书馆常规服务之间的对比研究，比较二者之间的差异与联系，探索代际服务的不同之处；出版指南类文件，为图书馆提供切实可行的代际项目实施指南；加强有关代际政策、代际馆藏和代际空间的研究，提供图书馆促进代际融合的多元路径选择。

第二节　构建代际政策体系

代际政策是指运用代际方法解决问题或在代际实践中产生影响的公共政策①，以代际依赖和互惠的本质为前提②。具体表现为：从生命历程角度解释个体之间的相互依赖性；从长远而非一次性的角度评估社会政策的成本和优势；强调政策应惠及所有年龄群体，思考直接作用于一个年龄群体的政策如何影响到其他年龄群体；强调理解的重要性，通过改变人们的观点减少代际冲突和年

① KAPLAN M, SANCHEZ M. Intergenerational programs and policies in an ageing society[M]//HARPER S, HAMBLIN K. International handbook on ageing and public policy. Cheltenham, UK: Edward Elgar Publishing, 2014: 367-383.

② CALHOUN G, KINGSON E, NEWMAN S. Intergenerational approaches to public policy: trends and challenges[M]//NEWMAN S M. Intergenerational programs: past, present, and future. Washington: Taylor & Francis, 1997: 161-174.

龄歧视的影响[①]；发掘和承认社会所有成员的价值和贡献，强调公共政策应满足所有世代的需求[②]。

在人类发展历史上，许多政策和行动框架往往是基于特定的群体身份（如年龄和种族）制定而成的，服务对象大都被限定在特定范围之内，如儿童、青少年、成年人、老年人，发展出一种建立在分裂、隔离、部门化和老龄化（不被视为生命的一个阶段，而是一种残余时期）基础上的主导文化。虽然在特定的历史环境中，这种基于年龄分层的政策设计有一定的适当性，但它忽视了代际相互依存的本质，加剧了代际分离和年龄歧视，失去了促进社会团结和凝聚力的要求和动力，缺乏包容性。同时，国家和地方层面的资金流也大都按年龄划分，加剧了服务的分散和重复，导致在整个生命周期中共享资源或服务的行为受到抑制。分离的政策和资金流影响了公共服务机构和私人服务机构的组织架构，大多数服务机构都为服务特定人群而设立，或在机构内部将不同群体划分到不同的部门，并给予工作人员基于年龄而不是生命周期的培训，进一步加剧了不同年龄群体在服务规划和服务提供之间的脱节[③]，公共图书馆便是其中之一。

以国际图联、美国图书馆协会发布的指导性文件为例，《婴幼儿图书馆服务指南》《儿童图书馆服务指南》《青少年图书馆服务指南》《图书馆老年服务指南》等专门面向特定年龄群体的指导性文件及《国际图联公共图书馆服务指南》《公共图书馆宣言》等综合性政策文件（见表 7-1），均强调按照不同年龄群体规划服务内容，很少涉及跨越年龄群体的交叉服务和合作内容。具体表现为：①综合性政策和指导性文件中虽强调图书馆应不受年龄、种族、语言等因素的限制为社区内的所有人提供服务，但其侧重于平等地为每个群体提供服务，即不能只服务社区中的一类群体而排斥其他群体，没有考虑到基于不同年

① United Nations. Madrid international plan of action on aging[EB/OL]. [2018-05-02]. https://www.un.org/development/desa/ageing/madrid-plan-of-action-and-its-implementation.html;Klimczuk A. Analysis of intergenerational policy models[EB/OL]. [2018-12-30]. https://philpapers.org/archive/KLIAOI-3.pdf.

② HENKIN N Z, KINGSON E. Advancing an intergenerational agenda for the twenty-first century[J]. Generations, 1998, 22(4): 99-105.

③ BUTTS D M, THANG L L, YEO A H, et al. Policies and programmes supporting intergenerational relations[R]. New York: Secretariat of the United Nations, 2012: 5.

龄群体间的共同需求和兴趣而提供的共同服务。②综合性政策和指导性文件虽然强调要尊重和支持文化多样性，促进不同文化间的对话，但更多强调的是不同种族或民族间的对话和理解，忽视了不同年龄群体之间的互动交流，没有充分发挥图书馆服务所有年龄群体的价值和优势。在面向儿童 / 青少年的指南文件中，强调加强同龄人之间的活动，未强调开展跨年龄群体的活动。③在对馆员技能要求方面，强调具备所服务对象的单一心理学和发展知识，未要求跨年龄的知识内容。④在合作对象方面，强调与服务相同年龄群体机构的合作，如学校、看护中心、幼儿园等，未强调不同年龄群体机构间的合作。⑤在将服务对象视为资产层面，普遍没有关注到儿童的价值，单纯强调图书馆为儿童服务，忽略儿童为他人和社区服务的可能性。同时，综合性文件和专门文件中所涉及的代际内容呈现出以下特点：①代际视角多出自老年人服务政策，与积极老龄化问题密切相关，相比之下，围绕儿童 / 青少年的图书馆政策文件中只有很少的内容涉及代际层面，且大多以案例的形式被提及，缺乏宏观视角的关注。②案例多是老年人服务儿童 / 青少年（如讲故事项目、作业辅导项目），而少有儿童 / 青少年服务老年人（如科技导师项目）。③代际倡议通常以一句话的形式分散在各指南文件中，对什么是代际项目、如何开展代际项目均未做详细描述。此外，在所调研的美国各基层公共图书馆战略规划中，只有林肯伍德公共图书馆区、罗塞尔公共图书馆两个图书馆将代际内容纳入儿童早期阅读素养培育、社区参与和吸引非图书馆用户的战略中。尽管美国历史上曾出现过专门的《图书馆代际素养法案》，但最终未获通过，之后再无关于代际的政策出台。

表 7–1　IFLA/ALA 政策文件中的相关代际内容

面向对象	IFLA/ALA 的政策指南文件	涉及的代际内容
所有人	ALA:《图书馆权利法案》 *Library Bill of Rights*	强调服务所有人，个人使用图书馆的权利不因年龄等的不同而被否认
	IFLA:《公共图书馆宣言》 *Declaration on Public Libraries*	每一个人都能平等享受公共图书馆的服务，而不受年龄、种族、语言等因素的限制

续表

面向对象	IFLA/ALA 的政策指南文件	涉及的代际内容
所有人	IFLA:《国际图联公共图书馆服务指南》 *IFLA Public Library Service Guidelines*	1. 贯彻“为所有人服务”的理念; 2. 及时调整和发展公共图书馆服务，使之能够反映社会的变化，如家庭结构、人口、各种文化和交流方式的变化等; 3. 为儿童的服务部分中提及一项50岁以上成年人为孩子朗读的代际阅读案例
	IFLA:《多元文化社区：图书馆服务指南》 *Multicultural Communities: Guidelines for Library Services*	为社区全体成员服务
婴幼儿	IFLA:《婴幼儿图书馆服务指南》 *Guidelines for Library Services to Babies and Toddlers*	1. 除受过专门培训的少儿馆员外，志愿者也扮演着重要角色，图书馆可为志愿者提供朗读及讲故事的培训，让其在馆内或馆外开展类似的活动（但并未强调老年人志愿者）; 2. 案例部分提及“奶奶讲故事”代际阅读实例
儿童	ALA:《公共图书馆儿童图书馆员能力》 *Competencies for Librarians Serving Children in Public Libraries*	无
	IFLA:《儿童图书馆服务指南》 *Guidelines for Children's Library Services*	无
	IFLA:《国际图联0—18岁儿童图书馆服务发展指南》 *IFLA Guidelines for Library Services to Children aged 0-18*	无
青少年	ALA:《青少年空间指南》 *Teen Space Guidelines*	无
	ALA:《图书馆青少年服务的未来》 *The Future of Library Services for and with Teens: A Call to Action*	鼓励年轻人与成年人之间的接触（未强调老年人）

续表

面向对象	IFLA/ALA 的政策指南文件	涉及的代际内容
青少年	ALA:《青少年服务活动指南》 *Teen Programming Guidelines*	1. 将青少年与导师、其他成年人榜样和教育工作者联系起来，作为连接学习项目之一（未强调老年人）； 2. 指出合适的成年人志愿者也可参与青少年的服务（未强调老年人）
	ALA:《青少年服务馆员核心职业价值》 *Core Professional Values for the Teen Services Profession*	无
	ALA:《图书馆员青少年服务能力》 *Teen Services Competencies for Library Staff*	无
	ALA:《12—18 岁青少年图书馆服务指南》 *Guidelines for Library Services to Teens, Ages 12-18*	无
	IFLA:《青少年图书馆服务指南》 *Guidelines for Library Services For Young Adults*	最佳实践中提及家庭作业辅导项目（有老年人志愿者）、科技伙伴项目
老年人	ALA:《公共图书馆老龄责任书》 *The Library's Responsibility to the Aging*	将老年人作为代际规划中的资源（1981）
老年人	ALA:《图书馆老年服务指南》 *Library Services to Older Adults Guideline*	1. 开展吸引所有年龄群体的项目，在生态和环境、口述史、讲故事和民俗等领域开展老年人和青少年的互动实验（1975）； 2. 将老年人作为代际规划中的资源（1987）； 3. 积极招募、发展和容纳老年人，以实现图书馆代际角色功能的全面发挥（1999）； 4. 开展代际项目，积极参加由社区其他机构发起的代际项目，考虑与当地学校、托儿所或社区建立伙伴关系（2008）

续表

面向对象	IFLA/ALA 的政策指南文件	涉及的代际内容
老年人	ALA:《图书馆为 50 岁以上用户服务指南:最佳实践》 *Guidelines for Library Services with 50+ Audience: Best Practices*	提供代际项目，并参与社区其他人发起的代际项目；考虑与当地学校、日托机构或社区组织建立伙伴关系
	IFLA:《面向医院病人、居住在长期护理机构中的老年人和残疾人的图书馆服务指南》 *Guidelines for Libraries Serving Hospital Patients and the Elderly and Disabled in Long-term Care Facilities*	无

研究表明，这种基于特定主体、身份类别的封闭分类逻辑已经过时[①]，社会开始强调采取不同的思考方式和行动模式——用代际共融政策取代代际分离政策，在现有政策中注入代际内容，以加强代际联系，应对全球各国因人口结构变化带来的挑战，确保所有人群的长期福祉，建立一个更有凝聚力和年龄友好型的社会。如美国代际联盟积极倡导制定改善所有人生活质量的政策，认为公共政策应满足所有世代的需求，儿童 / 青少年和老年人相关政策的倡导者应成为改善所有人一生福祉的合作伙伴。美国代际联盟指出，只有当资源连接世代而不是分离世代时，资源才能被更加明智地使用[②]，并提出了代际政策制定的原则，如把终身幸福放在最重要的位置，考虑每项行动对每一代人的影响，团结而不是分裂世代以获得最大限度的社会和经济支持，认可每一代人为家庭和社区做出的积极贡献，在回答是否将所有年龄群体都视为一种资源、是否促进了代际依赖、是否对家庭结构敏感、是否鼓励代际转移、是否公平地对待每一代人等问题上持肯定态度[③]。美国天普大学“代际学习中心”指出，“所有年

① SAEZ J, PINAZO S, SANCHEZ M. Fostering intergenerational policies[M]//SANCHEZ M, BUTTS D M, YEO A H, et al. Intergenerational programmes: towards a society for all ages[M]. Barcelona: Social Studies Collection, 2007: 184-203.

② Generations United. Public policy[EB/OL]. [2018-09-09]. https://www.gu.org/what-we-do/public-policy/.

③ BUTTS D M. Intergenerational solidarity: strengthening economic and social ties[EB/OL]. [2018-10-02]. https://pdfs.semanticscholar.org/7ab0/bfc3c2beae14c9a400b4259c36a83c5ebbbb.pdf.

龄社区”的核心价值包括代际依赖和互惠、尊重个人价值和多样性、促进包容性和公平、加强社会联系[①]。美国白宫老龄会议强调，要建立一个以代际社区为概念框架的国家老龄化政策，承认所有世代的相互依赖性。联合国也积极推动代际团结的倡议，呼吁建立“不分年龄人人共享社会”，鼓励代际基于平等和互惠的交流和发展。

因此，在国际代际政策发展的大背景下，各国图书馆界要针对现有政策文件中较少涉及跨年龄交叉服务和合作的现状，积极推动代际服务方式在政策中的融入，从代际角度重新审视现有政策，加强促进代际团结的顶层设计，推动年轻人和老年人代际方案和代际政策框架体系的建立和完善，将不同代的人聚集在友好、和谐和彼此连接的环境中，重新建立信任和互惠规范，探索共同的价值观并制定共同的议程，最大化图书馆未来的人口资产。具体包括：①在国家或地方图书馆行业协会的综合性政策指南和专门面向特定群体的指南文件中，积极引入代际视角，强调代际连接的可能性和必要性，促进图书馆儿童服务、青少年服务和老年人服务的有机结合，为创新型项目提供必要的资助支持。②基层图书馆在制订战略规划时，要从社区人口数据（如老年人增长）、家庭结构特点（如隔代家庭增长）、社区需求、图书馆愿景和使命等方面，考虑融合代际内容的可能性和必要性，在终身学习、素养发展、社区和公民参与、文化传承、休闲娱乐、创新性服务等层面积极推动团结两代人的创新战略。③结合新时代要求重新制定有关图书馆促进代际素养和代际融合的指导性文件，就代际素养和代际项目的内涵、形式、要求及资助范围等进行详细规定，以专门文件的形式推动图书馆代际实践的具体开展。

各国公共图书馆政策和指南文件中涉及的代际内容应包括：

（1）政策要满足所有世代的需求，并将代际多样性视为图书馆的重要资产，彰显图书馆服务所有年龄群体的优势。

（2）将生命历程视角融入现有政策框架，承认代际连续性和依赖性（即生命的每一阶段都是相互关联而非孤立的，每一代人取得的成就都建立在前几代人的基础之上），将老化过程作为一个从出生就开始的自然且终身的过程，通

① HENKIN N Z, HOLMES A, WALTER B, et al.communities for all ages: planning across generations[R]. Baltimore: The Annie E. Casey Foundation, 2005: 8.

过生命历程的连接和改善代际关系促进积极老化。

（3）强调和尊重每个人的价值，承认老年人和儿童 / 青少年都有需求需要被满足，都能为社会做出贡献，将其视为价值的创造者和图书馆的重要资源而非单纯服务的接受者，强调充满活力的公民参与志愿服务。一方面，应将“长寿革命”视为一种机遇而非危机，重视并发挥老龄社会中老年人的巨大潜能和生产性角色，树立积极老龄化观念，反对老年歧视，鼓励并协助老年人从事志愿服务，提供老年人回馈社区和实现自身价值的机会；另一方面，“将儿童 / 青少年当作有价值的社区成员”而非仅“被保护的对象”而忽视其潜能，鼓励其参与为他人服务的志愿活动。

（4）促进代际连接与转移，基于老年人和儿童、青少年的共同兴趣、需求或不同需求之间的对接，在终身学习、阅读素养、文化传承、公民参与、休闲娱乐等方面积极开展相互支持和陪伴的多元项目，提供彼此服务和相互学习的机会，促进代际理解、支持和互惠，消除与年龄有关的刻板印象，使图书馆和社区成为一个成长和老化共同自然发生的场所。

（5）提倡图书馆各部门间及与社区各机构，特别是与服务不同年龄群体部门和机构间的合作，并在对馆员的再培训中融入跨年龄群体服务的知识内容，基于不同年龄群体共同和普遍的需求，寻求一致的代际解决方案，将老年服务和儿童 / 青少年服务有机联系起来。

（6）对家庭结构特别是不断增多的代际家庭结构（如隔代家庭、多代家庭）保持敏感。帮助代际家庭中的儿童、青少年、祖父母和其他照顾者获得有关儿童茁壮成长和祖父母需要的关键信息和服务。

第三节　完善代际馆藏建设

作为社区的资源中心，各国公共图书馆要充分利用馆藏资源建设的丰富经验为自身和社区开展的代际实践提供必要的资源支持或咨询服务。借鉴美国公共图书馆代际实践经验，图书馆代际实践中的馆藏建设主要包括两个方面：一是与代际阅读相关的资源建设，二是其他代际项目中需要用到的各类资源，如隔代教养资源、活动主题资源等。其中，与代际阅读有关的资源可进一步划分为：儿童/青少年或老年人感兴趣的图书、适合儿童阅读水平的图书、包含多元文化形象的儿童读物、包含老年人形象的图书，这些资源彼此之间各有交叉。

以资源是否已经存在于图书馆的既有馆藏中，或图书馆在代际实践中是否已经注意到特定类型的资源为依据，可将代际馆藏资源进一步划分为两大类（表 7-2）：一类指的是可直接来源于图书馆既有馆藏的代际资源，图书馆需要做的是向社区公众和代际项目参与者强调和介绍这类馆藏，并按照参与者的要求和兴趣补充必要馆藏。其中包括儿童/青少年和老年人共同感兴趣的图书、适合儿童阅读水平的图书、包含多元文化形象的儿童读物、隔代教养资源、其他代际项目中可以提供的活动主题资源等。另一类指的是尚未引起图书馆重视，但对儿童/青少年、老年人以及积极老龄化都有重要影响的资源，如包含积极老年人形象的各类图书，图书馆需要密切关注、挑选和收集这类资源。

表 7-2　图书馆代际实践中各类资源的受益群体和主要目的

类型	代际实践中涉及的资源	主要受益群体	主要目的
可直接来源于图书馆馆藏中的资源	儿童/青少年感兴趣或儿童/青少年和老年人共同感兴趣的图书	儿童/青少年、老年人	培养儿童/青少年对阅读的热爱，吸引双方参与，分享阅读
	适合儿童阅读水平的图书	低于正常阅读水平的儿童	维持或提高儿童的阅读水平，分享阅读
	包含多元文化形象的儿童读物	少数族裔儿童	加强少数族裔儿童的身份认同，克服种族歧视带来的自卑，分享阅读
	隔代教养资源	祖父母	支持承担照护或养育责任的祖父母
	其他代际项目中可以提供的资源	儿童/青少年、老年人	支持各类代际项目的开展，促进阅读
图书馆需要关注和重视的资源	包含积极老年人形象的图书	儿童/青少年、老年人	培养儿童/青少年对老年人和老化的积极态度，分享阅读

代际阅读和其他类型代际项目所需的资源大都可以从公共图书馆丰富的馆

藏资源中找到，只是在建立代际融合意识之前，它们仅仅作为图书馆的普通馆藏分散在图书馆的各个区域中，服务于单一用户群体。为彰显图书馆在代际项目中的重要价值及促进图书馆和社区机构代际项目的成功开展，图书馆需要重新利用、专门强调并突出显示此类资源，必要时开辟专门的空间放置这类资源，编制专门的书目，以便让人们更容易发现和使用，或根据参与者的要求或兴趣补充必要的馆藏，构建图书馆的“专门馆藏”和“特色馆藏”，以保证代际项目的成功开展和既定目标的实现。为促进老年人和儿童 / 青少年在各类型代际项目中的积极对话与互动，公共图书馆在利用各类资源时的可参考建议包括：

表 7–3　图书馆代际实践中各类资源使用方面的可参考建议

资源类型	可参考建议
儿童和老年人感兴趣的图书	1. 提供或补充儿童感兴趣的图书； 2. 提供或补充老年人感兴趣的图书，调动老年人的热情，如老年人儿童时期的经典读物
青少年和老年人共同感兴趣的图书	1. 提供或补充两代人都感兴趣或适合多代人共同阅读的图书，如经典读物、有关时事和社会问题的主题图书、“一书一城”书单中的图书、包含老年人和青少年形象的代际主题图书等； 2. 尽可能补充同一本书的大字版图书，方便老年人参与阅读
适合儿童阅读水平的图书	1. 根据学校或出版社的阅读分级标准购买图书； 2. 根据图书馆自己的年龄分层标准购买图书
多元文化形象的儿童读物	1. 对少数族裔占比较高的社区，提供或补充包含多元化形象（如非洲裔、印度裔、亚裔）的儿童读物，可进一步划分为包含单一少数族裔形象的图书、包含不同族裔关系的图书等； 2. 充分利用“我们需要多元化图书”（We Need Diverse Books）网站资源； 3. 尽可能提供同一本书的少数族裔版本或双语版本，方便儿童或老年人使用自己的母语
隔代教养资源	对祖父母抚养孙子女占比较高的社区，提供或补充有关隔代教养（如有关祖父母抚养孙子女过程中的经济、法律、医疗、教育、保障、儿童早期发展等方面的图书）、多元家庭结构、祖父母—孙子女关系等的图书
其他代际项目中可以提供的资源	根据代际项目的不同主题提供或补充相应的活动主题资源

包含积极老年人形象的资源，指的是那些包含老年人形象的优秀儿童/青少年文学作品，如描述年轻人与老年人关系的代际读物。

阅读是意义构建的过程，儿童/青少年文学作品作为一种普遍存在、易于获取和融入日常生活的特别重要的媒体形式，所投射的老年人形象在儿童对老年人的态度形成过程中发挥着重要作用[①]。以老年人内容为特色的儿童文学作品可将儿童难以理解的概念和信息通过直观的视觉图像和故事情节以易于理解的方式展示出来，传达老年人的正面信息，教育儿童关于老龄化及老化过程的理解，培养儿童对老化和老年人的积极态度，建立起促进积极老龄化、祖父母和孙子女关系的支持系统。然而，相关研究表明，老年人在儿童文学作品中没有得到“公平对待”，老年人通常不被提及，或当他们被提及时往往被描绘成一个消极刻板的形象，反映了社会中的年龄歧视态度。具体包括：①故事情节中缺少老年人物，且老年男性多于老年女性，与社会人口统计数据不相符[②]。②将老年人描绘成一个缺乏多样性的同质群体，白人老年人居多而少数族裔老年人代表不足[③]。普遍将祖父母描述成非常年老，而实际中祖父母的年龄为40—90岁[④]。③视觉表征上存在明显的刻板印象，如老年女性的形象常被描绘成戴着眼镜，头发花白，梳着圆发髻，穿着传统服装，坐在摇椅上；老年男性则通常是灰发或秃顶，经常穿吊带裤和戴眼镜[⑤]。④在角色和生活方式上，老年人多为次要角色而非主要角色；老年人更多以祖父母的形象呈现，缺少家庭之外的老年形象，且祖父母经常被描绘成一种久坐不动的形象，兴趣爱好很少超出家庭的范围，其身份通常是园丁、厨师、渔民等，很少受雇于其他工

---

① SELTZER M M, ATCHLEY R C. The concept of old: changing attitudes and stereotypes[J]. The Gerontologist, 1971, 11(3): 226-230; STOREY D C. Gray power: an endangered species? Ageism as portrayed in children's books[J]. Social Education, 1977, 41(6): 528-533.

② BARNUM P W. The aged in young children's literature[J]. Language arts, 1977, 54(1): 29-32.

③ JANELLI L M. Depictions of grandparents in children's literature[J]. Educational gerontology: an international quarterly, 1988, 14(3): 193-202.

④ CRAWFORD P A, BHATTACHARYA S. Grand images: exploring images of grandparents in picture books[J]. Journal of research in childhood education, 2014, 28(1): 128-144.

⑤ CRAWFORD P A. Crossing boundaries: addressing ageism through children's books[J]. Reading Horizons, 2000, 40(3): 161-174.

作，缺乏对老年人多元和有意义角色的开发和描述①。⑤行为特征上，老年人的行为往往是常规甚至平庸的，多为问题制造者而非问题解决者，缺乏独立精神。⑥在身体和性格特征上，呈现肤浅和单向度的特点，缺少完整和全面性描述，“年老的”“可怜的”“悲伤的”“聪明的”“亲爱的”等主要形容词成为描绘老年人的固定标签②，经常关注疾病、残疾和死亡③等话题。近年来的研究表明，儿童文学中的老年人形象正在逐渐改善，如在发型和服饰上更加现代化，少数族裔老年人的比重有所上升，老年人参与的活动更加多样化，老年人更加活跃、健康和年轻化等④，但上述问题依然存在⑤。尽管年龄歧视不太可能是作者或插画家有意传达的信息，但反复接触有关衰老的负面图像和内容，会在潜意识中强化儿童对老年人和老化的负面印象和片面认知。

图书馆作为社区资源中心及儿童可能接触文学作品最多的地方，理应加强对儿童文学作品中年龄歧视问题的认识，建设和完善包含积极老年人形象的代际馆藏资源。然而，目前各国图书馆界在此方面的意识还很薄弱，即使是已开展了代际阅读项目或代际故事会项目的图书馆，其所涉及的图书也多为祖父母和孙子女之间的温暖关系，很少有涉及其他老年人形象的图书资源。随着老龄化的不断加剧及对儿童读物中老年歧视问题的关注，有关这方面资源的需求将变得更加迫切。因此，公共图书馆可通过有意挑选面向儿童的绘本书、故事

---

① ANSELLO E F. Age and ageism in children's first literature[J]. Educational gerontology: an international quarterly, 1977, 2(3): 255-274.

② DODSON A E, HAUSE J B. Ageism in literature: an analysis kit for teachers and librarians[EB/OL]. [2019-01-09]. https://files.eric.ed.gov/fulltext/ED292088.pdf.

③ MCGUIRE S L. Promoting positive attitudes toward aging: literature for young children[J]. Childhood education, 1993, 69(4): 204-210.

④ BELAND R M, MILLS T L. Positive portrayal of grandparents in current children's literature[J]. Journal of family issues, 2001, 22(5): 639-651; FENWICK G, MORRISON A. Images of grandparents in young children's picture books in the United Kingdom[J]. New review of children's literature & lib, 2001, 7(1): 127-145.

⑤ CRAWFORD P A, BHATTACHARYA S. Grand images: exploring images of grandparents in picture books[J]. Journal of research in childhood education, 2014, 28(1): 128-144; DANOWSKI J, ROBINSON T. The portrayal of older characters in popular children's picture books in the US: a content analysis from 2000 to 2010[J]. Journal of children and media, 2012, 6(3): 333-350.

书、章节小说等读物，替换已有馆藏中包含老年人消极形象的文学作品，补充含有老年人积极形象的儿童读物，帮助儿童以一种更加积极的视角看待老年人和未来的老化过程。

目前，社会上已经出现了很多专门汇编包含积极老年人形象的儿童文学书目和网站，这些书目和网站大都列有关于如何选择此类图书的指导原则。公共图书馆可以从这类资源入手完善馆藏资源建设。

1981 年，Dodson 和 Hause 在《文学中的年龄歧视：教师和图书馆员的分析工具》一文中，为老师和馆员提供了一套用来规避文学作品中年龄歧视内容的指导原则和方针①。其中，指导原则包括：①文学作品中老年人的比例应与他们在社会中的比重成正比。②文学作品描绘的老年人形象中，所有民族和种族的群体都应有所体现，且不应被赋予刻板的角色。③老年人应被描绘成不同经济水平的人——富人、中产阶级和穷人。④老年人应被赋予从主要角色到次要角色的一系列角色。⑤老年男性和老年女性应被展示在一系列有意义的职业和环境中。⑥老年角色应发展成一个独特的个体，从事从主动到被动的一系列活动。⑦文学作品应该更多描述衰老的物理过程，并在积极描述和消极描述之间取得平衡，只用“老”这个词来形容一个人是远远不够的。⑧性格应通过为老年人个体分配各种各样的活动和情感来完全展现，而非用单一的形容词来描述。⑨有关老年人物的服饰、发型和行为举止的插图应与故事所处的时间和背景相一致。⑩老年人应被展现在不同的群体中——单独的存在、与同龄人交流以及与不同年龄群体交流。书中提及的指导方针包括：①老年人在故事中扮演了重要的角色。②老年人的个性得到了充分的发展。③老年人是自力更生而非依赖他人的。④老年人的外貌得到了充分的描述。⑤“老”“悲伤”“贫穷”等形容词并不专指老年人。⑥老年人的职业是有意义的。⑦即使没有工作，老年人也会从事有价值的活动。⑧老年人呈现的角色应与对其所在民族或种族群体的刻板印象无关。⑨老年角色来自家庭以外。⑩老年角色是立体的。⑪如果有插图，插图应与故事发生的时间和背景相一致。⑫如果有插图，在与不同年龄群体的社会交往中应有老年人的插图。⑬如果有插图，所有人物

---

① DODSON A E, HAUSE J B. Ageism in literature: an analysis kit for teachers and librarians[EB/OL]. [2019-01-09]. https://files.eric.ed.gov/fulltext/ED292088.pdf.

都应是写实的。此外，作者还提供了一份《“真实”的老化描述：书目提要》（*“Realistic” Portrayal of Aging*：*An Annotated Bibliography*），书目选择了能真实呈现有关老化和老年人的500余本小说和非小说类图书，涉及了人类的一系列行为、情感和角色，其中包括死亡作为生命周期一部分的图书，供幼儿园至三年级、四至六年级、七年级至年轻成年人使用。

1981年，Green在《图书馆代际项目：根据南湾图书馆总分馆合作系统经验编写的手册》中，提供了“分析图书馆资料中有关老年歧视和刻板印象”的13条辅助标准[①]。分别为：①这本书中的老年人是你想效仿的吗？当你变老的时候，你会喜欢这个老年人角色吗？如果此书是面向儿童的，其对老年人角色的描述会对孩子产生什么影响？②老年人的性格是否得到充分展示？积极和消极的、弱势和强势的等方面应被予以关注。换言之，一个年长的角色既不应该总是令人愉快（如“可爱的小老太太”），也不应只是残忍和暴躁的（如“邪恶的老巫婆”）。③在插图和文本中，老年人的身体外貌是否以非刻板的方式描述？④被用于描述老年人的形容词是“有倾向性的”吗？注意“老”“粗糙”“枯萎”“萎缩”等语词。⑤老年角色的识别是根据他/她自己的名字（如Marge Smith），还是根据他/她与其他角色的关系（如奶奶或爷爷）来识别？⑥故事中老年人角色的有效性如何？她/他是这个年龄群体的象征性代表吗？⑦故事中老年人与他人的关系是什么？老年人的独立性和对他人的依赖是否平衡？⑧如何呈现和解决故事中的“问题”？老年人是“问题”吗？老年人是否参与寻找解决方案？⑨老年人是否参与了故事的行动？老年人是否在从事某种有意义的职业？如果老年人没有工作，他/她是否参与了各种有价值的活动？⑩老年角色是否参与了不同年龄群体的活动？⑪老年角色在插图中是否被真实地描绘？角色的服饰、发型、语言等是否与所处时间和场景相一致？他/她是否以一种看起来与儿童或孙子女年龄相比过于年迈的方式被描绘？⑫故事中的老年人在所描绘的社会里的地位如何？⑬老年角色在他/她的种族或民族中是否被刻画成一个模式化的/刻板的角色？

1987年起，田纳西州诺克斯维尔大学（The University of Tennessee

① GREEN M V. Intergenerational programming in libraries:a manual based on the experiences of the South Bay Cooperative Library System[M]. Sacramento: California State Libraty,1981:157-158.

Knoxville）名誉教授 Sandra McGuire 博士开始创建并发布面向幼儿至三年级儿童的积极老龄化书目。最初书目的名称为《通过文学促进儿童对老化的积极态度：阅读书目（学前至三年级）》[*Promoting Positive Attitudes toward Aging among Young Children through Literature：A Reading List*（*Preschool-third Grade*）]，后于 1992 年改为《面向年轻读者的非年龄歧视的图画书：学前到小学的书目提要 》（*Non-ageist Picture Books for Young Readers：An Annotated Bibliography for Preschool-primary Level*），列举了包含描绘老年人正面形象的 100 余本儿童图画书，后于 2003 年改名为《成长与变老：小读者书籍》（*Growing Up and Growing Older：Books for Young Readers*），并一直沿用至今。目前书目在网站上定期更新，每年出版一版，可免费在线获取。书目提出了入选图书的四项标准：①将老化描绘成一个自然且伴随终生的成长和发展过程；②呈现年轻人和老年人之间的相似性，展示年轻人和老年人的相互欣赏和相互学习；③将老年人视为有价值、有贡献的社会成员；④帮助孩子思考人生的晚年。值得注意的是，该书目不包括涉及死亡、濒临死亡、疾病、残疾、依赖和痴呆症的图书，因为作者认为这些主题并非老化的代名词，不一定等同于衰老[①]。2016 年，McGuire 进一步提出了选择包含积极老年人形象儿童文学作品的四条原则，分别为：①是否以非刻板的方式描绘老年人；②老年人是否被描绘成社会中有价值和有贡献的成员；③老年人是否在故事中扮演了重要角色；④老年人是否被描绘成独立、活跃的成员，并指出在处理生病、残疾、依赖和死亡等消极问题时可从生命周期的角度来呈现，因为这是每个年龄群体都会经历的事情[②]。

2002 年，美国儿童图书馆服务协会（ALSC）与乔治华盛顿大学老龄化、健康与人文中心合作，制订了一份广泛传播的权威儿童读物书目——《老化和老年人的积极形象》，旨在反对儿童读物中有关老化和老年人的消极形象，以一种更加积极的视角描绘老年人和老化过程[③]。书目包含了 1976—2002 年出版

---

① Loyola Marymount University. Growing up and growing older：books for young readers[EB/OL]. [2018-12-11]. http://library.lmunet.edu/booklist.

② MCGUIRE S L. Early children's literature and aging[EB/OL]. [2019-01-06]. https://trace.tennessee.edu/cgi/viewcontent.cgi?article=1156&context=utk_nurspubs.

③ American Library Association. New children's book list counters negative stereotypes of elderly[EB/OL]. [2017-10-06]. http://www.ala.org/Template. cfm?Section=archive&template=/contentmanagement/contentdisplay.cfm&ContentID=86573.

的 91 种读物，适用于学龄前至六年级儿童。遗憾的是，书目中没有选择图书的具体标准和指南。

2009 年，美国高等教育老年学协会（Association for Gerontology in Higher Education，AGHE）启动了面向幼儿和小学生的“最佳儿童老龄文学图书奖”（Book Award for Best Children’s Literature on Aging），旨在提高作者和出版商对儿童文学作品中描绘老年人方式的认识，突出强调对老年人进行积极、有意义的描绘以及促进积极老龄化的书籍，打破年龄歧视。奖项分别面向初级读者（学前班至 2 年级）和中级读者（3—5 年级），每隔一年颁发一次。该协会从美国图书馆协会发布的最佳童书大奖（ALA Notable Childre’s Books）和伊利诺伊大学图书馆学院童书中心（Illinois University School of Library Science Center for Children’s Books）发布的《儿童图书中心公报》（The Bulletin of the Center for Childre’s Books）中识别初级读者（学前班至 2 年级）和中级读者（3—5 年级）类别中的图书。按照五条评选标准进行打分：①描绘有意义的老化；②描述积极的代际关系；③具有多样性，如在性别、种族和民族、残疾方面；④有吸引力；⑤故事情节具有现实主义色彩。截至目前，共有 12 种图书获得此奖[①]。此外，美国高等教育老年学协会网站中还列有“幼儿园—小学生图书”目录，大多为描绘积极老年人形象和老化内容的儿童读物，共 71 本。

“A is for Aging，B is for Books”网站由热衷于解决儿童图书中年龄歧视问题的儿童图书作家 Lindsey McDivitt 建立和维护，定期更新。网站按 0—3 岁、3—6 岁、6—9 岁三个年龄段分别列举和推荐了有关积极老化内容的绘本。其中有涉及多元文化形象的图书目录，旨在将年龄歧视扼杀在萌芽状态，让孩子们接触更现实的老年人形象。网站所选图书都是有关尊重和爱戴老年人的正面描绘，避免文本和插图中的负面刻板印象，突出老年人的天赋和优势，将其作为儿童的学习榜样。Lindsey 为每本书撰写书评，书评通常包含了其与孩子有关衰老和年龄歧视的交谈与看法。此外，Lindsey 还提出了积极老龄化绘本所具有的五个特征：①避免将老年人呈现为女巫、疲倦、脾气暴躁、悲伤和孤独的形象，展示围绕晚年幸福和满足的形象；②重点不在于衰退、疾病或死亡，

① Association for Gerontology in Higher Education. Book award for best children’s literature on aging[EB/OL]. [2018-12-11]. https://www.aghe.org/membership/awards/book-award-for-best-children-s-literature-on-aging.

而是将晚年生活描绘成至关重要、有价值、富有创造性和有趣的；③避免把超过“特定年龄”的人当作一模一样的人对待，承认老年人的多样性；④避免陈词滥调，如认为老年人无能为力、只依赖年轻人，而是肯定其在家庭和社区中的积极的代际关系和角色榜样；⑤远离对老年人的狭隘写照，承认各种兴趣、能力和才能不会随着年龄的增长而消失，而是随着经验的增长而增长[①]。

一些代际组织和社会机构也出版了相应的代际主题书目，并在网站上发布。如美国代际联盟发布了《儿童、青年、青少年的代际主题图书》（*Intergenerational Themed Books for Children, Youth and Teens*）[②]；美国代际聚集机构发布了《面向儿童和青少年的代际故事：精选书目提要》（*Intergenerational Stories for Children and Youth：A Selected Annotated Bibliography*），涵盖了从代际关系到生病、濒死、死亡等一系列主题[③]；美国多媒体国家项目——“阅读火箭”（Reading Rockets）在网站上列有面向3—6岁、6—9岁儿童的“描绘老年人正面形象的书籍”（Books with Positive Portrayals of Older Characters），这些图书中的老年人大多是祖父母的形象[④]；Pinterest网站上列有110本描绘“积极老龄化和老年人的儿童读物”（Children's Books with Positive Aging and Older Characters），汇集了一批避免消极的年龄刻板印象，鼓励围绕年龄的增长发展多元化形象，促进代际理解的绘本[⑤]。

---

① A is for Aging, B is for Books. 5 stereotypes positive aging picture books avoid[EB/OL]. [2018-12-11]. http://www.lindseymcdivitt.com/2014/07/07/5-stereotypes-positive-aging-picture-books-avoid/.

② Generations United. Intergenerational themed books for children, youth and teens[EB/OL]. [2018-12-11]. https://www.gu.org/app/uploads/2018/07/Intergenerational-Report-IG-Compiled-Childrens-BookList.pdf.

③ NEWMAN S M. Intergenerational programs: past, present, and future[M]. Washington: Taylor & Francis, 1997: 236.

④ Reading Rockets. Books with positive portrayals of older characters: for kids 3-6 years old[EB/OL]. [2018-12-11]. http://www.readingrockets.org/booklists/books-positive-portrayals-older-characters-kids-3-6-years-old; Reading Rockets. Books with positive portrayals of older characters: for kids 6-9 years old[EB/OL]. [2018-12-11]. http://www.readingrockets.org/booklists/books-positive-portrayals-older-characters-kids-6-9-years-old.

⑤ Pinterest. Children's books with positive aging and older characters[EB/OL]. [2018-12-11]. https://www.pinterest.com/aisforaging/childrens-books-with-positive-aging-and-older-char/.

上述书目均是定位于非年龄歧视，描绘积极老年人形象的绝佳儿童文学作品资源。但需注意的是，因有些书目或出于作者的主观判断，或采用不同的选择标准，图书馆不能对书目中的图书全盘接受，而应根据每本书在促进积极老龄化方面的情况而具体选择。此外，图书馆还可以通过关注和搜索出版书目中的相关内容，及时定位和补充相关资源，如查找《儿童在版书目》（*Children's Books in Print*）、《儿童和青少年图书指南》（*The Horn Book Guide to Children's and Young Adult Books*）等出版书目中有关“祖父母”（grandparents）、“年龄”（age）、“老龄”（old age）、“老龄化”（aging）、“代际友谊”（intergenerational friendships）等主题的图书。

图书馆在选择描绘积极老年人形象的儿童文学作品时应遵循一定的原则和标准。本书参考上述书目中所列的指导原则及目前儿童文学作品中存在的老年歧视问题，从“准确、积极和多元”角度构建起公共图书馆挑选和购买此类资源的指导原则，见表 7-4。

表 7-4　公共图书馆挑选包含积极老年人形象儿童文学作品的指导原则

标准	具体体现
准确	1. 将老龄化描绘成一个自然、伴随终生的成长和发展过程（死亡、濒死、疾病和残疾并非只与老年人有关）； 2. 故事情节的现实主义
积极	1. 将老年人视为有价值的社会成员，将晚年生活描绘成至关重要、富有创造性和有趣的人生阶段，描述有意义的老龄化； 2. 老年人在故事中扮演至关重要的角色，或老年人被赋予从主要到次要的一系列角色； 3. 老年人的性格得到充分发展，既不总是令人愉快的，也并非暴躁或反复无常的； 4. 老年人被描绘成独立和活跃的群体，能够主动或被动地从事一系列活动； 5. 以非刻板方式描绘老年人，如老年人的服饰、发型和语言应与故事发生的时间和背景相一致；老年人的身体外貌、年龄、行为等应以非刻板方式进行描述；老年人在所属种族或民族中不被刻画成带有成见的角色，而应具有代表性； 6. 老年人被展示在一系列有意义的职业和环境中； 7. 老年人参与各种不同年龄群体的活动中，体现老年人与年轻人之间的相互欣赏和相互学习，描述积极的代际关系和角色榜样
多元	1. 承认老年人的多样性； 2. 在性别、种族、民族、残疾、角色、职业、兴趣、经济水平等方面呈现老年人的多样性

公共图书馆加强和完善了积极老年人形象的儿童读物馆藏后，要着手编写和创建积极老龄化书目，并对其进行广泛宣传推广，发挥引领带动作用，推动图书馆行业协会及社会机构对有关加强儿童文学作品中积极老年人形象必要性和重要性的认识，为积极老龄化贡献力量。同时，图书馆可利用此类馆藏资源开展面向老年人与儿童的阅读和故事讲述活动，通过参与阅读活动让老年人、儿童和馆员一起讨论图书中的内容，改善儿童对老年人和衰老的态度，形成对年龄增长的积极认知，以乐观而非带有年龄歧视和悲观主义的态度看待老化过程。

第四节　拓展代际空间设置

目前，绝大多数图书馆空间主要为单代空间和多代空间，代际空间的设计和应用普遍不足。所谓单代空间（mono-generational spaces），指基于单一世代视角设计的社区空间，重在满足单一年龄群体的需求和兴趣[①]，如“老年友好型”或“青年友好型”空间。具体到图书馆内部，指图书馆为服务不同年龄用户群体设置的单独空间，如儿童空间、青少年空间、成年人空间。所谓多代空间（multi-generational spaces），指促进和鼓励不同代的人同时在场、满足不同年龄群体身心需求及能力的空间[②]，呼吁“通用设计”和“包容型设计”[③]。具体到图书馆内部，多代空间指排除专门为不同年龄群体设计的单代空间以外的所有公共空间，如图书馆大厅、会议室、活动室等。多代空间倾向于确保不同代的人的可达性和共存性，强调“并行共存”。某些多代环境具有非交互性质，

① Penn State University, Department of Agricultural Economics, Sociology, and Education. Some lessons learned about the design and functioning of ICZs[EB/OL]. [2018-04-04]. http://aese.psu.edu/extension/intergenerational/articles/intergenerational-contact-zones/conclusions.

② THANG L L, KAPLAN M S. Intergenerational pathways for building relational spaces and places[M]//ROWLES G D, BERNARD M A. Environmental gerontology: making meaningful places in old age. New York: Springer Publishing Company, 2013: 225-251.

③ CARR S, STEPHEN C, FRANCIS M, et al. Public space[M]. Cambridge: Cambridge University Press, 1992: 253.

缺乏代际参与的相关要素[①]。所谓代际空间（intergenerational spaces），指方便且能够促进代际互动的场所[②]，强调空间设计不仅适合多代用户群体，而且创设有益于代际间互动的环境，即为不同代的人成员提供参与和交流的环境。开发代际空间的设计方案包括但不限于多代目标，强调促进代际意识、理解、互动与合作，不仅仅"在一起"（being together）（"物理上的共处"），也要"在一起互动"（interacting together）（"在关系中"），"共享场所"或"年龄共融设施"是代际空间的典型代表[③]。

传统的图书馆建构理念有意识地将不同代的人进行了空间分隔，除亲子阅读外，严格区分儿童和成年人的物理空间及图书资源[④]。如少儿图书馆不但在资源和服务范畴上是一个单独实体，在空间上也往往是一个独立的存在。在综合性公共图书馆中，儿童/青少年、成年人被划分到各自对应的部门和空间，彼此之间较为封闭，各空间的标语提示和门窗设计在一定程度上限制了某一年龄群体对另一年龄群体空间的使用。有的图书馆基于安全、避免打扰等因素甚至明确规定儿童/青少年空间中不允许陌生成年人进入。如美国图书馆协会在《青少年空间指南》中对成年人使用青少年空间进行了限定，即成年人对仅供青少年利用的空间的使用不得超过15分钟，包括与青少年一起工作的成年人导师、陪同青少年的成年人以及图书馆工作人员，旨在让青少年感到舒适和安全，远离危险的成年人[⑤]。尽管儿童空间因需家长或照护者陪同可被视为一个多代空间，但在场的成年人往往不参与儿童的活动，他们或观察、监督儿童的活动（低水平的参与），或从事自己的活动。这种以单一世代为重点的环境规

① THANG L L. Creating an intergenerational contact zone：encounters in public spaces within Singapore's public housing neighbourhoods[M]//VANDERBECK R，WORTH N. Intergenerational space. Abingdon，Oxon；New York，NY：Routledge，2015：17-32.

② VANDERBECK R，WORTH N. Intergenerational space[M]. Abingdon，Oxon；New York，NY：Routledge，2015：1.

③ KAPLAN M S，HAIDER J，COHEN U，et al. Environmental design perspectives on intergenerational programs and practices：an emergent conceptual framework[J]. Journal of intergenerational relationships，2007，5(2)：81-110.

④ 张凤鸣．老龄化背景下图书馆促进社会代际融合思路研究[J]. 图书与情报，2017(3)：72-77.

⑤ Young Adult Library Services Association. Teen space guidelines[EB/OL]. [2019-01-15]. http：//www.ala.org/yalsa/guidelines/teenspaces.

划和对互动的场所方面的限制阻碍了馆内不同年龄群体之间的交流，为图书馆发展代际活动造成了很大障碍。多代空间层面，尽管图书馆存在着多代人可共享的公共空间，但一方面用于公共空间的范围有限，如在《国际图联公共图书馆服务发展指南》中规定了总馆面积 15%—20% 用于成年人、青少年、儿童和家庭服务的公共空间和 20%—25% 的员工空间[①]。另一方面，多代空间中很少有标语或专门活动用来推动不同年龄群体之间的互动交流。在多代空间中开展的活动更多意味着多代人聚集在一起，而缺少有意创设的互动；在多代空间中开展的跨代互动活动有时会引起其他用户对大声吵闹的投诉。

物理环境是促进或阻碍代际互动的重要因素之一。公共图书馆要想在代际融合中贡献更多力量，促进代际对话的有效开展，就要打破空间隔绝的状态，增加代际可共享的公共空间，积极将图书馆从单代空间、多代空间向代际空间转变，从而促进代际相互交流与学习，充分发挥图书馆用户的世代多样性优势。如新加坡“推进新一代图书馆项目”计划在未来分阶段改造旧的图书馆，为民众创造更好的生活质量，打造更强大的代际融合空间。森巴旺公共图书馆（Sembawang Public Library）在改造过程中最突出的特点便是打造了“代际学习”空间，该空间打破了以物理空间区分少儿和成年人图书及场所的惯性思维，为少儿和成年人开设了一个代际阅读区域，方便成年人和孩子们坐在一起阅读图书；沙利士公共图书馆（Pasir Ris Public Library）积极推广“代际学习”理念，将儿童阅读区和成年人阅读区打通，充分鼓励成年人和孩子共同学习，增强代际互动和交流。新加坡图书馆管理局认为，未来的图书馆空间中应有 20% 是代际学习区。为此，图书馆需要重新规划和设计空间布局，基于代际关怀关系构建空间服务，将图书馆从一个天然的多代人聚集的空间转变成不同年龄群体可以安全互动和彼此交流的代际学习空间，充分发挥图书馆空间的多代共享和代际连接优势，体现图书馆作为空间（library as place）和作为关系（library as relationship）的意义构建。

公共图书馆在设计空间时，应坚持共享和独立的双重原则，即一方面为不同代的人提供用以共享和积极互动的空间，增加多代共享空间，必要时创设专

① KOONTZ C，GUBBIN B. IFLA public library service guidelines[M]. Berlin：De Gruyter Saur，2010：60.

门的代际交流空间，构建代际交流区，为老年人和年轻人创造更多有意义的、自发的或正式的代际互动机会，促进代际关系的建立和发展，规划空间以对抗群体孤立；另一方面也要为各代人保留相对独立的空间，满足不同年龄群体各自不同的需求，防止侵犯其他用户的隐私[①]。另外，图书馆可在各代人独立的空间内开展适当的跨代交互活动，而非严格排斥某一年龄群体对另一年龄群体活动的参与，同时打破各部门间的隔离状态，加强合作与交流。由此，图书馆在原有空间结构上的改造路径可划分为两种：①单代空间→可融合代际活动的单代空间；②非正式代际互动的多代共享空间→非正式和正式代际互动的代际空间。借此可发展出三种不同互动程度的空间形态：①单代空间、多代空间；②单代空间（融合代际活动空间）、多代空间；③单代空间（融合代际活动空间）、多代空间、专门代际空间（图 7-1）。

公共图书馆在设计多代空间和专门代际空间时应遵循一定的指导原则，具体包括：

（1）使所有进入并使用空间的人群感到自己是受欢迎的。可通过提供视觉和文字标识表明此类空间不只适用于某一类年龄群体，而是适用于所有年龄群体之间的跨代交流，即包含“欢迎所有年龄群体”的设计信息，让每个人都能感受到欢迎。如展示老年人或年轻人单独或在一起的照片或海报，使用多种语言进行友好标识等。这样做旨在鼓励多代人共同使用此类空间，促进自发式的代际交流。

（2）避免传达有关某个年龄群体的负面刻板印象。代际空间要传达关于不同年龄群体间积极交互的信息和行为提示。这些提示可通过张贴或放置在空间中的壁画、照片、小册子等来传达，以打消老年人和年轻人间的刻板印象，促进积极的代际互动。

（3）构建灵活的代际空间。代际空间应该足够灵活，可随着参与者的兴趣、关系和能力的变化而变化，允许不同层次和类型的代际交互[②]。代际空间

---

① LARKIN E，KAPLAN M S，RUSHTON S. Designing brain healthy environments for intergenerational programs[J]. Journal of intergenerational relationships，2010，8（2）：161-176.

② EPSTEIN A S，BOISVERT C. Let’s do something together：identifying the effective components of intergenerational programs[J]. Journal of intergenerational relationships，2006，4（3）：87-109.

往往是开放的、受欢迎的且不断发展的，而不是静态的、防御性的和僵化的。确保空间灵活使用的途径包括使用可自由调整和移动的桌椅、允许规划内和规划外的活动等。

（4）创设无障碍的包容性环境。为确保老年人和年轻人的充分互动和参与，图书馆的代际空间设计要充分遵循“通用设计”、“包容型设计”和“无障碍设计”原则，兼顾老年人与儿童在建筑和设施使用上的无障碍要求，开发适合多代人群方便进出的环境，确保建筑物、设施和环境对每个人可用及有效。

（5）授权不同群体参与空间的设计和自由使用。因代际共享空间涉及不同代的人，因此让不同代的人参与空间的设计可有效结合两类群体对空间设计的独特和共同要求，激发用户兴趣，促进代际环境的合理设置。正式活动外，可让老年人和年轻人自由使用代际空间，促进更多自发的互动交流。此外，还要确保每个人能够控制与他人接触的程度和方式，既有机会撤离该空间（如设计多个出口路线），也可以选择随时参与活动。

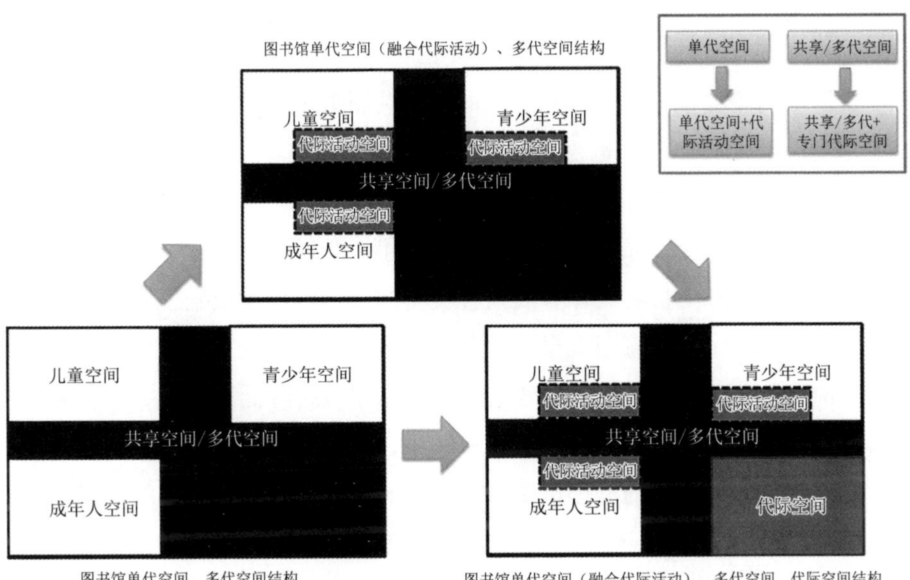

图 7–1　代际融合环境中的公共图书馆空间发展模型

图书馆除改造和完善内部空间以促进更多的代际连接外，还可以积极拓展馆外空间，即发挥图书馆作为社区中心和社区连接者的重要作用，将图书馆或其他社区机构的用户带入学校、疗养院、老年中心、儿童日托中心等场所，或图书馆的馆外花园，以图书馆为主导，在馆外开展促进代际互动和交流的活动，将代际连接的空间延伸到馆外，将社区变成一个密切联系不同代的人的场所，为代际学习和交流营造更多机会和环境。

第五节　开展代际项目实践

参照美国公共图书馆的代际项目实践，各国公共图书馆可依托于丰富的资源和良好的代际环境，根据社区公众的需求和兴趣以及图书馆自身的能力开展不同类型的代际项目，真正搭建起老年人和年轻人沟通和互动的桥梁。经验分享和定期接触可以促进老年人和年轻人彼此观念的转变和积极关系的发展，公共图书馆作为社区需求之间、社区需求及可用资源之间的连接者和协调者的角色进而得以体现。

一、构建不同角度参与的代际项目

所谓不同角度参与的代际项目指的是公共图书馆可以从参与主体及参与方式的角度出发（如参与者是否有血缘关系、谁服务谁等），构建起多元主体参与和多元服务形式的代际项目框架。

公共图书馆可开展面向无血缘关系的老年人和年轻人代际项目及面向祖父母—孙子女的代际项目。具体开展何种类型的代际项目要根据公共图书馆想要实现的目标来决定。尽管祖父母在孙辈面前确实代表着老一辈，但相关研究表明，当两个人彼此认识时，有关年龄歧视的适用性就降低了，即如果代际实践的目的是增进代际理解，挑战消极刻板印象，那么排除祖父母关系可能更为适当；如果代际实践的目的是创造更具包容性的社区，那么家庭中的祖父母关系便可以发挥作用[①]。Newman 等和 Harwood 等在调查儿童对老年人态度时也发现，尽管儿童与祖父母在一起玩得很开心，但儿童不太可能将其对祖父母的积

① GRANVILLE G. A review of intergenerational practice in the UK[M]. Hartshill: Beth Johnson Foundation, 2002: 25.

极情绪转移给其他老年人，祖父母通常被视为一个“特殊的人”[①]。Funderburk等也指出，大学生普遍将频繁接触无血缘关系的老年人与更积极的老化态度联系起来[②]。Alfano和Williams与Nussbaum从能否平等参与的角度出发，认为家庭环境的特征是一个年龄群体占主导地位，此种情境下不太可能促进真正的代际合作[③]。同时，本书在对美国公共图书馆的调查中也发现，面向祖父母—孙子女的代际项目主要影响家庭成员之间的情感和关系发展，对社会层面，即充分利用社区老年人和儿童/青少年资源、克服彼此之间的刻板印象、培育积极老龄化观念等的影响较小。因此，如果图书馆想促进老年人和年轻人之间的关系发展，建立更加具有包容性的社区，那么两种代际项目都适用；如果旨在服务社区中变化了的家庭和人口结构，促进家庭关系，最好开展面向祖父母—孙子女的代际项目；如果想要克服存在于老年人和年轻人之间的刻板印象，培养年轻人对老年人和老化的积极态度，促进平等参与，或充分利用社区中的老年人、儿童/青少年人力资源，那么不包含祖父母在内的无血缘关系代际项目更能实现目标。

需要特别强调的是，不管是何种类型的代际项目，图书馆都要特别关注和吸引那些处于弱势和边缘地位的老年人和年轻人的参与，如少数族裔老年人或儿童、贫困老年人或儿童、移民老年人或儿童、年老体弱者、隔代家庭中的祖父母和孙子女等，他们对图书馆及其服务的接触往往更为有限，因而更有必要为其提供专门和有吸引力的免费活动和资源，吸引其进入图书馆，增加其对图书馆的感知并促进社会公平。另外，在社会老龄化逐渐加剧的大背景下，图书馆更应加强对社会代际关系的关注，更多开展无血缘关系的老年人和年轻人代际项目，充分发挥老年人、儿童/青少年的巨大资源价值，通过代际交流、合作和分享克服固有刻板印象，促进代际学习和积极老龄化。

---

① NEWMAN S,FAUX R,LARIMER B. Children's views on aging:their attitudes and values[J]. The gerontologist,1997,37(3):412-417;HARWOOD J,HEWSTONE M,PAOLINI S,et al. Grandparent-grandchild contact and attitudes toward older adults:moderator and mediator effects[J]. Personality and social psychology bulletin,2005,31(3):393-406.

② FUNDERBURK B,DAMRON-RODRIGUEZ J A,STORMS L L,et al. Endurance of undergraduate attitudes toward older adults[J]. Educational gerontology,2006,32(6):447-462.

③ ALFANO C J. Seniors' participation in an intergenerational music learning program[D]. Montréal:McGill University,2008:35-36.

在无血缘关系老年人和年轻人代际项目中，按照谁服务谁的角度可将其进一步划分为以下四种类型：①老年人服务儿童 / 青少年，招募老年人作为儿童 / 青少年的导师、辅导员、顾问、朋友等，如老年人作为儿童的阅读伙伴倾听儿童阅读或为儿童阅读、作为辅导人员帮助学生完成家庭作业；②儿童 / 青少年服务老年人，招募适龄儿童 / 青少年作为老年人的友好访客陪伴老年人或担任老年人的导师，如儿童去疗养院为年老体弱者阅读、青少年担任老年人的科技导师；③老年人和儿童 / 青少年共同参与非正式的学习和休闲娱乐项目，如共同参与图书俱乐部、故事分享、做手工和游戏、探寻家庭历史等活动；④老年人和儿童 / 青少年组成团队服务他人或社区，如一同参与环境保护、文化历史保存等社区项目。需要注意的是，代际项目强调代际双方的互惠性，即使其中一个群体被贴上“服务提供者”的标签，他们依然能从与其他年龄群体的交流中受益。这是因为代际项目中的角色并非按年龄划分，而是按照每个参与者可以发挥的功能以确保既定目标实现的方式划分。青少年完全有能力担任成年人和老年人的导师，教授他们使用新的信息通信技术。代际项目中角色的可逆性及不为某代人分配固定角色的特点，是代际项目成功的重要因素之一[①]。因此，在决定选择何种类型的代际项目时，要根据参与者扮演的角色、项目的目标及影响、所具备的资源条件等具体分析，确保参与双方在互动中彼此受益。

同时，要注意平衡儿童 / 青少年与健康或体弱老年人之间的接触，特别是在儿童 / 青少年与疗养院机构中的老年人接触前后，尽可能地安排其与健康老年人接触，防止其因只接触一类老年人（特别是年老体弱者）而深化其原有的刻板印象。有研究表明，去过疗养院的孩子会比没有去过疗养院的孩子产生更多的负面态度，因为在与虚弱、不能活动的老年人互动后，儿童对个体的衰老会表现出负面情绪，进而加剧其对老年人与老龄化的刻板印象[②]。事实上，大部分老年人并不居住在疗养院中。美国人口统计局的一份报告显示：2016 年，美国 65 岁及以上老年人口中仅有相对较少的人（150 万，占比 3.1%）居住在

① SANCHEZ M, BUTTS D M, YEO A H, et al. Intergenerational programmes: towards a society for all ages[M]. Barcelona, Spain: Social Studies Collection, 2007: 51-52.

② SEEFELDT C. The effects of preschoolers' visits to a nursing home[J]. The gerontologist, 1987, 27(2): 228-232.

机构环境中，其中有120万人住在疗养院[①]。因此，要尽量平衡儿童/青少年与不同健康程度的老年人之间的接触，通过接触的多样性抵消参与者将一小部分个体特征应用于整个群体的片面认知倾向。如果图书馆代际接触的活动有限，那么让儿童/青少年与健康老年人接触的方案应被优先选用，因为这部分老年人是成功老化的典范，更能代表广大老年人群体，更能在打破年龄歧视和陈规定型观念方面有所作为。

二、构建多元主题类型的代际项目

公共图书馆可通过开展多元主题的代际活动吸引不同的老年人和年轻人群体参与，利用代际项目助推图书馆支持素养发展、终身学习、社区参与、休闲娱乐等多元目标的实现。结合美国公共图书馆开展的代际项目类型，以及公共图书馆的使命和核心价值，可将图书馆比较适合开展和有能力开展的代际项目划分为代际阅读项目、代际学习项目、代际文化和历史传承项目、代际艺术和娱乐项目四大类。

（1）代际阅读项目。公共图书馆拥有浩瀚的图书资源，提高各类人群的阅读素养是图书馆的主要职责和最擅长的活动之一。基于代际融合而开展的阅读活动可为图书馆传统阅读活动注入活力。当一个老年人和一个或多个孩子聚在一起读书时，便创设了一种共享阅读的体验，促使老年人和儿童将阅读作为生活中有意义和愉快的一部分，同时培养和支持双方素养的发展。公共图书馆可开展的代际阅读项目多种多样，或招募老年人聆听阅读障碍的儿童阅读或与之共同阅读，通过轻松愉快的方式支持儿童阅读素养的发展，分享阅读的乐趣；或招募儿童/青少年为有阅读障碍的老年人阅读，缓解其孤独感，丰富其生活；或招募对阅读感兴趣的儿童/青少年和老年人，一起就某个共同感兴趣的主题展开阅读，交流和分享彼此的观点及对阅读的热爱。

（2）代际学习项目。代际学习项目是指利用一方参与者的知识、经验和技能帮助另一方掌握或提升某项技能的项目，终身学习的发展理念贯穿其中。通过在互动中共同学习，可以帮助年轻人形成对老年人正确的认识和理解，帮助

---

① Administration on Aging. 2017 profile of older Americans[R]. Administration on Aging, Administration for Community Living, U. S. Department of Health and Human Services, 2018: 2.

老年人消除对年轻人的负面刻板印象。图书馆可开展的代际学习项目包括：利用老年人的经验和技能帮助年轻人掌握某项特殊技能，如阅读技能、数学技能、传统手工技艺，或提高他们的学业成绩，实现老年人对自身价值的认可，享受继续为社会贡献的快乐；年轻人帮助老年人，典型的项目为科技导师项目，即青少年或大学生对老年人的电脑技术、智能手机和社交媒体使用技能进行指导，以提高老年人的数字素养和新媒体使用能力；儿童 / 青少年和老年人一同学习，如一同参与做手工等活动。

（3）代际文化和历史传承项目。代际文化和历史传承项目指以文化传承、社区变迁和发展为主题的项目类型。此类项目多将老年人作为讲述故事、传递记忆和文化传统、传授特殊技能的重要资源，特别是在追寻历史观点、家庭和社区根源等方面将老年人与年轻人聚集在一起，以回忆、讲故事、社区参与等方式培养年轻一代对老年一代人生经历的理解和尊重，加强年轻人与历史文化的联结，延续和传承地方历史和文化传统。

（4）代际艺术和娱乐项目。代际艺术和娱乐项目是以培养艺术素养和休闲娱乐为主题的项目类型，如艺术、音乐、电影、游戏、运动等。此类项目大都比较有趣，参与者往往基于共同的兴趣爱好聚集在一起，因而能够吸引更广泛的参与者，让互动变得更加畅通和容易。同时，代际娱乐项目开展简单，无须耗费大量人力物力资源，具有天然互动和社交属性，可凸显图书馆作为社交空间、第三空间的角色和功能。

研究表明，开发高质量代际项目的两种方式为：①创建新项目；②将代际元素或代际项目融入现有项目[①]。因此，公共图书馆在选择和开展具体的代际项目时，除考虑开发全新的代际项目外，更重要的是依靠图书馆的现有服务，尝试将代际活动整合到现有服务活动中去，创新原有服务方式，而非单纯开发新项目以解决现有问题。图书馆可通过简单的改编使项目由适合某一类服务群体发展为适合两类或多类服务群体，如将图书馆中非常普遍的面向父母和儿童的故事会活动转移至社区老年机构，开展面向老年人和儿童的故事会项目；在面向单一群体的服务中纳入来自其他群体的志愿者；等等。图书馆还可

① SCANNELL T，ROBERTS A. Young and old serving together：meeting community needs through intergenerational partnerships[R]. Washington：Generations United，1994：23.

以在很少有互动的多代项目中有意增加不同年龄参与者之间的互动以形成特定的代际活动或项目，如在观看电影或历史讲座活动中增加有关电影讨论或演讲内容讨论的互动环节，或在每年“一书一城”活动中开展面向不同年龄群体的“共读一本书”活动，并组织见面交流会，围绕同一主题进行代际交流，分享彼此观点。同时，这种改编也能增强图书馆现有服务和活动的活力和效果。

三、构建不同互动程度的代际项目

Kaplan 教授指出，尽管分类有助于理解代际项目的关注点和潜在益处，但把重点放在“代际沟通深度”上可能更有成效。为此，他根据老年人和年轻人互动程度的不同，将代际项目划分为 7 种类型。这 7 种不同互动程度的代际项目与图书馆可以开展和已经开展的代际项目的对应关系如表 7-5 所示。

表 7-5　7 种不同互动程度的代际项目类型及与图书馆代际项目的对应

序号	不同互动程度的代际项目	具体内容	图书馆对应的代际项目
1	了解其他年龄群体	引导参加者了解其他年龄群体的生活，但没有直接或间接接触	在图书馆大厅或各部门空间内陈列和展示有关其他年龄群体或包含不同年龄群体的积极阳光的照片和信息，增加彼此的积极感知；提供和展示积极老年人形象的馆藏资源
2	远距离观察其他年龄群体	促进两个及以上年龄群体的间接交流。参与者可以互相交换视频、写信或分享自己制作的艺术品，但不见面	组织老年人和年轻人彼此写信，通过馆员或邮件进行传递；邀请老年人为新生儿织毛毯和帽子，迎接新生儿；组织儿童 / 青少年为疗养院老年人邮寄卡片；组织儿童和父母一起做手工并将作品寄给祖父母
3	彼此见面	在年轻人和老年人之间组织某种形式的会面，通常为一次性的活动	组织一次儿童 / 青少年看望疗养院老年人的活动；在老年社区开展一次代际故事会；儿童 / 青少年和老年人共同参与一次娱乐活动，如舞蹈、音乐、户外旅行；笔友们的见面会；代际游戏活动

续表

序号	不同互动程度的代际项目	具体内容	图书馆对应的代际项目
4	年度或定期活动	与既定的社区活动或庆祝活动相关联，代际活动定期发生。虽不频繁，但这些活动可能象征着社区内代际团结，并影响人们对未来或正在进行的活动的态度	祖父母节活动；每年固定时间（如节假日）组织儿童到社区老年机构进行拜访或组织代际故事会项目
5	示范项目	通常涉及在规定时间内进行的代际活动。根据项目设定的目标，代际交流和学习可以是非常密集的。这些项目往往是在实验或试验的基础上进行的，而且往往依赖外部资金	代际阅读项目；科技导师项目；家庭作业辅导项目；口述历史项目；代际艺术项目；隔代家庭项目
6	持续的代际项目	机构将具有示范性的、较为成熟的代际项目纳入日常运行的重要组成部分，对代际项目进行持续规划并培育员工为不同年龄群体的人服务	代际阅读项目（如洛杉矶公共图书馆将代际阅读作为图书馆全年的一项常规活动持续了30年，并对馆员进行相关培训）
7	持续的、自然的代际分享、支持和沟通	代际连接不再只是个别项目的目标，而上升为某一社区或社会的规范、制度政策和优先事项，反映了代际互惠和相互依赖的价值。代际互动和交流在社区中自然发生，有意义的跨代参与机会十分丰富，并深深根植于当地人们的信念	图书馆创设代际环境，将代际共享和关怀理念融入图书馆服务和项目规划，促进老年人和年轻人之间丰富的、有意义的正式和非正式接触

“代际参与深度”模型为理解代际项目提供了一个有价值的概念框架，框架内不同参与程度类别的代际项目都可为参与者提供与其他年龄群体相处的积极体验。低程度的代际参与（1—3）有助于激发某一世代对其他世代的兴趣并为发展伙伴关系奠定基础，在一定程度上为更高程度的代际参与做好准备；高水平的代际参与（4—7）能为老年人和儿童 / 青少年提供广泛的互动机会，更

有可能改变个体对其他年龄群体的态度、培养社区意识、在无血缘关系的个体之间建立起亲密的关系，同时也需要更多的资源和努力来规划实施。

但同时，一次性的、季节性的或年度规划的代际活动在性质上不同于经常的、定期开展的代际项目。尽管这两种类型的代际活动都为老年人和儿童 / 青少年提供了生活中可能缺失的代际接触，但一次性或偶尔发生的事件只促成了迈向代际关系形成的第一步，没有增进彼此之间的了解和信任，从而无法建立和发展积极的关系①，即浅度的参与和有限的连续性不足以为大多数参与者创造持久的利益②，"简短"的代际互动机会也很难满足老年人和儿童 / 青少年的社会和情感需求。有研究表明，无论"活动"多么令人愉快，在帮助个体应对孤独感、无用感和抑郁方面几乎都没有什么作用，而"项目"是重要的，因为它让参与者可能会被他人接受、形成对团队的归属感以及作为有价值个体被认可。这种感觉加强了个人的自我角色定位，使其感觉良好。"项目"不仅仅是发生了什么（what）和什么时候（when）发生，而且包含每个成员参与时的意义（what meaning）③。实际上，许多代际努力都是从一次或偶尔的经历开始，随着时间的推移及员工和参与者的兴趣愈发深厚，进而转化为更实质性和持续性的代际项目。从这个意义上说，代际参与可以看作一个动态的过程。

在图书馆已开展的代际项目中，一次性活动以面向祖父母—孙子女居多，持续性项目以面向无血缘关系老年人和年轻人居多。在这些持续性的项目中有很多仅仅开展了几年，很少有图书馆能够将其作为一个长期的图书馆项目来发展。本书的调研对象中，只有洛杉矶公共图书馆的代际阅读项目成为全馆常年开展的一项融入图书馆日常工作的服务；尚未有图书馆创设有关代际环境的案例。图书馆可将代际项目作为一个连续的统一体，支持各种不同沟通深度和互动程度的代际项目。开展时可根据自身所具备的资源和能力水平、参与者的兴趣进行设定，为参与者提供不同互动程度的选择。原则上，对于那些没有开展

---

① KAPLAN M, KUSANO A, TSUJI I, et al. Intergenerational programs: support for children, youth, and elders in Japan[M]. Albany: State University of New York Press, 1998: 159-160.

② DING Y. Grandpal penpals: a qualitative study of the effectiveness of a social program on senior quality of life in residential care facilities[J]. UBC medical journal, 2017, 8(2): 16-20.

③ BRUMMEL S W. Developing an intergenerational program[J]. Journal of children in contemporary society, 1989, 20(3/4): 119-133.

过代际活动或项目的图书馆，如果有机会提供代际活动，则应抓住机会，以便让参与者有机会接触到不同年龄群体的成员，观察并了解彼此的行为和生活方式，激发参与者兴趣，为更多代际对话和关系的建立提供基础。同时，支持图书馆在可能的情况下，以一次性的代际活动为起点，进而开发具有示范性和持续性的代际项目，将一次性或偶发的活动变成图书馆的常规服务，积极创设有利于代际交互的环境。

四、公共图书馆代际项目开展的原则

无论是何种参与主体、主题类型或沟通深度的代际项目，为确保其产生最为积极的效果，公共图书馆在开展时都应遵循一定的基本原则。具体包括：

（1）精心策划。高质量的代际项目不是把年轻人和老年人聚集在一起便能自然发生的，而是要有意识地通过结构化的项目或活动去创造积极的变化。实践证明，良好的项目规划对于成功的代际项目十分重要。

（2）以价值为基础。代际实践基于价值而非问题。代际项目帮助每个人发现自己的优势，尊重每个人的价值和多样性、生活经历和认识方式、独特的潜力和能力，充分利用人们在人生各阶段的价值和天赋，为所有年龄的参与者提供分享知识、技能、才能的机会，在此基础上建立理解和相互尊重。

（3）强调代际平等。代际项目不是基于年龄而是基于整个生命历程的，因此不存在因年龄长幼而存在的不平等，老年人和儿童 / 青少年在代际项目中处于平等地位。即代际项目不是彰显年长者将知识传递给年轻人而带来的权威，而是涉及代际相互学习和共同学习[①]。因此，在代际项目开展过程中不能偏袒任何一方，要平等对待所有参与者，要确保每个参与者在交流情景中被给予了同等的分享观念和实现共同目标的机会，鼓励相互依赖、相互学习、相互尊重，确保所有人享受平等的规则和权利。

（4）强调互动性。互动是代际项目的一个重要组成部分和发展目标，包含多代人但没有互动的项目不是代际项目[②]。如退休志愿者将图书馆图书送往日

① BAILY C. Reverse intergenerational learning：a missed opportunity?[J]. Ai & society，2009，23（1）：111-115.

② RUBIN R J. Intergenerational programming：a how-to-do-it manual for libraries[M]. New York：Neal-Schuman Publishers，1993：15-17.

托中心，虽然该项目是在雇用老年人为儿童服务，但由于其不鼓励互动而不能算作典型的代际项目；但如果老年志愿者给孩子们读书并与他们交谈，那代际目标就能够实现。也就是说，代际项目必须强调代际分享、交流与合作，并在尽可能的情况下组配老年人和儿童 / 青少年，以为他们提供在一段时间内一对一互动和交流的机会，鼓励发展积极的代际关系。

（5）强调互利互惠。所有参与者都应受益于代际项目，而不仅仅是参与的一方获益，要确保交流的相互性。一个成功的代际项目中所有参与者都有机会给予和收获，与传统教学中年轻人向老年人的单向学习不同，代际项目强调基于代际互惠关系发展的双向学习。如果一个项目只对一个群体有益，结果将是志愿者项目而不是代际项目。

（6）强调在一起的快乐。代际项目强调参与双方在轻松愉快的氛围中实现项目的共同目标，为参与者提供一种基于共同兴趣而与他人分享的、有趣的、有益的互动体验。“玩得开心”是代际项目强调的重要内容，而非传统互助中的教导式分享和知识传授。

（7）挑战年龄歧视。老年人和年轻人不同程度地成为年龄歧视的受害者。代际项目要为老年人和年轻人提供一种相互认识、共同交流和合作探索的机制，重新发现彼此的真实面貌和行为特征，挑战基于年龄形成的刻板印象。

五、公共图书馆代际项目实施的流程

本书参照美国公共图书馆开展代际项目所涉及的流程，借鉴国际社会机构代际项目的实施过程，尽可能详细地勾画出图书馆代际项目从开始到结束时所能考虑到的基本要素和关键步骤，并针对图书馆代际项目开展过程中出现的各类问题及担忧提供针对性的解决方案。图书馆可根据自身情况和具体项目的复杂程度有选择地进行删减、扩展或调整顺序。因祖父母—孙子女项目与图书馆一般家庭项目的实施过程无明显不同，本流程主要适用于无血缘关系的老年人和年轻人代际项目。

（一）准备和规划阶段

1. 评估需求和资源

代际项目的第一步是评估社区存在和需要解决的问题和需求，以及潜在的可以利用的有效资源，以便对图书馆是否有必要开展代际项目、是否有确保代际项目发起与持续进行的能力进行全面了解。美国公共图书馆的代际实践同样证明，最有效和持久的代际项目往往是那些响应老年人或年轻人的兴趣或明确需求，并有充足资源予以保障的项目。评估的重要性还包括明确真实的需求、发掘可用资源、调动社区对代际问题的关注、发掘项目开展的潜在障碍、识别潜在合作伙伴、让公众了解项目、确保资金等。

只有以需求为导向进行代际项目设计，才能有效契合人们的心理诉求，实现代际策略的可持续发展。当活动被用来满足参与者个体或社区需求时，他们更愿意参与代际交流活动。评估对于确保不同年龄群体的需求和资源之间的互补性非常重要。因此，图书馆在规划代际项目时，要首先与社区内的老年人和年轻人进行充分的沟通和交流，调查他们存在的需求及对参与代际项目的兴趣，了解其各自所拥有的技能。需要强调的是，这里的“需求”可以从多方面来考虑：一是无血缘关系的老年人和年轻人是否有想要彼此接触的明确需求，或祖父母和孙子女是否有对专门服务或项目的需求；二是了解老年人或年轻人个体层面的需求和社区层面的需求，并思考是否可以在两者需求，或一方需求与另一方资源之间建立有效的对接，如青少年对志愿学分的需求和老年人对技术帮助的需求，提升儿童阅读热爱的需求与老年人克服孤独感、想要接触他人和服务社区的需求，社区对保存文化历史遗产的需求和将图书馆带入社区的需求，填补因地理分离带来老年人和年轻人情感缺失的需求，等等。

在社区成员对代际项目表现出明确的需求或兴趣之后，则要开始评估图书馆是否有支持代际项目开展所需的资源条件，具体可以从图书馆内外部的优势和潜在障碍方面来考虑。其中，图书馆内部需要考虑的潜在资源或障碍包括：是否有资金、可用员工（及时间）、可用空间；馆员是否有兴趣开展或是否有与两个群体打交道的经验和技能；馆员是否对代际项目有所了解或有成功的代际项目经验；图书馆各部门之间是否有积极的合作意愿或经历；图书馆是否有长期稳定的老年或儿童 / 青少年用户，或祖父母—孙子女用户，或志愿者成员；是否有支持代际项目开展的各类图书和技术资源；等等。图书馆外部需要考虑的潜在资源或障碍包括：社区人口构成中是否有很多老年人或儿童 / 青少年群体，或是否有很多隔代教养或多代家庭；是否已与社区机构建立了良好的伙伴关系，或社区机构愿意积极配合；社区机构中是否有成功的代际项目经验；社区老年人或儿童 / 青少年是否有奉献社区、寻求志愿的主动要求，是否有可以提供的知识、技能或经验；图书馆在地理位置上是否临近老年社区或年轻家庭社区；是否可以获得新的资金来源；参与者是否有可靠的交通工具参与项目；等等。

2. 创建和维持外部伙伴

几乎所有的代际项目都建立在两个以上部门或机构的伙伴关系之上。代际项目的本质属性就是将两个或两个以上服务老年人或服务儿童/青少年的机构或部门聚集在一起，机构和部门间的合作对项目的成功至关重要。这源于一个简单的事实，即服务老年人和儿童/青少年的组织往往是分离的，故面向老年人和儿童/青少年的服务通常是分开的，造成工作人员只对一类群体了解，而缺乏服务另一类群体的知识。因此，与具备不同服务和知识背景的机构或个人合作，可以有效增进对不同人群需求和特点的了解，促进代际项目的顺利开展。图书馆代际项目也不例外，找到能够建立持续工作关系，并能以平等方式协商共享资源的合作机构，对代际项目的成功至关重要①。图书馆可通过重建跨年龄合作伙伴关系或利用现有的服务联盟，发掘能促进代际理念传播和代际项目开展的组织、团体或个人，结合各主体为公众和社区提供的服务以及各自的使命，积极促进和扩展代际项目。图书馆可以从社区内服务儿童/青少年和老年人的特定年龄群体机构、综合性社区机构、致力于代际理念和项目推广的机构中寻求潜在的合作伙伴。

合作伙伴可以从事多种工作，包括：参与项目规划和设计，发掘和解决所有需要特殊考虑的因素；协助培训和服务；利用各自对不同年龄群体的专业知识，在项目人员配置方面进行合作，发掘老年人或年轻人的需求或兴趣，并推荐适合二者的服务项目，创建新的代际项目；推广代际项目，发掘并招募非图书馆用户的年轻人或老年人参与者；提供实物支持，如空间、设施、材料、交通工具、办公设备和行政支持，消除参与障碍。由此带来的益处包括：加强社区对代际项目价值的认可、参与和承诺；增加代际项目实施的能力，如增加资源和志愿者及筹集资金的机会，避免不必要的重复工作，节约资源，增加项目持续开展的能力；连接彼此可能接触不到的项目参与者和志愿者；带来多元视

① GEORGE D R，WAGLER G. Social learning and innovation：developing two shared-site intergenerational reading programs in Hershey，Pennsylvania[J]. Journal of intergenerational relationships，2014，12(1)：69-74.

角；获得专业机构的协助支持，提供有关开展代际项目的建议或经验；发展与社区机构的合作伙伴关系及开展其他合作的可能性；促进对图书馆的理解和图书馆服务的社区可见性，凸显图书馆作为促进积极老龄化和社区重要资源的角色和价值；等等。吸引潜在合作伙伴的方法包括：创造机会传播代际服务理念，如接触通常不在一起工作的团体组织、参加会议、拜访个人团体和机构、到其他机构中做宣讲、寻找可从代际项目中受益的现有群体；关注伙伴关系的预期成果，如这种伙伴关系将如何帮助其他组织完成自身使命，社区合作伙伴的角色是什么，伙伴的希望、要求以及其能提供什么；帮助潜在合作伙伴了解代际项目如何为社区和参与者创造实实在在的利益；准备回应潜在合作伙伴关于年轻人和老年人一起工作的可行性或适当性的担忧，消除将年轻人和老年人分离的误解，使用成功项目中的示例证明观点；等等。

此外，在寻求合作的过程中及合作进行中也会面临各种各样的问题，影响合作的体验和效果。例如：并不是任何机构都愿意参与合作，因此找到愿意支持项目开展的合作伙伴可能需要花费一定的时间和精力；合作过程中因双方进度不一致可能会带来协调和交流方面的问题；虽同意合作但合作人员不热情或不够支持；员工对承担额外工作表示不满；劳动分配问题不清；等等。因此，合作中要谨慎选择合作伙伴，并对其有基本了解，预留充足的时间进行规划；建立清晰的目标；明确双方的角色和责任；有来自双方的指定工作人员，且相关人员具有开展代际项目的时间、经验或承诺；制定时间表和具体行动计划，保持进度上协调一致；保持交流畅通并准备好解决随时可能出现的问题；互利互惠，平衡双方的付出与收获，避免一方付出太多而另一方付出太少。

3. 规划代际项目

（1）制定明确的目标

明确的目标可以推动代际项目的设计和评估。“让不同代的人聚在一起”并不是图书馆开展代际项目的充分理由，必须通过有目的的互动达到特定的学习目标、素养目标、社区参与目标或娱乐目标。因此，图书馆在开展代际项目时需要制定一个清晰明确、切合实际的目标，明确代际项目对老年人和儿童/青少年、家庭、图书馆以及社区的意义和价值。

图书馆在制定目标时要谨记参与或完成具体活动不是代际项目的主要目标，互动过程给老年人和年轻人带来积极影响才是最主要的目标；将项目目标与年轻人和老年人的优势、需求联系起来，将确定的社区需求与年轻参与者和老年参与者的贡献联系起来，明确定义老年人和年轻人作为社区资源的角色，充分挖掘老年人和年轻人的潜能，建立有意义的联系；明确定义项目对年轻参与者和老年参与者的期望，如老年人志愿者作为阅读伙伴培养孩子对阅读的热爱并维持儿童的阅读技能，青少年志愿者作为科技导师帮助老年人解决相关技术问题，老年人和儿童作为伙伴玩得开心；目标应指明互惠因素，即将互惠作为代际项目的规划部分，为所有参与者提供给予和收获的机会；目标要满足其他参与机构的要求。

（2）选择合适的活动

一般来说，图书馆可以提供任何形式的代际项目，关键在于所选项目是否能很好地连接起老年一代和年轻一代，达到项目的预期目标和积极效果。研究发现，代际互动可能与具体项目活动的性质系统地联系在一起，即特定的代际活动类型与特定的代际互动联系在一起[①]。例如，游戏所具有的趣味性和社交属性更容易促进自然互动；某些活动在建立关系方面可能更为成功，如谈话、音乐、阅读和烹饪等日常“家庭式”活动。

高质量代际活动通常表现为活动具有吸引力且适合儿童和老年人，能成功促进二者之间沟通和关系的建立；活动是灵活的，更多关注代际互动的过程，而非结果，即代际活动应该是开放式的，重点强调促进老年人和年轻人关系发展和沟通的过程，特定活动或项目的完成并不那么重要。因此，图书馆在选择具体活动类型时，要选择那些更能有效促进代际互动的活动。通过有计划、有条理和持续的活动实现代际项目的双重目的，即老年人和年轻人在社区中发挥作用，建立代际关系和相互理解。图书馆所选择的代际活动应满足以下要求：①活动要适当，适合参与者的年龄（age-appropriate）和能力（ability-appropriate），尽可能地让儿童和成年人工作人员共同选择，以确保活动在年龄上适合儿童，在身体上适合老年人，对参与者无压力；②活动要有趣，由参与者的兴趣驱动，选择所有人共同感兴趣的活动，以吸引更多年轻人和老年人参与，并带来更多自发的互动；③活动以目标为导向，与项目目标保持一致，确

① PAIN R. Intergenerational relations and practice in the development of sustainable communities[EB/OL]. [2019-01-21]. https://lemosandcrane.co.uk/resources/ICRRDS%20intergenerationalrelations.pdf.

保活动能完成代际项目的目标。

同时，图书馆在选择活动时还可以考虑的其他因素包括：①活动专注于解决社区老年人和年轻人生活中的实际需求或问题；②将代际活动整合到图书馆现有的活动和项目中，或在面向单一年龄群体的活动中加入代际元素，或在多代项目中增加互动元素；③根据图书馆自身的能力和可用资源选择合适的活动；④选择馆员感兴趣和熟悉的活动；⑤活动是否简单易行、便于组织，是否需要很多额外的时间和资源投入；⑥活动是否能鼓励参与者的创造力；⑦活动是否符合图书馆的核心价值和目标；⑧活动是否能凸显图书馆自身的服务特色，且不与其他机构活动相冲突；⑨结合特别事件和节假日开展活动；⑩选择合作性活动而非竞争性活动；等等。此外，让参与者参与活动的选择和规划，能极大地提升参与者的参与兴趣，增强其对代际项目的拥有感和获得感[①]，进而增强活动的适用性，提高吸引其参与的可能性。

（3）确立项目协调人，组建团队

确定代际项目的具体负责人员并确保他们为项目做好准备，这一点非常重要。因此，图书馆在规划和实施代际项目时，必须有至少一名项目协调人或主要负责人。鉴于目前图书馆的代际项目多由儿童部门或青少年部门发起，因此要更多促进成年人部门对代际项目的关注。所有负责人员需组成一个团队，明确代际项目的目标和运作模式，专注于沟通和协调代际项目的具体运行。

热情是代际协调员应具备的最主要和最基本的特质，即对连接不同代人表现出浓厚的兴趣，喜欢与老年人和年轻人一起工作，热衷于为其组织新项目并激励他们加入其中。不情愿或不热心的工作人员会将代际项目当作一项不必要的额外工作，从而影响项目预期效果的达成。其他技能还包括：了解年轻参与者和老年参与者的独特特征，认识到代际连接的价值；熟练掌握互动过程，善于促进交流、人际关系和高质量互动；了解如何与不同年龄群体一同工作，准备好应对不同年龄群体可能出现的困难和误解；理解参与人群的需求和能力，敏锐地观察到社区需求和潜在资源之间的可能连接，最大限度地发挥老年人和年轻人的知识、经验和智慧；具备良好的沟通和交流技能及领导能力；与其他

① ANGERSBACH H L，JONES-FORSTER S. Intergenerational interactions：a descriptive analysis of elder-child interactions in a campus-based child care center[J]. Child & youth services，1999，20（1/2）：116-128.

部门或社区机构的合作和协调能力；温暖和关怀他人的能力；勇于尝试新事物；能够规划适合参与双方的持续性活动；等等。

为确保工作人员具备上述技能，引发其对代际项目的兴趣和支持，需对其开展交叉培训。交叉培训指的是对工作人员进行本职工作以外知识的培训，帮助员工了解其他方面的经验和技能。这对只服务某一类用户群体而不熟悉其他用户群体的工作人员非常有效。特别是在代际项目中，因面向年轻人和老年人的服务人员常常只拥有针对一代人的专业知识，交叉培训能够让他们在短时间内初步了解另一年龄群体，打破对未接触或很少接触用户群体的刻板印象和恐惧，激发工作人员对项目的支持和热情，保持项目的可持续性。培训的内容可包括：①介绍项目内容及代际项目为什么重要，强调志愿者参与的价值；②介绍年轻人和老年人之间的相似性和差异，讲解如何联系老年人和年轻人以及服务两类不同的用户群体，帮助工作人员获得在同一环境中与不同年龄群体工作的具体想法；③介绍有关老化的正确观念和存在的老龄歧视，促进馆员对老年人形成更加积极的看法，重视老年人的价值；④培养倾听技能，确保员工能够在整个项目中响应参与者的需求，对参与者的需求和期望保持敏感；等等。

（4）获得内部领导者和部门支持

得到图书馆领导者、上级管理人员或相关部门的认可和支持对代际项目的顺利开启和持续运行有着重要的推动作用。特别是在代际项目开始之前，来自上层领导的理解和支持能够激发馆员的参与热情，减少项目开展阻力，有效解决运行中可能出现的问题。支持的类型包括资金支持、活动空间支持、人员支持、物质或口头奖励、培育和宣传推广等。尤其是当负责代际项目的人员因工作或职位调动、退休等原因而无法继续运行代际项目时，来自组织的支持就显得格外重要，管理人员可通过使代际项目制度化并安排其他人员负责项目运行等方式确保项目的可持续性。

（5）发展资金

资金是项目开发时需要考虑的一个重要因素，可用资金的多少会影响到项目的覆盖范围和目标的实现。在图书馆开展的代际项目中，资金的用途主要涉及相关图书资源和手工制作材料及辅助工具的购买、宣传资料的制作、茶点的花销、背景审查费用、奖励花销、人工费用等。然而，是否需要资金及资金的多少与代际项目的类型之间存在着一定的关系：对于那些更多依靠志愿者驱动的代际项目（如代际阅读项目、科技导师项目、家庭作业辅导项目）和可直接利用图书馆现有图书资源和辅助工具的代际项目（如代际故事会项目、代际游戏项目、家谱项目），图书馆因无需向志愿者支付报酬或购买额外资源和辅助工具，而不需要或只需很少的资金投入；而在代际手工项目、故事分享项目、隔代教养项目中，图书馆大都需要购买额外的手工材料、访谈设备、专门馆藏或聘请外部人员参与，因而需要更多的资金投入。因此，在开展代际项目时，图书馆可根据自身的资金状况选择能力范围内的项目类型。

从持续性的角度来看，代际项目可以在没有任何资金的情况下进行，但很难确保这些活动能够成为长期的方案，特别是对需要长期资金投入来维持的代际艺术项目。因此，如何扩展项目资金的来源，发展多元化和持续性的资金渠道成为图书馆开展和维持代际项目的必要考虑。图书馆可通过分配专门预算、寻求社区合作伙伴支持、利用现有的项目资助机会、寻求图书馆之友帮助等方式寻求资金支持。

（6）时间安排

时间的安排包括协调参与者双方的可用时间、代际项目持续期限及每次活动的时长等。

首先，协调老年人和年轻人，特别是儿童 / 青少年都合适的时间是代际项目规划过程中的一个重要问题。因为老年人和儿童 / 青少年往往有着不同的时间安排，所以要考虑对于二者都比较合适的时间，以确保足够的参与率和双方参与数量的基本平衡。从实践中看，图书馆代际项目一般选择在暑期、放学后或周末、节假日开展。此外，与社区其他活动是否冲突也是需要考虑的因素，以避免因活动冲突导致的参与人数减少。将时间选在社区活动的空档可在一定程度上提高图书馆代际项目的参与率。

其次，活动应尽可能地在老年人和儿童 / 青少年之间提供“足够”多的联系。因为二者之间的理解和信任不会在一次活动中就得以建立和维系，需要一定时间来培养，接触和互动的频率和规律性对参与者双方的理解和关系建立至关重要①，可能会影响代际项目目标的实现。有研究表明，围绕长期、持久接

① CLARK P. Intergenerational arts in the nursing home：a handbook[M]. Westport：Greenwood，1991：40.

触而设计的代际项目让年轻人产生了对老年人更为积极的态度，而短期代际项目似乎影响非常有限，反而可能会导致比以前更为负面的态度[①]。老年人与年轻人最有价值的接触是那些能为老年人提供机会与年轻人形成更深层次关系和情感联系意义的接触[②]。为改变儿童/青少年对老年人的态度和刻板印象，儿童/青少年和老年人的互动应该是常规的和持续的，联系应该是紧密的而不是随意的，代际项目应被设计成为增进双方关系的纽带而不仅仅是提供交流机会[③]。老年人和年轻人之间不经常或不规律的接触会对项目的开展带来很大的挑战，每次活动中参与双方会像陌生人一样重新开始，从而限制了关系建立和项目目标实现的可能性。因此，图书馆在开展代际活动时，应尽可能地将其发展成为一项经常的（如每周一次或多次）、定期的（不依赖于特殊项目或活动）的代际项目，让不同代的人之间有机会建立起融洽的伙伴关系，促进参与者对其他参与者、工作人员和代际活动开展场所的熟悉度和舒适度，让参与代际项目成为老年人和年轻人日常生活中的有机组成部分。从实践中看，大多数图书馆的代际项目都会以周的频率持续运行一段时间，也有个别图书馆按月、季度和年度的频率举办活动。

最后，每次活动的时长设定要考虑参与者的注意力持续时间。根据全国幼儿教育协会（National Association for the Education of Young Children）的数据，45 分钟左右比较合适 4—5 岁的儿童，能够让他们积极参与并保持注意力，而不会失去兴趣[④]。因此，面向学龄前儿童的代际项目时间一般可维持在 30 分钟到 1 小时，面向年龄较大儿童/青少年的项目可维持在 1—2 小时。

---

① CHRISTIAN J，TURNER R，HOLT N，et al. Does intergenerational contact reduce ageism：when and how contact interventions actually work?[J]. Journal of arts and humanities，2014，3（1）：1-15.

② YEO A H. An introduction to intergenerational practice[J]. Working with older people，2010，14（2）：4-11.

③ SEEFELDT C. The effects of preschoolers' visits to a nursing home[J]. The gerontologist，1987，27（2）：228-232；VENTURA-MERKEL C，LIEDERMAN D S，OSSOFSKY J. Exemplary intergenerational programs[J]. Journal of children in contemporary society，1989，20（3/4）：173-180.

④ ANGERSBACH H L，JONES-FORSTER S. Intergenerational interactions：a descriptive analysis of elder-child interactions in a campus-based child care center[J]. Child & youth services，1999，20（1/2）：116-128.

（7）地点和空间选择

图书馆的代际项目主要发生在馆内，部分发生在馆外老年人或儿童经常光顾的老年机构或儿童机构，也有的会在馆内和馆外轮流开展。无论是在馆内还是馆外开展，代际项目应以是否方便参与者的参与和参与者对环境是否感到舒适为基本原则。普遍来说，图书馆往往地处社区的中心位置，且老年人、儿童/青少年都很熟悉图书馆，因此老年人、儿童（家长接送）、青少年在拥有交通工具的情况下能够很方便地到达图书馆参与项目。而对那些无法到馆或不能利用图书馆资源和服务的人群，如年老体弱者，他们大都居住在疗养院，因行动不便、无法下楼或需要轮椅等辅助设备，需要专门人员帮助，独自无法抵达图书馆，或没有交通工具到达图书馆；有些家庭不是社区的居民，因而其孩子无法在图书馆内部参加活动，或父母忙于工作而无法将其送往图书馆。因此，图书馆应主动走出去，到这些群体所在的机构或场所提供代际项目。有些图书馆为了让老年人能够在他们自己感到比较舒适的场所参与活动，将代际项目开展在老年人经常活动和熟悉的场所，如老年中心，同时他们在这里也能找到更多的老年参与者。此外，对于那些没有足够空间的图书馆，也可考虑在馆外空间或合作机构中开展代际项目。

决定了地点之后，就要选择场所内合适的活动空间，为参与者创设舒适的环境，并尽可能地吸引其他潜在人员的注意和参与。活动空间需要考虑的因素包括：无障碍设计和使用便利性；灯光、座椅等设备的需求；专门空间以减少噪声，避免打扰普通用户；空间大小是否适合活动的规模等。

（8）面向对象及参与人数的设定

图书馆要根据代际项目的目标和参与者自身的能力选择合适的参与对象。其中，年轻人参与对象包括学龄前儿童、小学生、初中生、高中生和大学生；老年人参与对象包括活跃型老年人和年老体弱者。除老年人和年轻人参与者外，是否让中间世代（一般为 25—50 岁）参与也是一个需要考虑的问题。一般来说，旨在培育家庭关系的祖父母—孙子女项目中可允许父母一同参与，面向 0—5 岁学龄前儿童的代际项目中必须要有家长或其他照护者的存在，但在其他无血缘关系老年人和年轻人代际项目中，最好不要将中间世代牵扯进来。有研究表明，多代人一起参与代际项目可能存在一定的问题。由于两个年龄群体都与中间世代相互作用，因此年轻一代和老年一代之间可能会很少或没有直接接触，中间世代的存在在某种程度上阻止了两端世代的直接互动[①]。因此，除少数代际项目外，中间世代在代际实践中的角色更多的是代际活动的促进者，如鼓励孩子参与代际项目、接送孩子以确保其持续参与、鼓励孩子与老年人交谈等，而不是代际活动的直接参与者。

参与者人数的多少也是活动规划时需要考虑的因素之一。图书馆在决定活动规模时，要根据可用资源和实际情况（如资金和成本是否能够维持，员工和志愿者的可用时间、精力和能力，合作伙伴的能力）、活动目标等决定参与群体的最佳规模。实践表明，大多数代际活动适合中小规模的参与群体，较小的群体规模有助于促进关系的建立，并有助于尽可能地降低噪声和避免分散注意力。同时，年轻人与老年人的参与比例也是取得成功的关键因素。最佳比例是一个孩子匹配一个老年人，实现一对一交流，以便每个人都有平等的机会充分参与活动，最大限度地发挥儿童 / 青少年和老年人的伙伴关系。如果年轻人和老年人的参与数量不能持平，出现一对多的情况，那么带来的可能结果包括：一个老年人与一个孩子互动时，另一个孩子或老年人不知道做什么，从而浪费他们的时间，消磨其积极性；或者造成同一代人的更多交流（如孩子们之间更倾向于彼此交流），而忽视或冷落了另一世代的参与者，进而失去了代际项目应有的意义和目的。

（二）实施阶段

1. 招募参与者和筛选志愿者

老年人和年轻人的参与是代际项目的核心，懂得如何吸引和留住参与者或高质量的志愿者是代际项目成功的关键，也是最大障碍。除选择吸引老年人和年轻人共同兴趣的活动、安排适合二者共同参与的时间、提供激励措施外，还要进行积极有效的宣传推广，以招募到足够且数量大致相同的参与者。有效营销的关键包括：预先留出足够的时间用以宣传推广；根据老年人和年轻人查询和接受信息的特点，通过不同平台和途径进行推广，如图书馆传单、海报、展示板、图书馆网站、社交媒体、新闻媒体、公共服务公告、图书馆其他服务项

① VANDERVEN K. Intergenerational theory in society: building on the past, questions for the future[M]//LARKIN E, FRIEDLANDER D, NEWMAN S, et al. Intergenerational relationships: conversations on practice and research across cultures. New York: The Haworth Press, 2004: 75-94.

目；通过合作机构进行宣传；在参与者经常聚集的社区机构中进行针对性的宣传推广；让已参与的志愿者寻找同龄志愿者；等等。应尽可能让更多的公众及时了解和知晓代际项目的具体信息，激发其参与兴趣。公共图书馆针对不同参与者的有效宣传途径包括：

（1）对儿童的招募：与学校和老师合作，邀请学生参与；在社交媒体上展示项目信息；向到馆的儿童和父母发放传单；在图书馆已有的儿童活动中宣传代际项目。

（2）对青少年的招募：青少年往往忙于学业和课外活动而较少到馆并参与图书馆的活动。因此，对其的招募是代际项目开展的一个难题。可用途径包括寻求学校合作；通过图书馆或社区中的青少年团体进行招募，如青少年读者俱乐部、青少年咨询委员会，让感兴趣的青少年去调动更多同龄人参与。

（3）对老年人的招募：口耳相传一般是对老年人最有效的招募方式。可以在当地老年中心、疗养院、教堂、老年人俱乐部、社区中心等进行宣传；在图书馆之友或老年人经常参与的图书馆活动中进行宣传；通过在线志愿者网站进行招募。

宣传时应清楚描述代际项目信息、对参与者或志愿者的要求，及参与者的角色和责任说明等。应特别关注边缘化或难以接触的群体并将其纳入其中，如贫困家庭儿童，扩展代际项目的多元受众范围。如果需要，可将老年参与者的最低年龄降低至 40 岁，或将祖父母的身份扩大至社区中的“老朋友”（grand friend），以吸引足够多的成年人和老年人参与，而不损害“代际”层面的意义。此外，要记住参与双方必须是自愿的，即儿童 / 青少年和老年人必须自愿参加代际项目，而不应强制其参与，这对代际项目的成功举办和预期效果有着重要意义。

对于代际项目中的志愿者一方（如老年人志愿者、青少年志愿者），需对其进行一定的筛选工作，仔细的选择是建立志愿团队的关键。筛选取决于代际项目的具体需求，图书馆可通过申请表或与志愿者面谈的方式进行选择，后者能提供一个评估潜在志愿者背景和适合职位的机会，同时也表明图书馆足够重视志愿者，给予了其应得的关注。面谈中馆员要向志愿者介绍代际项目的目的和运作方式、对志愿者的要求和期望等，以确保参与者对项目及其期望有一个具体的认知；了解志愿者的具体情况，根据申请人的资格、兴趣、能力、动机和对志愿者工作的承诺等，确定他们是否适合该项目，过滤掉不合适的志愿者。如果一个人不适合该项目，礼貌地让对方知道他们不适合此项目，并提供其他志愿机会。此外，对于与儿童接触的老年人志愿者，馆员需要对其进行犯罪记录审查，选择那些没有犯罪记录和儿童虐待背景的老年人，以确保儿童的安全，降低其与陌生人接触带来的潜在风险，保证项目的安全开展。如果老年人对背景调查表现出担忧，则可建议其在其他地方或部门从事志愿服务。在具体筛选过程中，图书馆可根据社区实际情况进行，如图书馆对社区成员有比较深入的了解，便可省略访谈和背景审查环节。

2. 培训参与者 / 志愿者

培训是向代际项目参与者提供知识和技能，帮助其建立个人信心和增强对项目的认知，使其随着项目的发展保持持续参与的过程。培训的目的包括：①向参与者介绍项目目标和理念，以便他们明确目标，理解自身与项目的关系，确保其对项目熟悉并感到舒适；②帮助参与者理解自身的任务和责任及完成任务所需要的技能，提高其能力和信心，进而提升自身表现和并积极履行对项目的承诺；③在员工和参与者之间开展有效的互动，以便让二者可以更有效地合作，使双方明确各自的职责和角色，建立积极的关系，营造一个有凝聚力的环境，并在其中相互支持；④提高年轻人和老年人对双方独特特征的认识和理解，减少对另一群体的刻板印象；⑤讨论和解决可能存在的问题；⑥促进项目的可复制性。

一般图书馆只对志愿者一方进行培训，如代际阅读项目中对老年志愿者的培训，科技导师项目和故事分享项目中对青少年志愿者的培训，且培训内容大都较为简单。而社会代际领域除对志愿者一方进行培训外，有时还会对参与的另一方进行培训，即对参与双方都进行培训，一般是在将老年人和年轻人聚集在一起之前，分别对老年人和年轻人进行有关另一方知识及活动技能的培训，其目标是培训年轻人对于老年人、老化过程和老龄化的正确认知，帮助老年人了解关于年轻一代面临的问题，去除人为障碍并克服刻板印象，使其掌握活动所需的技能。

表 7-6　图书馆代际项目中常见的培训项目类型及其内容

项目类型	接受培训的志愿者	对志愿者的培训内容
代际阅读项目	老年人	1. 项目的具体介绍。 2. 志愿者在项目中的角色，向志愿者传达应享受活动中与孩子一起阅读的快乐而非提供专门阅读辅导的理念，使其享受和孩子在一起的经历。 3. 与“小伙伴”一起阅读的技巧，包括：如何帮孩子挑选适合其年龄和阅读水平的图书（五个单词原则）；如何帮助孩子正确发音和解码未知语词（如拼读法、通过识别词根理解新的语词、通过插图探索意义等）；如何鼓励孩子阅读（如向孩子和家长提供适时的鼓励和积极的反馈，不批评不取笑；不急于纠正错误，避免打断阅读的流畅性，在纠正之前给孩子自我纠正的时间；通过启发式问题启发学生思考和理解等）；阅读的方式（根据孩子的阅读状况，或聆听孩子阅读，或由志愿者阅读，或轮流阅读一个段落或一页内容以缓解孩子的紧张情绪）；如何进行对话式阅读；熟悉图书馆的儿童馆藏；如何自助借书
科技导师项目	青少年	1. 项目的具体介绍。 2. 老年人常见的技术问题和需求。 3. 如何教授老年人及在与老年人接触和交流时的注意事项和小技巧，如要有耐心、尊重老年人、经常重复指示、保持用语简单和前后术语一致、选择其了解的话题等。 4. 少量技术方面的培训，如对青少年不太熟悉的本馆数据库、在线目录等资源进行介绍和指导
故事分享项目	青少年	1. 项目的基本介绍。 2. 如何进行口述史访谈，必要的访谈技巧及注意事项。 3. 如何与老年人分享自身经历等

图书馆在开展培训时可根据项目的性质和难易程度、自身能力等决定是否开展培训。培训结束后，可要求参与者填写对培训内容的评估和改进意见。培训涉及的内容可包括：

（1）对老年人志愿者培训的主要内容

①有关代际项目和图书馆的基本信息；

②项目预期及老年志愿者的角色和责任（特别强调要避免教师式的辅导角色，而是与年轻人一起工作）；

③有关儿童 / 青少年的基本信息和特殊需求；

④降低老年人对年轻人的刻板印象；

⑤活动中所需的必要技巧，如阅读技巧、鼓励技巧等。

（2）对儿童 / 青少年志愿者培训的主要内容

①有关代际项目和图书馆的基本信息；

②青少年志愿者的角色和责任；

③有关老年人和老化的信息，降低其对老年人的刻板印象；

④与老年人交流时的技巧，即如何有效地与老年人一起工作；

⑤与陌生人接触的安全问题等。

3. 匹配老年人和年轻人

在代际活动正式开始前，工作人员应尽可能地实现一个老年人与一个年轻人的匹配，同时在后续活动中尽量保持一致性的匹配关系。因为一对一的交流是最佳的代际互动模式，可以让每个参与者都有平等的机会充分参与代际活动，给予每个个体独特的个人关注；且长期一致性的代际伙伴可以让老年人和年轻人在活动进展中进行更加深入和积极的对话，带来更好的共享体验，增进对彼此的深入了解，促进伙伴关系的建立。图书馆可采用的匹配策略包括：①自然匹配，即在活动开始时，让老年人和儿童 / 青少年自己选择想要一起合作的对象，或根据先来后到的顺序自然匹配。②按照语言和文化匹配，即将有着相同语言或文化背景的年轻人和老年人匹配在一起，增加互动的舒适度。③根据技能匹配。如在代际阅读项目中将有“阅读困难症”的儿童与有丰富经验的退休教师匹配在一起，或在科技导师项目中，根据老年人需要解决的技术问题将其与有能力解决此类问题的青少年进行匹配。④同性匹配，即将同性别的老年人和儿童 / 青少年进行匹配。同性匹配可以让参与者彼此舒适，减少家长对儿童安全问题的担忧，同时可为儿童 / 青少年树立来自同性长辈的积极榜样。

需要注意的是，活动中经常出现老年人和年轻人参与数量不对等的情况，即一方参与者数量多于另一方参与者，解决途径可包括：①多倍组配，如让一名老年志愿者负责多个阅读水平或年龄相差无几的儿童，2—3 名儿童轮流共读一本书，或多名老年人共同阅读给一名儿童。②科技导师项目、代际阅读项目中根据参与者的数量限制每个人咨询或阅读的时间，如青少年导师为每个老年人辅导电脑培训 20 分钟，以便在有限的人力和时间内辅导更多老年人。③将多余志愿者的名字列入候补名单，或安排他们在其他人生病或离开时担任替代者，或建议他们交替参与，错开志愿时间，或安排简单的任务使志愿者在等待时有事可做，防止其空手而归。④祖父母—孙子女活动中鼓励没有祖父母的孩子带着他们自己喜爱的其他“老朋友”参与，或让孩子和父母共同做手工并将作品寄送到居住在其他地方的祖父母那里，体现包容性。

4. 协调和监督活动开展

协调和监督活动开展指在活动具体开展过程中，馆员推进活动顺利进行、促进老年人和年轻人互动、监督参与者行为等。

促进老年人和年轻人互动的举措可包括：①准备参与双方的名字标签，以便参与双方可以使用并称呼彼此的名字，增加亲密感。②可在正式活动前开展轻松有趣的破冰活动，以便增进彼此认识，克服与陌生人接触的害羞和恐惧心理，帮助双方在活动期间感到舒适和放松，实现更加充分的互动。③必要时在活动中给予代际伙伴适当的引导，增加双方互动，确保每个人都能参与。

监督工作包括观察参与者的表现和满意度，就参与双方的不当行为及时予以纠正，随时解决活动中出现的问题，以确保项目的顺利开展和儿童 / 青少年的安全。可能存在的问题及对策包括：①安全问题：馆员向父母和孩子介绍老年人参与者及项目的基本信息；为参与老年人穿戴特殊的标识（如标有项目名称的特定衣服、标牌等），或在馆内张贴老年参与者的照片，以便孩子和父母可以轻松识别；确保活动只能发生在馆内或举办机构内部，不能去往馆外或机构外部；密切关注任何行为有问题的老年人等，以消除父母和孩子对与陌生成年人接触的担忧。②参与者未充分理解项目的理念（如有些老年志愿者把重点放在教学和纠正孩子的错误上，而不是一起分享快乐）：经常与参与者交流，以确保每个人都能充分理解项目的目标和活动内容，阐明分享与教学的区别，并提供具体的指导帮助其改进。③父母将志愿者作为日常照护提供者（如有些父母把孩子送到图书馆然后离开，志愿者被父母视作照看孩子的保姆）：馆员应向父母重申项目的目的，强调代际项目不是日托服务。④志愿者不准时出现：馆员应与志愿者确认其是否需要调换时间安排，或者是否有其他情况导致了这个问题，并给予适当的提醒。⑤参与者的参与热情不高：提供图书、玩具等小奖品或将游戏、木偶等纳入活动中以激发他们的参与热情和兴趣。

（三）评估和分享阶段

1. 认可参与者

代际项目的成功开展依托于参与双方的协调努力，没有他们的持续参与和贡献，代际项目就不可能成功。因此，需要经常给予参与者或志愿者一定的激励和认可，让他们时刻感受到来自他人对自己参与、努力和奉献的承认、欣赏和尊重，增强其信任、自我接纳和归属感，创造一个让所有参与者都感到受重视的环境。当人们发现自己的技能或行为得到重视和认可时，他们更有可能持续参与并提升兴趣，进而大大提高代际项目的持续参与率。美国洛杉矶公共图书馆中长期从事阅读活动的一位志愿者表示，其得以坚持的关键是感受到工作人员的赞赏和支持，并意识到自己真的帮助到了儿童。

“认可”需要在整个项目期间持续进行，包括非正式的认可和正式的认可。非正式形式包括微笑、衷心感谢、称呼参与者的名字等，能时刻让参与者感受到自身的价值和重要性。正式的支持和表彰活动，可以表彰参与者的贡献和成就，并总结项目经验。例如，让孩子们向志愿者赠送艺术品或感谢卡；积极展示共同创作的内容，如口述史视频和资料、图书和手工作品；举行游泳派对；举办毕业典礼或表彰仪式，或发放项目证书，或撰写正式感谢信；在社区报纸或其他媒体上撰写专门文章，介绍他们在项目中的作用和贡献；在正式场合展示和分享参与者的经验和所学到的知识，提供复盘活动的机会，听取他们的意见，以便后续改进项目。

2. 评估代际项目

项目评估是一个成功的代际项目的关键组成部分。评估应从最早的规划阶段开始，并在整个项目期间和项目结束后进行。评估可产生大量有用的信息、经验教训和可衡量的结果。通过评估收集的数据可确定活动是否符合项目目标，确定参与者是否对项目感到满意，了解所有参与者的需求是否得到满足，确定项目需要改进的方面，促进项目的可复制性。评估后，馆员须立即反思活动，并制定解决问题和加强未来互动的计划，保证项目目标的顺利实现和持续改进。

图书馆可采用定量和定性的方式进行评估，形式既可以简单也可以复杂，包括反馈表格、简短的问卷调查、个人访谈、焦点小组等多种形式。在评估过程中，要注意收集或观察来自老年和年轻参与者、项目员工、合作伙伴、赞助者等多方面的反馈和数据。评估包括基于过程的评估和基于结果的评估两种形式。其中，前者包括参与者和志愿者的人数、志愿者的志愿时长、项目目标是否实现、参与者对项目的满意度、项目成功的关键因素和障碍等。后者评估项目的影响，通过分析项目的即时结果和长期结果解决有关项目有效性的问题，包括：①项目对参与者的影响：如老年人或年轻人在需求、情感、技能、行为和彼此之间关系、态度和知识上有无提升或转变。②项目对图书馆的影响：是否扩大了图书馆的用户群体和馆藏利用率，是否增加了员工的技能水平和工作满意度，是否提高了图书馆的服务水平或创新了图书馆的志愿方式，是否增强了各部门及其他机构间的合作伙伴关系，是否增强了图书馆与社区的联系。③对合作伙伴的影响：是否完成了合作伙伴的预期目标和服务使命。④对家庭和社区的影响：项目对家庭带来了哪些影响，父母对项目是否满意，项目是否满足了社区需求，项目是否在社区不同成员之间的联系、公民参与、志愿服务、文化多元性理解、年龄歧视和刻板印象、数字鸿沟、历史和文化传承、社区凝聚、包容和公平、终身学习、机构合作等方面产生了积极影响。

3. 分享与推广

活动后的宣传推广能够将代际项目的价值传递给潜在的参与者和社区公众，从而吸引更多的参与者参与，提高项目的可见性，获得社区的更多理解和支持。实践表明，那些积极主动分享自身成功项目经验的图书馆促进了其他图书馆对代际项目的了解和实践，许多图书馆的代际项目想法也源于馆员对其他机构代际实践的接触。鉴于目前图书馆代际项目开展程度较低、图书馆行业协会人员和各图书馆人员尚不了解代际理念和代际项目的现实状况，宣传的必要性和紧迫性更加凸显。为此，那些拥有成功代际项目经验的图书馆应通过多种途径，主动寻求与其他馆员和社会机构的分享交流，如出版相关指南类文件、撰写报道性文章或制作视频在新闻媒体和社交媒体上宣传，或在图书馆地方和全国性会议上介绍展示等；积极推广代际概念，促进图书馆界对代际项目内涵、可行性、重要性以及如何开展代际项目的了解，打消可能存在的顾虑和担忧，让更多图书馆工作人员了解代际项目及图书馆开展代际项目的天然优势，增加未来更多代际项目开展的可能性，使社会机构和公众对图书馆在连接世代中的重要作用和价值有所认识。

第八章　结语

第一节　主要研究结论

代际实践自20世纪六七十年代在美国出现，经过八九十年代的充实发展，有关代际策略的理念逐渐被英国、西班牙、澳大利亚、日本、新加坡等国家或地区所接受，并于21世纪进入一个全新阶段，发展成为一项新型社会运动。在这一时期，国际性、区域性以及国家层面的代际合作机构先后成立，代际研究显著增长，代际项目逐渐有了一席之地，活动内容与介入手法日趋丰富，社会接受度与外部影响力不断提升。

美国公共图书馆的代际实践基本与社会代际实践保持同步，日益深化的各类社会问题为其代际实践的发展提出了时代要求并提供了重要推动力。从目前可追溯的最早图书馆代际阅读活动发展至今，美国公共图书馆代际实践在政策法规、行业认知、专门会议、实际项目开展中都取得了一定进展，图书馆作为一个可供多代人聚集的天然共享场所逐渐得到了代际领域的关注和认可。公共图书馆开展的各类型代际项目也证明了图书馆在促进代际融合、开展代际实践中的必要性和重要性。一方面，代际项目不仅仅是图书馆加强代际连接的一件好事，更是通过创新针对儿童/青少年和老年人的服务方式，解决了个人、家庭和社区中面临的关键问题，证明了每代人所拥有的自身价值和重要性，成为实现图书馆服务所有年龄用户使命的一种积极有效的途径。此外，代际项目凭借同时服务两类人群和大多数由志愿者驱动等特点，为资源越来越紧张的图书馆提供了一种经济有效的方式，促进了图书馆各部门间服务的融合，将图书馆“以人为中心”的理念进一步延伸至“以关系为中心”和“以社区为中心”。美国公共图书馆代际项目实践呈现出的特点包括以下五个方面。

开展原因上，图书馆的代际项目大多为各馆独自发起的单独实践，其主要起源于各基层图书馆对社区存在问题和需求的感知，或对代际项目作为一种服务社区良好方式的认识，而自发建立起老年人和年轻人间联系的一种创新服务形式。相比之下，来自图书馆行业协会层面的支持与呼吁还很缺乏，代际项目还未发展成为一项广泛和普遍意义上的图书馆倡议活动。其中，代际项目解决的问题和需求主要包括：父母双方都忙于工作导致放学后进馆儿童不断增多、儿童无人看管及阅读水平低下、老年人增多及寿命延长致其孤独、社区代际交流缺乏及年龄歧视和刻板印象加重、数字鸿沟、种族多元化、移民融入、隔代家庭支持缺乏、贫困及少数族裔家庭对图书馆资源和服务接触有限等；将代际项目作为一项良好的社区服务方式主要体现在代际项目是保存人类文化历史与记忆、促进代际对话与交流、促进图书馆服务融入社区、扩展图书馆用户、发挥图书馆地理位置优势等的有效方式。然而，不管各图书馆发起代际项目的原因为何，代际项目的持续进行都得到了较好的反响，即图书馆看到了将老年人和儿童 / 青少年连接在一起相互交流和学习的益处，从而决定延续这一项目。

在面向对象及理念上，社区中处于弱势或接受服务不足的老年人和年轻人是图书馆代际项目的主要受益群体，具体包括贫困儿童、少数族裔儿童、移民儿童、阅读水平低下儿童、疗养院老年人、退伍军人、数字贫困老年人、少数族裔家庭中的祖父母和孙子女等，彰显了图书馆服务的包容性和公平性。同时，代际项目吸引了社区中热衷于志愿活动的更多健康老年人、儿童 / 青少年的广泛参与，盘活了社区中可以利用的闲置资源。图书馆通过将一类群体的问题和需求与来自另一类群体的需求或资源相匹配，从图书馆满足和社区自我满足两方面更好地解决了社区中存在的问题，发挥了图书馆作为资源和关系连接的双重角色。由此凸显图书馆代际项目的理念，即将老年人和年轻人看作彼此及社区中的重要资源，通过共同的经历和有意义的接触，分享老年人和年轻人的知识、技能、经验或活力，通过合作、互动和交流发展互惠关系和相互支持，进而促进二者之间刻板印象的转变和积极老龄化观念的形成，强调以资产而非问题为基础，强调快乐式分享而非教导式分享。

在项目类型及发展特点上，图书馆代际项目是一种以娱乐和共享文化为中心的活动类型，拥有广泛的主题，形式也较为简单。其中，阅读项目、科技导师项目、故事会项目、故事分享项目、手工项目、游戏项目、家庭作业辅导项目、隔代教养项目、家谱项目等都是图书馆实现代际连接的有效方式。各类型代际项目除具备各自的特点外，还呈现出一些共同的特征，如强调老年人和年轻人之间的平等与互惠、给予参与者双方充分的自主权、注重与不同部门和机构间的合作，多由儿童 / 青少年部门而非成年人部门发起等。区别主要体现在无血缘关系的老年人和年轻人代际项目与祖父母—孙子女代际项目之间，其中最明显的区别在于前者强调将老年人和年轻人作为社会发展中的重要资源以帮助解决双方面临的问题或满足双方需求，从更广泛的社会层面支持代际交流和学习，强调公民建设和积极老龄化，改变年龄刻板印象，而后者更多关注家庭层面上的情感与关系发展，对社会层面的影响比较小。

在项目成功关键及发展障碍上，图书馆代际项目取得成功的最关键因素包括有吸引老年人和年轻人参与的活动主题、有序的组织和规划、积极有效的宣传推广、良好的合作伙伴关系、负责馆员的浓厚兴趣和热情、有一批致力于项目的志愿者；次关键因素包括获得领导的支持、满足参与者的需求、招募到（足够的 / 对等的）参与者、拥有可用和合适的空间、认可和激励参与者等。相比之下，招募不到足够且数量基本持平的老年人和年轻人参与者、难以协调适合老年人和年轻人共同参与的时间安排，成为图书馆代际项目开展的最主要障碍。其他障碍还包括到馆交通问题、空间不足或不合适问题、资金短缺问题、宣传推广问题、合作中面临的潜在挑战等，不同地区的图书馆因所处内外部环境条件的不同而呈现出较大的差异。

在产生的影响上，图书馆代际项目以创新的方式解决了社区中老年人和年轻人的多元化需求，同时促进了社区内很少有机会接触的老年一代和年轻一代之间的合作、互动、交流及积极关系的建立，增加了双方对彼此共同点和代际相似性的发现和认识，对彼此差异的理解及对各自价值的尊重，打破了存在于二者之间的年龄歧视和刻板印象，促进了代际团结、终身学习和积极老龄化。对图书馆来说，代际项目带来的最主要影响便是扩展了图书馆的服务群体，特别是那些获得服务不足的人群；提高了图书馆各部门间及与社区机构之间的合作伙伴关系，将图书馆定位为社区中主动、积极的成员。同时，代际项目还创新了图书馆的服务方式和志愿方式，丰富了图书馆多样化的志愿资源，培养了儿童 / 青少年和老年人对图书馆的支持与热爱，提高了馆藏利用率，拓展了馆外空间，增加了图书馆在社区中的积极融入和知名度。

但总体来说，美国公共图书馆促进代际融合的实践基础还很薄弱，代际认知还很缺乏，很多馆员在笔者采访时才刚刚听说“代际项目”，尚不知如何开展项目。开展代际项目的图书馆数量依然有限，且缺乏能够提供坚实理论基础的研究以及对现存代际政策的解释。图书馆行业协会及各基层图书馆还未广泛关注和重视将老年人和年轻人视为社会宝贵资源的代际理念，还没有充分认识到自身在开展代际项目和促进代际融合中的巨大优势和价值。具体表现为以下三个方面。

政策层面，代际理念和代际实践被置于次要位置，被图书馆行业协会的政策指南所忽视。综合性政策和战略文件及面向儿童/青少年的政策文件中缺乏代际视角的融入，老年人政策文件中代际内容大都一笔带过，专门性的《图书馆代际素养法案》未获通过，图书馆行业协会层面对代际理念和代际实践还缺乏广泛关注。图书馆界尚未将代际多样性作为自身的一项重要资产加以利用，仍侧重以分离的方式为每个年龄群体单独提供服务，没有考虑到根据不同年龄群体的共同需求和兴趣提供共同服务。

研究层面，专门性研究成果屈指可数，相关学者还未产生对代际项目和实践研究的兴趣与关注。研究多从老年人视角出发，儿童/青少年相关文献中很少涉及代际内容。研究局限于代际项目的单一层面，缺乏更广泛层面有关代际政策、馆藏完善、空间建设等方面的研究。

实践层面，图书馆已对基于种族、民族文化多样性的文学作品给予关注，但普遍缺乏对基于年龄的文学作品的关注，尚未在构建和完善包含积极老年人形象的儿童文学作品中发挥重要作用。图书馆有意识地对不同代的人进行了空间分隔，并限制或禁止其他年龄群体的进入，倾向于继续维持社会中普遍存在的年龄隔离现象。同时，图书馆的公共空间范围较小且大都不鼓励多代间的互动交流，未能充分发挥其作为天然代际场所的空间优势，缺乏对图书馆作为代际共享场所和交流空间的意义构建。只有不足三分之一的图书馆提供了代际项目，且大多为单个馆的零星实践，缺乏成功项目经验的分享与交流，导致图书馆代际项目的零散化、非系统化、非规模化发展，有些图书馆在探索中遭遇了很多障碍甚至失败。图书馆建立的代际实体网络已不复存在，所开展的代际会议影响程度有限，未能充分发挥出图书馆联盟和专门会议应有的广泛推动作用。

在阻碍图书馆代际项目和代际实践发展的因素中，除普遍意义上的缺乏员工（及可用时间）和资金外，馆员对代际项目不熟悉（而非有意不开展）、图书馆各部门之间的独立与分离是最主要的影响因素，其他还包括社区缺乏对代际项目的需求和兴趣、对参与率和安全问题的担忧、空间不足、馆员的刻板服务理念、老年人和年轻人之间固有的刻板印象、社区内老年人口或年轻人口不多以及图书馆不感兴趣或不知如何有效连接起不同的世代、担心与社区其他机构的竞争、将其视为非图书馆核心服务而不予重视等。作为一项发展不久的项目类型，代际项目在实践过程中所呈现出的不足和障碍不能被称之为问题，而更多是一项服务从萌发到发展成熟时期所必须经历的一个过程。这些都会随着图书馆对代际项目的深入了解、馆员观念的改变、项目的合理规划而得到有效的解决。调研中发现，不管是未开展还是已开展了代际项目的图书馆，在与笔者交流之后，大都表示会在未来考虑开展代际项目，特别是无血缘关系的老年人和年轻人代际项目。这从一定程度上可以说明，图书馆并非有意不开展代际项目，更多的可能与目前社会上代际项目和代际实践的发展和普及程度较低有关，即图书馆尚对这一新兴领域的具体内涵和运作方式缺乏了解，因而在服务意识和目的中还未形成融合服务、重塑代际关系、增强代际凝聚力的主动理念。

相比于开展代际项目时面临的各类障碍，图书馆有着开展代际项目的更多优势，如跨年龄的用户基础和活动特点，中立、安全、值得信赖的公共空间和社交空间，可支持代际项目的各类图书和技术资源、广泛的项目基础和免费服务、更长的开放时间和人员支持等，从而成为高度分化的社会中为数不多的可供多代人共享的天然场所之一。因此，为充分发挥图书馆在代际融合中的积极作用和显著优势，需要在关注项目发展的同时，从更广泛的代际实践、代际政策、代际研究、代际教育与培训层面展开全方位的行动，构建起图书馆彰显代际多样性价值、促进代际融合的多元路径和长效机制，主要可以从以下五个角度入手。

第一，加强有关代际理念和代际项目的教育和培训工作，加强代际政策、代际馆藏、代际空间、代际项目和代际网络方面的研究工作，积极宣传和探索代际项目和代际实践内涵、必要性、重要性及实际进展的相关信息，树立重塑代际关系、促进代际融合的服务理念，增强对以“代际学习和交流”作为指导的服务策略和服务内容的重视，培养和促进学生和馆员服务两类不同群体的意识和开展代际项目的能力。

第二，加强顶层政策设计，将代际视角积极融入图书馆的各项综合性和专门性政策框架，将老年人和儿童 / 青少年视为图书馆的重要资源和共同价值的创造者而非单纯服务的接受者，倡导基于老年人和年轻人的共同兴趣或需求的代际连接工作，将原本孤立和偶发的代际实践和项目发展成为响应关注代际政策而制定和组织的代际方案，最大化图书馆代际多样性的用户资产价值。

第三，培养馆员提高对儿童文学作品中年龄歧视问题的认识，构建和完善代际馆藏资源，特别是丰富和发展包含准确、积极和多元老年人形象的馆藏内容，而非“反映社会年龄歧视态度”的馆藏资源。从儿童最早接触的文学读物入手培养其积极老龄化观念，帮助其形成对老年人和老化的积极认知。

第四，打破图书馆传统的空间隔绝状态，拓展或专门开辟有利于正式或非正式代际交流的共享空间，转变以资源为中心的服务理念，发挥图书馆作为第三空间、社区空间、关系构建的重要角色，促进图书馆从单代空间和多代空间向代际空间转变。

第五，开展多角度主体参与、多元化主题设计和多种互动深度的代际项目类型，吸引感兴趣的老年人和年轻人的参与，在各类活动中坚持精心策划、以资产为基础、代际平等、快乐互动、互利互惠及挑战年龄歧视的原则，让代际项目成为满足社区用户需求、实现图书馆服务使命的一种创新方式，让图书馆成为社区中需求与需求、需求与资源连接的有效渠道，发挥图书馆作为孵化器和价值创造空间的重要角色。

公共图书馆在代际融合实践中处于极佳位置，代际项目的互惠原则为代际关系的发展、信任、支持和交流提供了独特的途径。在老龄化不断加剧、家庭结构改变、经济衰退和公共资源萎缩以及社会各界对积极老龄化、生产性老龄化、代际融合理念不断推广的背景下，图书馆界更应加强对代际实践的关注，充分发挥自身在资源、空间、服务和用户群体上的巨大优势，主动承担起促进代际对话和代际和谐的社会责任，将代际规划作为应对挑战、创新服务方式、克服年龄歧视、推动积极老龄化的一种有效方式，在年轻一代和老年一代之间构建起互动沟通的桥梁，将传统上的单向代际对话转变为双向的、互惠的代际对话，促进代际理解与支持，为促进社会包容和社会凝聚力贡献自身的力量。

第二节　对我国的启示

一、加强特殊群体服务

代际实践和项目关注年轻人和老年人群体及注重合作的属性对我国加强特殊群体服务、完善体制机制改革、实现合作共赢提供了新的视角和发展范式。在现代公共文化服务体系建设的背景下，国家强调重点关注未成年人（特别是农村留守儿童、困境儿童）、老年人、残疾人和流动人口等特殊群体的特点和需求，为其提供相应的公共文化服务；扶持革命老区、民族地区、边疆地区、贫困地区的公共文化服务，以促进公共文化服务的均衡协调发展；强调公益性文化单位应当完善服务项目、丰富服务内容，创造条件向公众提供免费或者优惠的文艺演出、陈列展览、电影放映、广播电视节目收听收看、阅读服务、艺术培训等，并为公众开展文化活动提供支持和帮助。这对以文化馆、图书馆、博物馆为代表的公共文化机构提出了新的要求。因此，在我国开放三胎政策及老龄化不断加剧带来的未成年人和老年人不断增多的未来预期下，各公共文化机构应重点加强对未成年人和老年人群体的关注。在单靠个体公共文化机构无法做出充分应对的情况下，要尽可能地进行资源和服务的整合，推动公共图书馆与博物馆、文化馆等公共文化机构的互联互通，加强跨部门、跨行业、跨地域的公共文化资源整合和服务协调机制，在互动合作中发挥整体优势，形成实施合力，完善面向儿童/青少年、老年人等特殊群体的服务，以最优的成本实现最佳的服务效能，通过合作保障弱势群体和特殊人群的基本文化权益。

二、创新志愿服务方式

积极开展以老年人服务儿童/青少年、儿童/青少年服务老年人为代表的代际志愿项目，启示和呼吁图书馆积极开展志愿服务，创新志愿服务新形式。21 世纪以来，国家加强了对志愿服务的重视和关注，强调公民积极参与志愿服务。具体到文化领域，2012 年，文化部、中央文明办下发《关于广泛开展基层文化志愿服务活动的意见》，鼓励广泛开展群众乐于参与、便于参与的文化志愿服务活动，不断壮大文化志愿者队伍，努力构建参与广泛、形式多样、活动举办频率高、机制健全的文化志愿服务体系，以丰富人们的精神文化生活，满足人们的精神文化需求，保障人民基本文化权益，充分发挥人民群众文化创造积极性。其中，特别强调要依托公共图书馆、博物馆、美术馆、文化馆（站）、电子阅览室等公益性文化设施开展基层文化志愿服务活动。2017 年起开始实施的《中华人民共和国公共文化服务保障法》也明确指出国家倡导和鼓励公民、法人和其他组织参与文化志愿服务，公共文化设施管理单位应当建立文化志愿服务机制，组织开展文化志愿服务活动。面向未成年人和老年人的政策文件中也纷纷强调志愿者的参与，如 2011 年，国务院颁布《中国儿童发展纲要（2011—2020 年）》，将“儿童参与原则”列为儿童发展的五项原则之一，鼓励并支持儿童参与家庭、文化和社会生活，创造有利于儿童参与的社会环境，畅通儿童意见表达渠道，重视、采纳儿童意见；2012 年 12 月 28 日修订的《中华人民共和国老年人权益保障法》中明确将积极应对人口老龄化作为国家的一项长期战略任务，在鼓励老年人社会参与中新增老年人志愿服务；2017 年 2 月 28 日，国务院发布《国务院关于印发“十三五”国家老龄事业发展和养老体系建设规划的通知》，将培育积极老龄观、加强老年人力资源开发、发展老年志愿服务作为扩大老年人社会参与的重要途径，强调到 2020 年实现老年志愿者注册人数达到老年人口总数的 12%。2021 年，中共中央、国务院相继印发了《中共中央　国务院关于加强新时代老龄工作的意见》《“十四五”国家老龄事业发展和养老服务体系规划》，均明确提出要践行积极老龄观，鼓励老年人继续发挥作用，促进老年人社会参与。

具体到图书馆领域，2012 年 5 月 1 日起实施的《公共图书馆服务规范》在人力资源建设中有“志愿者队伍”一条，要求“公共图书馆应导入志愿者服务机制，吸引更多图书馆工作人员和社会公众加入志愿者队伍”；2017 年 1 月 5 日，文化部办公厅下发《文化部办公厅关于开展第六次全国县级以上公共图书馆评估定级工作的通知》，在面向省级（副省级）、地市级、县级图书馆的等级必备条件中均有“志愿者管理”的指标，在面向省级（副省级）、地市级、县级少年儿童图书馆的等级必备条件中有“志愿者服务”的指标；2017 年 7

月 7 日，文化部印发《"十三五"时期全国公共图书馆事业发展规划》的通知，在"创新管理体制机制，促进社会化发展"中列有"广泛开展文化志愿服务"的内容；2018 年 1 月 1 日起施行的《中华人民共和国公共图书馆法》中也同样指出"国家鼓励公民参与公共图书馆志愿服务，县级以上人民政府文化主管部门应当对公共图书馆志愿服务给予必要的指导和支持"。2021 年文化和旅游部等部门印发的《关于推动公共文化服务高质量发展的意见》《"十四五"公共文化服务体系建设规划》中明确提出推广一批具有特色、效果明显的面向老年人、未成年人等开展的示范性志愿服务项目。因此，图书馆要积极引入志愿者服务机制，在各类服务项目中广泛招募不同年龄层次的志愿者，鼓励和支持更多内容丰富、形式多样的志愿服务，探索具有图书馆特色的志愿服务模式，打造一批公共图书馆志愿服务品牌，并推动志愿服务朝着项目化、规范化、制度化、常规化和成效化方向发展。我国传统观念认为，老年人退休生活以休闲娱乐、养生保健为主，因而对老年人参与志愿工作鼓励不足，导致年轻志愿者居多、老年人志愿者较少[①]。在这一背景下，图书馆要积极转变对老年人的刻板印象，树立积极老龄化理念，重视并招募更多老年志愿者群体，充分挖掘老年人力资源的潜力，共同促进图书馆用户中儿童和老年人群体的广泛志愿参与。

为吸引更多年轻人和老年人参与图书馆志愿工作，可通过创新志愿服务形式、增设激励机制等做法调动其参与积极性和主动性。创新志愿服务形式指图书馆要跳出仅让年轻人和老年人参与图书馆一般工作（如报刊排架、借还书刊）、服务同龄人以及年轻人服务老年人、以志愿驱动服务的思维局限，发挥图书馆跨年龄用户群体的天然优势，创新志愿服务内容和工作方式，特别是那些能够提高志愿者创造力、产出力和满意度的志愿者项目[②]，通过设立项目及提供多样化的有意义的岗位，助推志愿服务的可持续发展，鼓励并协助更多儿童 / 青少年和老年人志愿者参与图书馆工作和为彼此服务，为他们提供一个能实现自身价值和回馈社会的平台。增设激励机制指图书馆通过激励机制和奖励

---

① 白兴勇 . 美国"婴儿潮"图书馆志愿者探析 [J]. 高校图书馆工作,2016,36(6):28-32.

② TUROCK B J. Serving the older adult:a guide to library programs and information sources[M]. New York:Bowker,1982.

机制的构建，让年轻人和老年人志愿者感受到来自图书馆和他人对自身参与、努力和奉献的承认、欣赏和重视，如发放证书、发送礼物、开办答谢会、提供感谢信和媒体的报道资料等。当志愿者感受到自己所拥有的知识和技能得到重视和认可时，他们更有可能对志愿项目产生兴趣并积极参与其中。

三、探索具有中国特色的代际融合路径

美国所开展的各类型代际项目及其具体实践为我国公共图书馆开展代际项目提供了很好的模板和切实经验借鉴。21 世纪以来，随着社会老龄化的加剧，国内有关加强老年人和年轻人联系和支持、促进代际交流和融合的政策和实践不断发展，这为图书馆引入代际理念、促进代际实践和代际项目的开展提供了良好契机和发展动力。以相关政策为代表的代际呼吁大都侧重于培养青少年尊老敬老理念、加强青少年思想道德建设、发挥老年人关怀教育下一代能动作用、促进代际和谐和代际融合等方面。如 2004 年发布的《中共中央　国务院关于进一步加强和改进未成年人思想道德建设的若干意见》中，指出要着力建设好中小学及幼儿园教师队伍，青少年宫、博物馆、爱国主义教育基地等各类文化教育设施辅导员队伍，老干部、老战士、老专家、老教师、老模范等“五老”队伍，形成一支专兼结合、素质较高、人数众多、覆盖面广的未成年人思想道德建设工作队伍。2011 年 9 月 17 日印发的《中国老龄事业发展“十二五”规划》和 2014 年 6 月 30 日印发的《关于培育和践行社会主义核心价值观加强老龄宣传教育工作的通知》中，都指出要加强青少年尊老敬老的传统美德教育，开展形式多样的尊老敬老社会实践活动；因地制宜地组织青少年，特别是中小学生参加“为老志愿服务”活动；努力开发老年人潜力，重视发挥老年人在社区服务、关心教育下一代等方面的积极作用；将代际和谐理念应用于养老体系建设，强调引导开发老年宜居住宅和代际亲情住宅，鼓励家庭成员与老年人共同生活或就近居住，推动建设老年友好型城市和老年宜居社区。2012 年 12 月 28 日修订的《中华人民共和国老年人权益保障法》中新增“常回家看看”条款，要求与老年人分开居住的家庭成员，应经常看望或者问候老年人，首次以法律形式肯定了代际沟通的正当性和积极意义。2016 年 10 月 5 日，国务院办公厅印发《老年教育发展规划（2016—2020 年）》，强调要“充分发挥老年人的智力优势、经验优势、技能优势，发挥其在传承中华优秀传统文化、引导

全社会特别是青少年培育和践行社会主义核心价值观等方面的积极作用，学有所长，学有所用，促进学习型社会建设”。同年发布的《关于推进老年宜居环境建设的指导意见》中，倡导代际和谐社会文化，引导全社会增强接纳、尊重、帮助老年人的关爱意识，增强代际文化融合和社会认同，统筹解决各年龄群体的责任分担、利益协调、资源共享等问题，实现家庭和睦、代际和顺、社会和谐，为老年人创造良好的生活氛围。因此，我国应在借鉴美国代际融合经验的基础上，充分发挥图书馆自身在资源、空间、服务和用户群体方面的天然优势，探索公共图书馆促进代际融合的中国路径。这要求我国公共图书馆应加强对促进代际融合的重视，系统考察自身开展代际服务的特色及面临的本土化问题，结合我国注重家庭代际关系而忽视社会代际关系、深厚的隔代照护文化传统、城镇化导致农村多现“一老一少”留守家庭等特殊社会背景，全方位构建起适合我国国情的代际服务发展路径，为我国公共图书馆充分发挥代际多样性价值、创新老年人和年轻人服务方式、弥补基层服务短板、促进代际融合以及实现积极老龄化提供参考。

首先，从基于祖父母和孙子女的家庭代际项目入手，循序渐进，引入无血缘关系的老年人和年轻人代际项目，积极融入孝道元素。

在中国，家庭是提供老年照护和传播代际知识和价值的基本单位，因此“代际”概念并非新鲜事物，而是深深植根于中国的家庭和宗法关系中，如历史上崇尚尊敬老年人的孝道文化、老年人将传统文化传播给年轻人、通过家庭关系团结不同代的人等，“代际”一词描述了这一传统上值得珍视的价值。但随着工业化、城市化、现代化、全球化的迅速发展，中国的家庭结构同样趋于小型化，联合大家庭解体，核心家庭占主体，代际关系中心向下倾斜，转而重视子女的教育和成长，减少对老一辈的关心和照顾。原有的“尊老爱幼”“父慈子孝”传统代际关系模式逐渐被“重幼轻老”“尊老不足”“爱子有余”的价值取向所消磨，老年人逐渐被视为一种家庭负担，通过代际手段增进家庭内部代际支持和社会团结有了时代的必要性。因此，可以家庭中的老年人和年轻人作为开展代际项目的重要切入点，充分吸收和运用家庭代际关系中的孝道观念，选择最容易且最简单的代际连接实现方式，以减少对代际项目的陌生感和担忧，减少政策运作上的障碍。在此基础上，应将孝道元素泛化到社会层面的无血缘性代际互动中，积极探索连接无血缘关系老年人和年轻人之间的可能实践，实现从促进家庭内部团结到实现社区凝聚的发展过程。如围绕重阳节、中秋节、春节等传统节日，开展基于家庭或社会层面的以“尊老、敬老”为主题的丰富多彩的代际文化和娱乐活动，将老年人和儿童 / 青少年聚集在一起，使孝道观念与价值通过代际互动的方式得以传承与发扬。

其次，针对中国传统文化中存在的年龄等级和非平等性观念，努力向参与者灌输平等互惠理念，促进老年人和年轻人之间的平等交流。

中国老年一辈和年轻一辈之间的年龄等级文化观念可能会成为代际倡议和代际交流中的一个障碍。在传统年龄等级观念中，老年人往往作为生活中的先驱者和仰望者，得到更高的地位、更多的尊重。因此，他们通常被认为处于监督地位，年轻人在与长辈交流时被期望更多地倾听和少说话，这与强调平等交流的代际项目理念相冲突，成为我国缺乏代际实践的一个潜在因素。已有研究表明，近年来伴随现代科技的发展、社会竞争的加剧与社会流动的增加，我国传统孝道观念所依存的制度条件与社会心理环境日益丧失，子代的“孝”已不再单纯地表现为对父代权威的顺从，而逐渐演化成“亲子间生活情感的展现”，更多地体现在以家庭权力转移为基础的亲密沟通、情感分享和深入理解上。也就是说，代际关系的本质已由“强调角色阶序的伦常关系”逐渐转向了“与现代性特征相适应的纯粹关系”，即侧重伦理的凝聚力降低，情感属性的凝聚力增加，使得“孝而不顺”成为新时期家庭内代际关系与孝道观念变迁的重要注解[①]。民主与平等的观念在一些中国家庭中已经生根发芽，这为代际项目中双方的平等参与提供了现实基础。因此，在实施代际项目时，要积极向参与双方，特别是老年人灌输平等参与、互利互惠的理念，改变传统上只由老年人传递给儿童 / 青少年的思维局限，将传统的单向代际实践转变为基于代际互惠关系的双向实践，实现代际互动中的平等交流与共同成长。

最后，结合我国全民阅读和终身学习的热潮，积极推动代际阅读和代际学习的开展。

近年来，政府高度重视全民阅读工作，并于 2017 年 6 月由国务院审议并原则通过了《全民阅读促进条例（草案）》，要求各相关机构定期举办全国性

---

① 李俏，王建华 . 转型中国的养老诉求与代际项目实践反思 [J]. 学习与实践，2017（10）：81-90.

的全民阅读活动；建立阅读推广人队伍，鼓励和支持教师、公务员、大学生等志愿者加入阅读推广人队伍，组织开展面向各类读者群体的专业阅读辅导和推广服务；确保重点群体基本阅读需求的满足，如农村留守儿童、低收入家庭儿童、福利院儿童等特殊儿童群体，视听障碍人士；重点扶持边远地区、贫困地区、少数民族地区的全民阅读工作，建立和完善社会各界为重点群体阅读开展志愿者助读等服务渠道。公共图书馆作为阅读推广的中坚力量发挥着重要作用，全国各地的公共图书馆都在如火如荼地开展各类阅读推广活动。然而，尽管这些活动取得了一定的成效，但与预期效果还有很大差距。从整体上来看，这些阅读推广活动生搬硬套现象严重，缺乏创新性，且在主题、形式和宣传等方面不够多元化[①]。因此，有必要探讨多元创新视域下的阅读推广新形式，将代际视角纳入阅读内容的设计和推广之中，打破按照年龄划分和推广阅读的现状，充分动员全民以互动、分享的方式参与阅读。为此，图书馆可成立专门工作机构（如代际阅读推广委员会）从事代际阅读的推广工作，积极整合社会资源，通过寻求政府支持，引导相关机构、社会力量协作，拓宽代际阅读服务领域，策划实施可持续发展的常规代际阅读推广活动。例如组织志愿者定期到需要阅读帮助的老年人家中或所处机构中朗读，定期组织老年人和儿童 / 青少年共同参加故事会和读书会等活动，形成品牌效应，建立图书馆、政府、社会三者之间良性互动的长效运行机制。应积极培养老年阅读推广人，社会老龄化不断加剧和全民阅读大背景下构建一种在图书馆阅读推广的创新途径。

同时，国家也高度重视全民学习和终身学习的普及与发展。2010 年 7 月 29 日印发的《国家中长期教育改革和发展规划纲要（2010—2020 年）》中强调，要加快发展继续教育，推进全民学习、终身学习的学习型社会建设；2017 年 10 月 28 日，习近平总书记在十九大报告中又进一步强调加快建设学习型社会，形成全民学习、终身学习的积极向上的社会氛围。因此，作为持续推进继续教育和终身教育的图书馆，可将代际理念贯穿其中，突破传统上基于文献的图书馆社会教育表现，探索基于不同年龄群体用户之间的代际学习与交流，开辟基于关系和生命历程角度的终身教育新模式，积极为老年人和年轻人搭建互动学习

---

① 王贵海 . 多元创新视域下的图书馆阅读推广实践研究 [J]. 情报资料工作，2018（6）：102–107.

的平台，主动开展面向两类群体的代际学习活动，如招募青少年志愿者对有需要的老年人进行有关电脑和社交媒体使用方法的培训，基于各方相似的兴趣开展面向儿童 / 青少年和老年人的共同学习项目等，通过代际方式构建全民参与的终身学习新模式，创新图书馆服务方式，推动社会向相互关怀和相互支持的方向发展。

第三节　创新之处、不足及展望

一、创新之处

第一，将代际视角应用到图书馆领域，可以促进图书馆界对代际实践、代际项目、代际学习的关注与重视，为积极老龄化和利用老年人力资源提供一条创新途径。同时，将社会学视角融入图书馆领域，拓宽了图书馆代际实践的社会意义，有助于了解图书馆代际实践背后的发展驱动力和时代因素，凸显老龄化背景下图书馆代际实践的重要性和价值。

第二，拓展了图书馆的读者资源开发理念。代际项目突破了传统上单纯由图书馆向用户提供服务的方式，通过为不同用户搭建相互支持和服务的桥梁，创新了图书馆服务社区的方式和理念，从更大范围上挖掘和发挥了跨年龄用户群体的人力资源价值。

第三，本书整理和归纳了图书馆开展代际项目所涉及的基本流程，为我国图书馆界提供了如何开展一项代际项目的具体流程，增加了代际项目的可复制性和普及型，以期促进国内外公共图书馆代际项目的广泛开展和推广。

第四，突破目前图书馆仅注重单一代际项目建设的现状，从教育培训与研究、政策、资源、空间、项目五个维度构建了公共图书馆促进代际融合的多元路径和长效机制。

二、不足与展望

由于研究范围、研究能力、时间精力等方面的限制，本书存在以下三方面不足。

第一，在图书馆代际项目产生的影响及效果方面，缺少对图书馆代际项目的参与主体，即老年人和儿童/青少年的访谈和调查，数据主要来源于馆员对项目中参与者的观察和参与者对馆员的反馈、笔者在实地调研中的直接观察，因而缺少关于项目效果的第一手数据。这同时也是本书的一个研究难点，因为笔者在向美国图书馆征集是否可以访谈参与者时，图书馆出于保护隐私、减轻参与者压力等原因大都不支持对参与者进行访谈。因此，对图书馆代际项目效果的真实检验还需要在日后国内的调研中展开。

第二，理论研究层面，因本书是基于代际项目和实践在图书馆界还不普及的发展背景下展开的，故研究主要基于图书馆代际项目的“认知—实践—问题—完善路径”思路，侧重于引入一种代际项目的具体运作方式和图书馆促进代际融合的多元路径，以增加图书馆对代际理念和代际实践的更多积极认知的普及工作，尚未上升到理论构建和理论指导层面，即本书缺乏对从理论视角审查图书馆代际项目的必要性、重要性、发展特点和量化影响的研究。

第三，对中国的启示方面，因本书的研究范围限于美国公共图书馆的代际实践，故对国内图书馆代际实践和代际项目的开展情况缺乏了解，因而对国内的启示较为宏观，缺乏翔实具体的针对性建议，对国内的经验借鉴还需进一步的思考与分析。

代际实践作为一项新兴领域，未来还有很多需要深入探索的空间。

首先，鉴于本书是从图书馆代际实践的整体角度出发，故缺乏对代际实践和各类型代际项目的纵向研究。因此，未来要细化研究内容，从代际阅读（如分享式阅读；对话式阅读；儿童读物中老年人形象的演变分析）、代际学习等更加具体的角度，研究图书馆在促进全民阅读和终身学习中的重要作用和创新途径。

其次，加强理论层面的研究，用更高层次的理论视角，如群际接触理论、价值共创理论指导和推动公共图书馆代际项目的具体开展和实践效果研究。

再次，要加强国内公共图书馆在代际项目、代际馆藏、代际空间和代际政策方面的研究和推广工作，特别关注参与者对代际项目的具体反馈和项目开展效果研究，深化对国内开展代际实践经验的借鉴研究，比较中美图书馆在代际实践方面的异同，等等。

参考文献

中文参考文献

[1] 肖雪 . 促进老年人阅读的公共图书馆创新研究 [M]. 天津：天津大学出版社，2010.

[2] 肖雪 . 老年人的阅读图景与公共图书馆服务创新 [M]. 北京：国家图书馆出版社，2016.

[3] 赵俊玲，郭腊梅，杨绍志 . 阅读推广：理念 · 方法 · 案例 [M]. 北京：国家图书馆出版社，2013.

[4] 汤更生，全根先，史建桥 . 公共图书馆与中国老年教育 [M]. 北京：国家图书馆出版社，2015.

[5] 冯子木 . 老龄化社会背景下公共图书馆服务研究 [D]. 哈尔滨：黑龙江大学，2014.

[6] 段阿力 . 公共图书馆开展老年读者服务的实践与思考——以安徽省图书馆和合肥市图书馆为例 [D]. 合肥：安徽大学，2013.

[7] 陈骅 . 城市老龄人群阅读现状与公共图书馆服务模式研究 [D]. 南京：南京农业大学，2011.

[8] 范军 . 国外公共图书馆老年读者服务的经验与启示——以美国、日本为例 [J]. 图书馆学研究，2012（16）：95-98.

[9] 刘奉越，陈醒 . 代际学习的国际研究进展与动向——兼对中国代际学习研究的审视 [J]. 远程教育杂志，2018（3）：94-104.

[10] 徐孝娟，赵宇翔，吴曼丽，等 . 境外代际学习的研究进展及前沿展望 [J]. 远程教育杂志，2017（2）：87-93.

[11] 徐孝娟，王绪林，李霖，等 . 国外代际学习研究：理论基础、协作共享空间和 3P 实践——兼及我国代际学习项目模式的构建 [J]. 远程教育杂志，2018（3）：105-112.

[12] 邓咏秋，刘弘毅 . 日本图书馆的老年阅读推广实践及其启示 [J]. 图书馆研究与工作，2017（2）：52-55.

[13] 吴帆，李建民 . 中国人口老龄化和社会转型背景下的社会代际关系 [J]. 学海，2010（1）：35-41.

[14] 李俏，马修 · 卡普兰 . 老龄化背景下的代际策略及其社会实践——兼论中国的可能与未来 [J]. 国外社会科学，2017（4）：54-63.

[15] 徐惠雯 . 老龄化背景下“代际融合”学习中心可行性研究分析 [J]. 科技经济导刊，2018（8）：246，242.

[16] 吴帆 . 代际冲突与融合：老年歧视群体差异性分析与政策思考 [J]. 广东社会科学，2013（5）：218-226.

[17] 李俏，王建华 . 转型中国的养老诉求与代际项目实践反思 [J]. 学习与实践，2017（10）：

81-90.
[18] 李静 . 代际互助：“成功老化” 的模式创新 [J]. 东岳论丛，2018（5）：61-66.
[19] 牛勇，高莹 . 图书馆代际学习服务研究 [J]. 图书馆工作与研究，2018（7）：54-57，96.
[20] 史昱天，赵宇翔，朱庆华 . 代际学习：连接数字原住民和数字移民的新兴研究领域 [J]. 图书与情报，2017（2）：63-71.
[21] 谭博，邱庆东 . 国外代际阅读推广案例及其启示 [J]. 图书与情报，2017（3）：109-113，133.
[22] 谭博，熊伟，马骅 . 图书馆代际阅读推广的路径与策略 [J]. 图书馆杂志，2017（3）：56-63.
[23] 肖雪，周静 . 美国公共图书馆老年服务现状及对我国的启示 [J]. 图书情报工作，2013（4）：60-68.
[24] 肖雪 . 我国公共图书馆老年服务的制度设计与反思 [J]. 图书情报工作，2013（10）：38-44.
[25] 肖雪 . 多学科视野中的国外老年人阅读研究综述 [J]. 中国图书馆学报，2014（3）：100-113.
[26] 肖雪 . 国外图书馆协会老年服务指南的质性研究及对我国的启示 [J]. 中国图书馆学报，2014（5）：82-97.
[27] 肖雪，苗美娟 . 美国公共图书馆老年服务：历史与启示 [J]. 中国图书馆学报，2019（1）：95-109.

英文参考文献

[1] BOSTRÖM A. Lifelong learning，intergenerational learning，and social capital：from theory to practice[M]. Stockholm：Institute of International Education，Stockholm University，2003.
[2] BRESSLER J，HENKIN N Z，ADLER M. Connecting generations，strengthening communities：a toolkit for intergenerational program planners[M]. Philadelphia：Temple University，2005.
[3] CASEY G M. Library services for the aging[M]. Hamden：The Shoe String Press，1984.
[4] CRUZ-SACO M A，ZELENV S. Intergenerational solidarity：strengthening economic and social ties[M]. New York：Palgrave Macmillan，2010.
[5] GOUGH S，FEEHAN P，LYONS D. Serving grandfamilies in libraries：a handbook and programming guide[M]. Lanham：Scarecrow Press，2014.
[6] GRANVILLE G. A review of intergenerational practice in the UK[M]. United Kingdom：Beth Johnson Foundation，2002.
[7] KAPLAN M S，HENKIN N Z，KUSANO A T. Linking lifetimes：a global view of intergenerational exchange[M]. Lanham：University Press of America，2002.
[8] KAPLAN M S，SANCHEZ M，HOFFMAN J. Intergenerational pathways to a sustainable

society[M]. Cham：Springer，2017.

[9] MATES B T. 5-star programming and services for your 55+ library customers[M]. Chicago：American Library Association，2003.

[10] NEWMAN S M. Intergenerational programs：past，present，and future[M]. Washington，Taylor & Francis，1997.

[11] ROTHSTEIN P M，SCHULL D D. Boomers and beyond：reconsidering the role of libraries[M]. Chicago：American Library Association，2010.

[12] SCHULL D D. 50+ library services：innovation in action[M]. Chicago：American Library Association，2013.

[13] STRIČEVIĆ I，KSIB A. Intergenerational solidarity in libraries[M]. Berlin：De Gruyter Saur，2012.

[14] WILLIAMS A，NUSSBAUM J F. Intergenerational communication across the life span[M]. New York：Routledge，2013.

[15] SAPIR J A. Intergenerational programming in public libraries in Western Pennsylvania[D]. Kent：Kent State University，1994.

[16] LENSTRA N J. The community informatics of an aging society：a comparative case study of senior centers and public libraries[D]. Champaign：University of Illinois at Urbana-Champaign，2016.

[17] BIGGS S，CARR A. Age-and child-friendly cities and the promise of intergenerational space[J]. Journal of social work practice，2015，29（1）：99–112.

[18] CHRISTIAN J，TURNER R，HOLT N，et al. Does intergenerational contact reduce ageism：when and how contact interventions actually work?[J]. Journal of arts and humanities，2014，3（1）：1–15.

[19] CRAWFORD P A，BHATTACHARYA S. Grand images：exploring images of grandparents in picture books[J]. Journal of research in childhood education，2014，28（1）：128–144.

[20] CRAWFORD P A. Crossing boundaries：addressing ageism through children's books[J]. Reading horizons，2000，40（3）：161–174.

[21] DANOWSKI J，ROBINSON T. The portrayal of older characters in popular children's picture books in the US：a content analysis from 2000 to 2010[J]. Journal of children and media，2012，6（3）：333–350.

[22] DOYLE B G，BRAMWELL W. Promoting emergent literacy and social-emotional learning through dialogic reading [J]. The reading teacher，2006，59（6）：554–564.

[23] EPSTEIN A S，BOISVERT C. Let's do something together：identifying the effective components of intergenerational programs[J]. Journal of intergenerational relationships，2006，4（3）：87–109.

[24] HENKIN N Z，SANTIAGO N，SONKOWSKY M，et al. Intergenerational programming：a vehicle for promoting intra- and cross-cultural understanding[J]. Journal of gerontological social work，1997，28（3）：197–209.

[25] HENKIN N Z，KINGSON E. Advancing an intergenerational agenda for the twenty-first

century[J]. Generations, 1998, 22（4）: 99–105.

[26] JARROTT S E. Where have we been and where are we going? content analysis of evaluation research of intergenerational programs[J]. Journal of intergenerational relationships, 2011, 9（1）: 37–52.

[27] JOSEPH M. Active, engaged, valued: older people and public libraries in New South Wales[J]. Australasian public libraries & information services, 2006, 19（3）: 113–117.

[28] KAHLERT M. The impact of the baby boomers on public libraries: myth and reality[J]. Australasian public libraries and information services, 2000, 13（1）: 25–40.

[29] KINGSON E R. The social policy implications of intergenerational exchange[J]. Journal of children in contemporary society, 1989, 20（3/4）: 91–99.

[30] MACCALLUM J, PALMER D, WRIGHT P, et al. Australian perspectives: community building through intergenerational exchange programs[J]. Journal of intergenerational relationships, 2010, 8（2）: 113–127.

[31] MELVILLE J, BERNARD M. Intergenerational shared sites: policy and practice developments in the UK[J]. Journal of intergenerational relationships, 2011, 9（3）: 237–249.

[32] HENKIN N Z, BUTTS D M. Intergenerational practice in the United States[J]. Quality in aging and older adults. 2012, 13（4）: 249–256.

[33] NEWMAN S, YEO A H. Intergenerational learning and the contributions of older people[J]. Ageing horizons, 2008, 8（10）: 31–39.

[34] PERRY C A. Information services to older adults: initial findings from a survey of suburban libraries[J]. The library quarterly, 2014, 84（3）: 348–386.

[35] ROODIN P, BROWN L H, SHEDLOCK D. Intergenerational service-learning: a review of recent literature and directions for the future[J]. Gerontology & geriatrics education, 2013, 34（1）: 3–25.

[36] SABO R M. Lifelong learning and library programming for third agers[J]. Library review, 2017, 66（1/2）: 39–48.

[37] SLOAN M. Developing a good practice guide on library services for older people[J]. Australasian public libraries and information services, 2009, 22（2）: 48–57.

[38] WILLIAMSON K, BANNISTER M, SULLIVAN J. The crossover generation: baby boomers and the role of the public library[J]. Journal of librarianship and information science, 2010, 42（3）: 179–190.

致 谢

光阴荏苒，转眼间我已博士毕业四载，如今翻阅此书稿，往日一幕幕涌上心头。作为一本由博士论文改编而成的著作，此书在成文过程中得到过太多人的指导与支持。在此，我由衷地表示感谢。

感谢我的博士生导师刘兹恒教授。本书从最初的选题到最终的成文，都浸润了他的悉心指导和鼓励关怀，书中字里行间都饱含了他无尽的心血与付出，是他的开放与包容让我有幸选择了代际这一有趣又有爱的主题。刘老师严谨求实的治学态度、渊博的学识，以及诲人不倦的精神令我一生受益。

感谢国家留学基金管理委员会的资助，让我有幸奔赴美国伊利诺伊大学香槟分校（UIUC）开启一年零四个月的博士生联合培养生涯。在这里，我游走过 UIUC 校园的每一个街角和图书馆，用脚步丈量过香槟的每一条街道，感受过异域他乡春去秋来四季轮回的变换。在这里，我遇到了很多于生命中对我有启发意义的人，Lian Ruan 老师、Linda Smith 老师、肖雪老师、吴汉华老师……他们的亲切关怀和鼓励支持，让我感受到了温暖与力量。

感谢伊利诺伊州的 258 所公共图书馆、284 名图书馆工作人员、16 名代际专家和代际从业人员。每一次与他们的交流探讨，都是一份快乐、一份收获、一份启发。是他们的真诚热情与无私分享，让我获得了许多珍贵的实践案例和一手资料，充实了本书的大部分写作。

感谢所有参与代际实践项目的老年人与孩子们。每每看到他们围坐在一起，脸上洋溢着天真的笑容，心便随之融化，内心充满平静与感动。

感谢 Q538894 小黑坐骑（一辆小汽车），在横跨伊利诺伊州东西南北的调研路途中伴我一路前行。

感谢我的三只爱猫：橙子、小小橙和 Laloo。从在宠物收容所见到它们的那一刻，心便为之倾倒。我很庆幸能够陪它们一起长大。感谢它们在无数个彻夜难眠、熬夜写作的夜晚，陪伴在我身旁，让宁静的黑夜不再有孤独。

感谢李国新老师和张广钦老师。是他们的支持与鼓励，让我有了将博士论文出版成书的信心和勇气。非常感谢他们在我博士后三年时光中对我的指导，正如我在博士后出站报告中所说，李老师团队就像一个大家庭，我们一起飞越祖国万水千山，一起放肆大笑，一起开怀畅饮。这让我博士后三年的生活紧张而又充实，真真切切感受到了友爱、力量和成长。

感谢母校北京大学十三年的悉心培育。人生中最美好的十三年，能在此园度过，不知是攒了几世的缘分。是她的自由开放与兼容并包成就了今日的我。感谢信息管理系，用她十三年的温暖怀抱孕育了现在的我，坚定了我未来研究的方向和继续前行的信心！在她的庇护下，如今的我，羽翼虽尚未丰满，但依然可以有勇气自由翱翔于天际，勇敢面对未知的旅程。

感谢国家图书馆出版社图书馆学编辑室的老师们。邓咏秋老师、刘健煊老师以及无数在背后默默认真审阅此书稿的工作人员，是她们的认可与专注，让本书的内容更加严谨、细致、充实完善，也让我有了继续深入研究下去的信念和动力。希望在她们的见证和支持中，未来有关代际实践的主题会有新的收获和成果。

最后，还要感谢我的父母。是他们的默默付出支持了我十三年的求学梦想，也是他们慷慨资助了本书的出版！感谢老公对我事业一如既往的支持与理解。如今的我，也已是身怀六甲的准妈妈，特别希望能够见证，未来我的宝贝，能与自己的爷爷奶奶、姥姥姥爷以及身边的各位老人，手牵手，一起玩耍，一起嬉戏，一起欢笑。世代传承，其乐融融。

苗美娟

2023 年 5 月 25 日